JN016655

「若い人がわからない」
とつぶやく
すべての働く人びとへ。

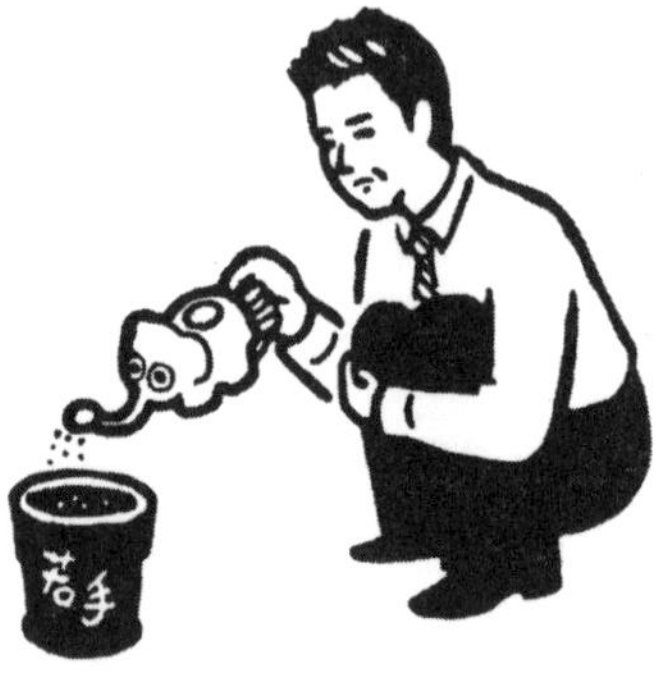
若手

はじめに

若者の育成が難問となっている。筆者もその難しさを痛感する場面がいくつもある。これは、とある場で会った大学4年生Aさんと筆者の会話だ。

筆者「就活は終わった感じですか？　ちょうどAさんは入学直後にコロナ禍もあったし、大学もオンラインになって、〝ガクチカ〟（※学生時代に力を入れていた活動。就活用語）を書くのが大変だったんじゃないですか？」

Aさん「ガクチカが書けない……？　そういう人もいるみたいですね。なんかニュースで流れていたのを見たような気がします。でも大学がオンラインになったことと関係があるんですか？」

もちろん筆者が想定していたのは、

●学校、コロナから正常化模索　就活は「ガクチカ」問わず（日本経済新聞、2023年4

月26日付）

●「ガクチカ」聞きません　日立、コロナ禍配慮し面接（朝日新聞、2023年3月21日付）

といった就活関連の報道でもひかれていた、「コロナ禍で様々な活動が制約された大学生」というイメージだ。

ガクチカが書けなくて大変だったね、そんなことを何気ない世間話のひとつとして聞いたときの素朴な反応があまりにも意外だったので強く印象に残っている。

それは、「オンラインでなんでもできたからこそ充実した大学時代」が背景にある、素直なリアクションだったのだといまならわかるが、その場ではギクシャクとしてしまった。

また、とある地方都市に行った際に自社の若手について語る経営者の声。

「自分がもともと考えていた若者はこうだろう、という考えが今年入社してきた2人と話すと、それが全く違っていて。入社の歓迎会なんかも〝会社で飲み会なんて嫌だろう〟と思い、やっていなかったんです。そうしたら、若手のほうから『やりましょう！』と提案されたんです。コロナで中止していた社内イベントも再開しようと企画してるみたいで。ちょっとした話ですが、若者、と一括りにしていたら、大きなエネルギーを見落としてしまうんだなと感じています」

難しさは数字からも感じる。とあるインフラ系の大手企業で筆者が管理職研修を行った際に、「若手育成に課題を感じる」と答えた受講者は、数百名のうち96・5％に達していた。

別の調査では「このままでは部下の若手が離職してしまう」と日々感じているマネジャーは、65％と3人に2人に上った。さらに2023年の民間調査報告[1]によれば、若手の離職に対して「課題感がある」「やや課題感がある」の合計は63％と、6割以上に達していた。

筆者のもとに、大手企業・中小企業問わず、若手の定着や育成に関する相談が多数寄せられ、こんなに有名な企業でも悩んでいるのかと驚くことも多い。

各地の商工会などで話をすることもあるが、若手の採用と育成で悩んでいない企業はないのではと思わされるほど、経営者は直面する若手との関係に四苦八苦している。

残業をしない、人付き合いをしない、会社が嫌なら辞めればいいと思っている、でも安定したいと言う……。若者に対するそんな企業の声を聞かない日はない。

しかし、なぜ若手の定着や育成でこれほど悩むようになってしまったのか。

いきなり結論から言うようだが、その理由は2つに集約されると考えている。

ひとつは**「若手の仕事・キャリアに関する考え方の多極化」**。もうひとつは**「職場環境の劇的な変化」**である。


働き方改革を経て日本の職場は急激に変化しつつある。結果、労働時間が短くなったり、ハラスメントが無意味で害があることと認知されたり、労働環境が良くなっていったのは間違いなく良いことだ。

しかしその変化によって、職業人生のはじまりの時期に大切な**〝質的負荷〟**(詳しくは第6章)が職場から失われつつある。

筆者は、これをいち早く肌で感じ不安視した若手層が「職場がゆるくて辞めている」という事実を指摘し、「きつくて辞める」層とは異なる理由での離職現象が起こっていることを取り上げた(拙著『ゆるい職場――若者の不安の知られざる理由』中央公論新社、2022年)。

質的負荷が低下しているという職場の現状をほっておくと、どうなるか。筆者が強く懸念するのは、若手を育てるために「ふるい職場」に戻すべき（長時間職場に囲い込んでＯＪＴで育てるべき）では、という逆流のムーブメントが起こってしまうことだ。

働き方改革後の職場にフィットした新しい育て方をセットできなければ、いずれ「やはり『ふるい職場』に戻すべきだ」という意見と、「そうではない」という意見で甲論乙駁《こうろんおつばく》の神学論争になってしまう。

本書の筆をとった目的は、**日本の職場を「ふるい職場」に戻すことなく、「ゆるい職場」時代の新しい育て方を確立するための方向性を示すことで、社会全体の議論を前に進める**ことにある。

進行中の働き方改革と、本書が提唱する**「育て方改革」**が２つ合わさって、はじめて若手が本当に活躍できる職場となるのだ。

その大前提として、若手の仕事・キャリアに関する考え方の多極化、そして職場環境の劇的な変化、それぞれの状況を本書の第１章と第２章でデータに基づいて紹介する。

冒頭の大学生Ａさんと経営者の方の話は、多極化した若者自身ですら「若者の考え」がわからなくなっている率直な状況や、職場環境が変わりすぎて（周りの大人も変わりすぎて）若者の意外な反応にびっくりする企業の素直な気持ちが表れている。

もちろん、筆者は「若者は実はみんな飲み会をしたい」とか「実はみんなガツガツしている」とかそういうことを言いたいわけでは全くない。

現代の若者の仕事やキャリアに関する考え方の広がりをコミュニケーションによって理解することなしに、また、その理解を難しくしている背景にある職場環境の変化を理解し「育て方改革」に着手することなしに、若手と企業の新しい関係の構築は難しいと考える。若者への忖度《そんたく》と、〝わがまま〟に付き合い疲れた先に未来はないのだ。

職場運営法改革によって若手を取り巻く職場環境が大きく変わった。だからこそ、**いままでの育て方とは異なる発想で、若手育成を行う**必要があるのだ。

それでは、「若者論」を超えた、新時代の若手育成論を始めよう。

はじめに 03

第1章 「Z世代」は存在しない
——二極化する価値観と、若者論のウソ

Z世代の仕事観・キャリア観は何が同じで何が違うのか 22
● 「世代」というマジックワード 22
● 仕事に関する5つの質問と、意外な結果 24
● 「Z世代はプライベート志向」といちがいに言えない 26
● 「30代・40代」と「Z世代」、違いはどこに？ 28
● 「仕事には我慢が伴うものだ」という意識は変わらない 32
二極化する「Z世代」 35
● 「どちらともいえない」という中間回答が減少 35
● 大企業に就職したい人もベンチャーで働きたい人も多い 39
● 若者論を超えて——変わったのはマインドセットではなく行動・経験 40

第2章

「ゆるい職場」と若手の不安
――若者を取り巻く変化を理解できているか

●「若者がわからない」と嘆く前に理解すべきこと――47
●問題は「ゆるい職場」にあるのか――49
●なぜ、労働環境が改善したのに離職率が下がらないか――51
●会社に不満はないけど不安がある――55
●ＯＪＴの機会は減り、〝ながら〟や〝放置型〟に――57
●若者たちが転職や副業に積極的な背景――59
●「石の上にも三年」が通じなくなった理由――61
●「ゆるい職場」が増えた、たったひとつの理由――63
●就職先の決め手は「自分の成長が期待できる」こと――67
●離職希望者が多いのは「きつい職場」と「ゆるい職場」――71

第3章
若手は会社をこう見ている
——職場では聞けないZ世代の本音

「若手が十分に育っていないと感じる」管理職は8割近い 77
Z世代会社員のさまざまな声 79
若手社会人を読み解く手がかり 92

第4章
心理的安全性だけでは活躍できない
——「キャリア安全性」という観点

「心理的安全性」だけでは足りない 101
「ゆるい職場」時代に若手が活躍する職場とは 101
「キャリア安全性」という視点 102

● 職場の「キャリア安全性」の3つの要素とは　104
● 活躍には心理的安全性とキャリア安全性の両方が必要　107
● 4つの職場分類から見えてくること　108

「キャリア安全性」はどんな職場で高くなるか　113
● 現代の職場の〝ファクターX〟　113
● キャリア安全性が影響を与えると考えられるもの
——エンゲージメント・コミットメント・離職意向　115
● 「ゆるい職場」ではキャリア安全性が低くなりがち　120

第5章 若手を育成できる管理職、できない管理職
——育成に成功しているマネジャーを科学する

「ゆるい職場」時代の管理職が抱えるジレンマ　127
● 大手企業マネジャーの75%が抱えている悩み　127
● 「褒めて褒めて褒めて褒めまくる」スタイルの確立　130

56・7%の管理職は若手とほぼ飲みに行っていない 134
若手社員を「さん」づけするマネジャーが8割 136
大多数のマネジャーが「ゆるい職場」化を実感している 138
20代部下が離職した経験のある管理職は67・3% 139
若手育成問題の二重のインパクト 143
「若手育成実感」の低い人ほど「エンゲージメント」も低い 145
管理職層のワーク・エンゲージメントと若手育成を構造化する 147
若手育成実感の高い管理職の傾向とは 151
「若手育成実感が高い管理職」を科学する 153
育成に手ごたえのある管理職とそうでない管理職 154
転職経験のある管理職の方が育成実感が高い 156
見えてきた有効な打ち手 157
会社による支援――Off-JT機会が多いほど育成実感が高い 160
マネジャーは若手社員のロールモデルになりうるか 165
呼び捨てと「さん」づけ、どちらが育成成功実感が高いか 167
〝ガクチカ〟軽視のマネジャーは危険? 169

小手先の「形式改善」ではフィードバックはうまくいかない 172
「育成専門職」という職務の必要性 175
若手を育成できるマネジャーの9つのポイント 177

第6章 「ゆるい職場」時代の育て方改革 5つのヒント
――質的負荷をいかに高めるか

置き去りになってきた「育て方改革」 182
若手育成問題の本質はただひとつ 183
現代の職場では「最低必要努力投入量」までが遠い 185
「育て方改革」の5つの論点 187
「ゆるい職場」以降の日本 194

第7章

「優秀な人材ほど辞める」を食い止めるには

——「二層化した若手」を適切に育てる方法

若手の入社後の多様化を象徴する「〝入社前〟の社会的経験」 199
若手のバックグラウンドを摑め 199
Z世代の「二層化」をひもとく視点 200
同じ会社の若手でも職場の見え方が違う 203
「不安」を感じやすいのは、社会的経験が多い若手 205
〝大人化〟した若手とそうでない若手の混在 209
「パフォーマンスが高い若手ほど退職する」問題への対応仮説 210
若手育成に意味がないこと、意味があること 210
若手社員の「2：6：2の法則」とそれを突破する育成法 229
マネジャーだけでは若手を育てられない 247

第8章

若手がひらく、会社と社員の新しい関係

——「ゆるい職場」時代の組織論

「優秀な若手を辞めさせない」と「人材力向上」をどう両立するか問題 251

● 「ハイパーメンバーシップ型組織」とは何か 252

● ハイパーメンバーシップ型組織へ変わるための3つのポイント 257

おわりに 267

注釈 274

第1章

「Z世代」は存在しない

――二極化する価値観と、若者論のウソ

思い込み

Z世代は、これまでの世代にはない
独自の価値観を持っている。
まずは、それを把握しなくては。

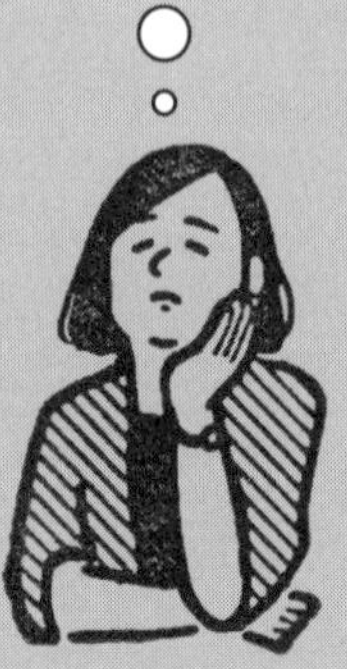

データが教えてくれること

Z世代の価値観は「二極化」が著しい。

「最近の若者はこうだから、こう育成しよう」

というアプローチは、もはや効果が乏しい。

多様な価値観が存在することこそが「Z世代らしさ」であるにもかかわらず、「Z世代を代表する意見」というものを欲しがるのは、あまりにも矛盾しすぎている。私はそもそも「Z世代」というのは生まれた年月で区切られるものではなく、「社会に対して目を向け、常に自分と向き合い、誰もがより良い社会を目指すべきだという〝価値観〟で形成される「選択可能」なものなのではないかと考えている。[1]

（竹田ダニエル『世界と私のA to Z』講談社）

いつの時代にも若者は、人生の先達たちからは理解しがたい存在だ。その異質性や変化を感じ取り、論ずる内容は時代を問わず多く、現在も若者の〝違い〟を訴えるオピニオンに溢れている。

読み応えがある記事では、例えば、

・変わる高校生の職業意識 「安定」重視、挑戦心薄く（日本経済新聞、2023年7月6日付）

・約半数が「社会人らしさ」でつまずく 1年目新人の意識調査 入社前後のネガティブなギャップについて（日刊電波新聞、2023年4月26日付[2]）

・若者は「待ってられない」 学びも人生設計も最速で（日本経済新聞、2022年9月14日付）
・週休3日「採用増えた」 導入の中小 人手不足に効果 「ほどほどに働く」 若者にマッチか（中日新聞、2023年4月14日付）[3]

などである。

確かに〝違い〟はある。ただ、筆者は様々な若手社会人と話をしたり、大学生に向き合ったりするなかで、少なくとも仕事やキャリア形成の領域においては、彼ら彼女らのマインドが全く変わっていたり、働くことや仕事への価値観が劇的に変わっているわけではないと感じる。

もっと多いのは、若者同士が対話するなかで全然違う意見に直面することだ。

若手社会人向けのワークショップを筆者が行う際、終了後の感想を聞いていて必ず出てくるのは、チームメンバーの意見に対する〝共感と違和感〟である。

例えば、

「『仕事だけでなくプライベートを大事にしたい』というアンケートの答えはみんな同じでしたが、意見交換していくと、それは自分のためだったり家族のためだったり周りの人のためだったり仕事のためだったりと、『プライベートで大事にしたいこと』の意味がかなり違うと感じました」

といった感想が書かれていたことがある。

1997年生まれの竹田ダニエル氏の、当事者としての「Z世代」論を冒頭で引用したのもそうした理由だ。

「Z世代」と呼ばれる現代の若者たちの育成を考えるうえで、仕事やキャリアに対する考え方の何が同じで何が違うのか。現状を把握することから始めよう。

結論から言えば、「Z世代は○○だ」と仕事やキャリア形成の世界で、過去との比較や平均値で語ることができる範囲は相当に狭そうである。

印象論ではなく、データから見ていこう。

Z世代の仕事観・キャリア観は何が同じで何が違うのか

■「世代」というマジックワード

「世代」はいつの時代にも議論の的とされてきた。Z世代の前にはミレニアム世代があり、ゆとり世代、就職氷河期世代、新人類……等々と遡ることができる。また、Z世代の次の世代が米国発でアルファ世代と言われている。

現在も世代論の特徴として、「○○なZ世代」「Z世代とは!?」「他の世代と異なりこういった特徴がある」という言説が盛んである。

筆者にも「〝Z世代の専門家〟として若者の仕事観について講演してください」といった依頼が多数寄せられる。「Z世代の特徴を聞きたい」とずばり事前質問に書かれていたこともある。

もちろん研究者として自身の研究内容を直接お伝えできることは本当にありがたいことではあるが、まず筆者はZ世代の専門家ではない。次に、筆者は若者の仕事観を自分が代弁できるとは、毛ほども思っていない。

筆者は労働市場の調査・研究を行い、また特に若年者のキャリア形成や育成に関心がある研究者のひとりに過ぎないし、そのなかで「若者の価値観」というふわっとしたことよりも、その背景にある「職場環境が変わったこと」にまず注目すべきだと考えている。

なぜ若者の仕事観を代弁できると思わないのか、特に仕事やキャリア選択に関わる価値観の部分について、リクルートワークス研究所が収集したデータを使ってその理由を説明していこう。

繰り返し申し上げるが、単純な「最近のZ世代は○○だ」といった十把《じっぱ》一絡《ひとから》げの論が通用する範囲はそれほど大きくない。

仕事観やキャリア観といった領域で、いかに若者たちが多様化し多極化しているか、いかに一筆書きで物語ることが難しくなっているか、筆者がそう感じる理由を知っていただくところから始めよう。

■ 仕事に関する5つの質問と、意外な結果

仕事やキャリアに関して、筆者が所属するリクルートワークス研究所では様々な調査を定期的に行い、その結果を蓄積している。若手社会人についても様々なデータ蓄積があるが、その解釈や読み取りが一筋縄ではいかないと感じることが多い。構造が単純ではないのだ。

図表1－1に、現在の回答者の仕事・キャリア観について5項目で聞いた結果を載せた。この対象は29歳以下の大学卒以上で大手企業に在職している社会人である。[4]

【A】現在の会社で長く勤めたい　⇕　【B】魅力的な会社があれば転職したい
【A】会社でいろいろな仕事をしたい　⇕　【B】会社で専門分野をつくりたい
【A】家族・配偶者とはしっかり相談してキャリアを決めている　⇕　【B】家族・配偶者とはほとんど相談せずキャリアを決めている
【A】忙しくても給料が良い仕事がしたい　⇕　【B】給料は低くとも落ち着いて働きたい
【A】仕事をメインに生活したい　⇕　【B】プライベートを大事に生活したい

図表1-1　現在どちらの考えに近いか?

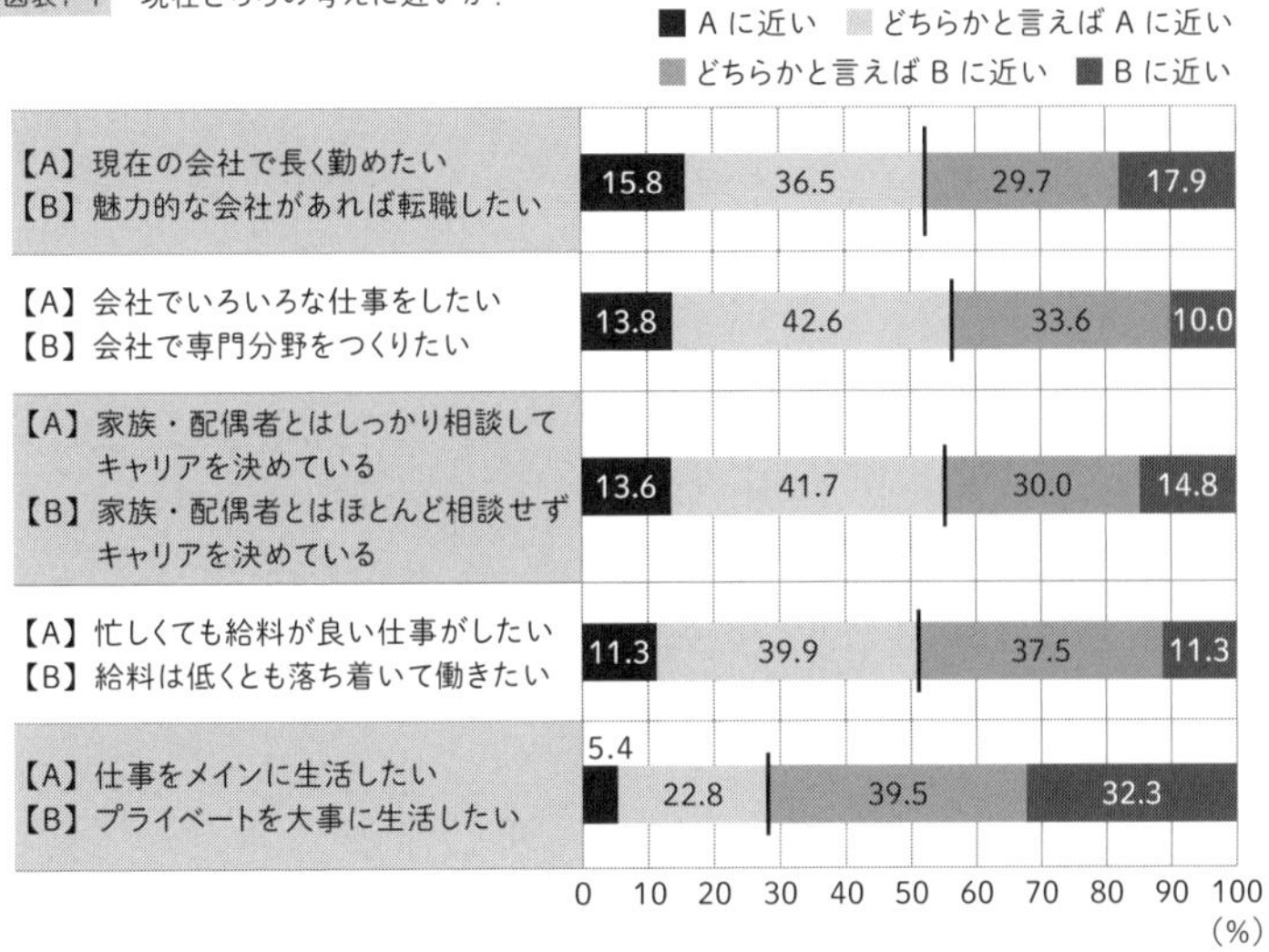

（※「現在のあなたのお考えについて伺います。次の質問について、どちらの考えに近いと感じますか」と聞いた）

誰しも考えた・感じたことがあるだろう5つの項目について、Aに近いかBに近いかで聞いたものだ。この結果を見て率直に、筆者は頭を抱えてしまった。

Aに近いかBに近いか、と聞いた結果、5項目のうち4項目でAとBの境界線がほぼ50％のあたりに来ていたのだ。

例えば、最初の「【A】現在の会社で長く勤めたい」か「【B】魅力的な会社があれば転職したい」かでは、「【A】に近い」が合計で52・4%、「【B】に近い」が合計で47・6%。次の「【A】会社でいろいろな仕事をしたい」か「【B】会社で専門分野をつくりたい」かでは56・4%と43・6%、「【A】忙しくても給料が良い仕事がしたい」か「【B】給料は低くとも落ち着いて働きたい」かでは51・2%と48・8%である。

多数の質問で、ほぼ50：50で回答者が存在しているのだ。

■「Z世代はプライベート志向」といちがいに言えない

もちろん、明確な傾向差が見られた項目もあった。それが「プライベートを大事に生活したい」で71・8%が選び、「仕事をメインに生活したい」は28・2%に過ぎず、割合にして2・5倍、プライベートメインの志向の若手が多いことになる。

では「若者はプライベート志向だ！」と言えるかというと、少し状況は難しい。なぜならこの点についてはどの世代でも同じ傾向の可能性があり、上の世代に聞いてもプライベートを重視する回答者が多数となっているためだ（同調査で30代にも聞いているが、「プライベートを大事に生活したい」は73・5%、「仕事をメインに生活したい」は26・5%）。

プライベート志向という意味では、もはやいまの上司・先輩世代もそうだと言えるし、

図表1-2　2つの回答の掛け合わせの出現率

	【A】忙しくても給料が良い仕事がしたい	【B】給料は低くとも落ち着いて働きたい
【A】現在の会社で長く勤めたい	29.4%	21.7%
【B】魅力的な会社があれば転職したい	20.6%	28.3%

（注）「現在のあなたのお考えについて伺います。次の質問について、どちらの考えに近いと感じますか」と聞いた

それは特にZ世代の特徴なのではなく、日本の企業社会全体の構造的な変化かもしれない（この変化については第2章で詳述する）。

このシンプルな調査結果からは、仕事やキャリアに関する様々な視点について、50：50で回答者がおり、その掛け合わせによってさらに細分化していく多様化の状況が浮かび上がってくる。

図表1－2がその掛け合わせの状況の例だが、「現在の会社で長く勤めたい」×「忙しくても給料が良い仕事がしたい」もいれば、「現在の会社で長く勤めたい」×「給料は低くとも落ち着いて働きたい」もいる、「魅力的な会社があれば転職したい」×「忙しくても給料が良い仕事がしたい」もいれば「魅力的な会社があれば転職したい」×「給料は低くとも落ち着いて働きたい」もいる。

この関係は他の項目でも同様であり、これが少なくとも4項目で見えてきているわけだから、それだけで若者の仕事・キャリア志向のパターンは16パターン（2の4乗）になってしまう。

Z世代は〇〇だ、と言える状況だろうか。

なお、プライベート志向と「給料は低くとも落ち着いて働きた

い」という気持ちは同じものではないかと思われるかもしれないが、そうとも限らないようだ。

２つの回答比率は全く違うし、プライベートを大事にしたいからこそ若いうちは「忙しくても給料が良い」仕事をして将来の人生の選択肢を増やしたいのかもしれない。つまり、安定志向＝生活重視とは限らないのだ。生活重視だからこそ、若いうちは挑戦したい者もいる。もちろん、プライベートを大事にしたいからこそ「いまの仕事も落ち着いてまったり」という人もいる。これが若手社会人同士の〝共感と違和感〟の一例だ。

筆者は若手社会人と接するなかで、仕事やキャリアへの考え方を一括りにすることの恐ろしさというか、到底、代弁など不可能な感覚を感じているが、その一端が伝わっただろうか。

■「30代・40代」と「Z世代」、違いはどこに？

多様化の視点と合わせて、「Z世代」の若手が他世代とどのくらい・何が違うのか、データから見ていこう。

リクルートワークス研究所が２０２２年に実施した調査[5]である。サンプルサイズは

2904。主対象として「Z世代」ど真ん中の16～19歳を1615サンプル[6]、比較のため30～39歳を616サンプル、40～49歳を606サンプル、回答を得た。それぞれの年代層について性別・居住地で割付を実施して集計した[7]。

全対象に対して価値観に関する同一質問を尋ねており、このために、世代間で現在（回答時点）の考え方・価値観について比較することが可能である。他方、過去の10代にこうした質問をした結果と比較するものではないため、あくまで「現在の考え方・価値観が世代間でどう違うのか」を見るための材料である。

順に見ていこう。

まず、周りの人との関係性に関する価値観について図表1―3に整理した。ひとつのポイントは、**人からどう見られるかという視点を強く持っている**点である。「人から羨ましがられることは、自分にとって重要である」や「自分が行動するか否かを決める際、友人にどう思われるかが重要な判断材料になる」について、10代の「あてはまる」割合が他の世代と比較して極めて高い。

Z世代は生まれたときからインターネットが存在し、さらには物心ついた頃にはSNSが存在していた世代と言われるが、SNSを使いこなすなかで、常に自他の状況が可視化されたことで起こった変化だろうか[8]。筆者はSNSが若者に与えた影響について必ずしも

図表1-3　周りの人との関係性に関する価値観（世代別）

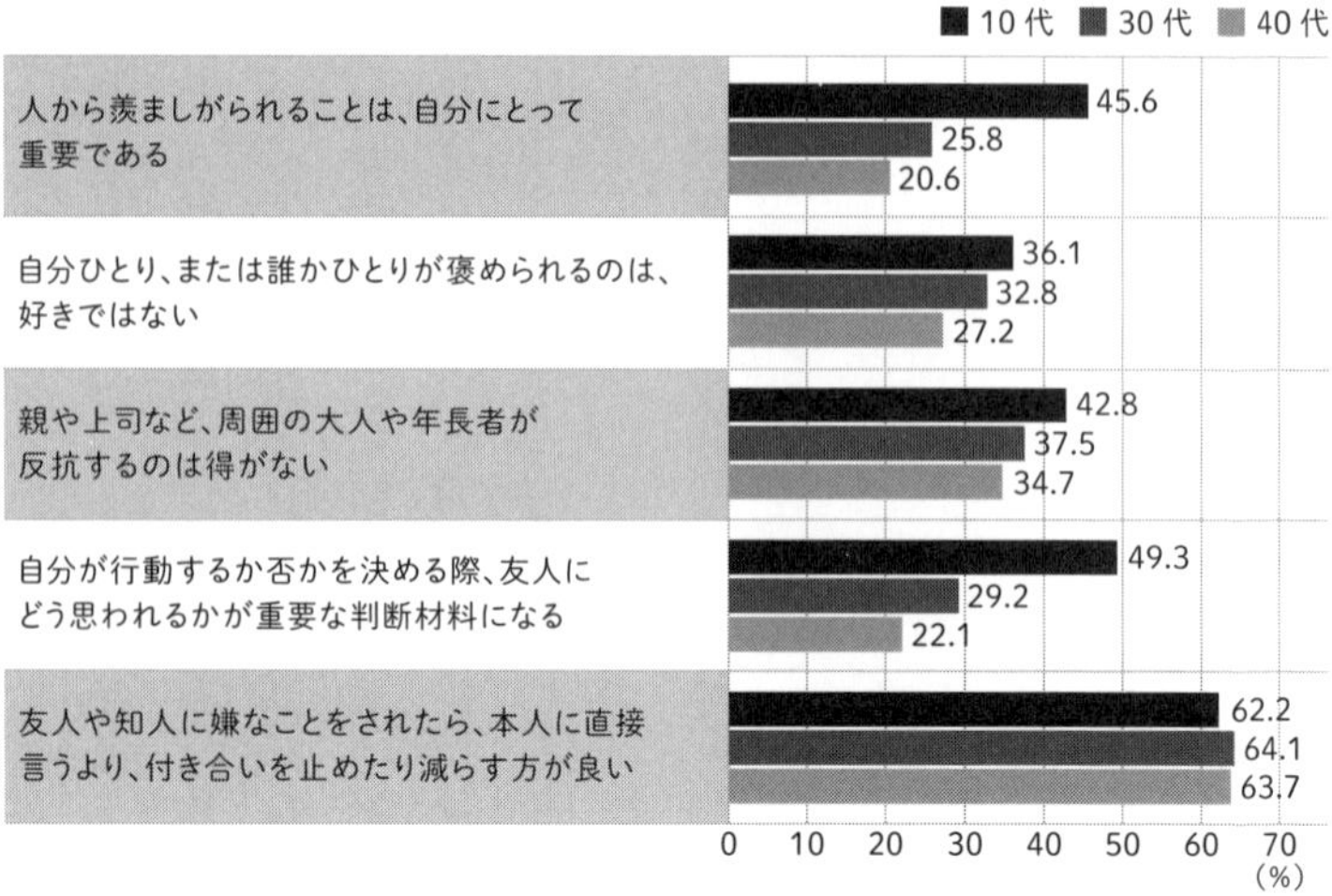

（注）「あてはまる」〜「あてはまらない」のリッカート尺度・5件法で聞いたうち、「あてはまる」「どちらかと言うとあてはまる」の合計。以降同様の図表は同じ

専門家ではないが、この差から様々な議論を思い起こさせられた。

ただ、周りの人との関係性に関する価値観がすべて30代・40代と異なるわけではない。

例えば、「自分ひとり、または誰かひとりが褒められるのは、好きではない」については10代（36・1％）と30代（32・8％）では差がない（有意差検定では5％水準で有意な差がない）し、「友人や知人に嫌なことをされたら、本人に直接言うより、付き合いを止めたり減らす方がいい」も全世代で差がなかった。[9] これらは10代特有の傾向ではない。

概して、**可視化された自分の情報の**

図表1-4　会社・組織との関係に関する価値観（世代別）（あてはまる計）

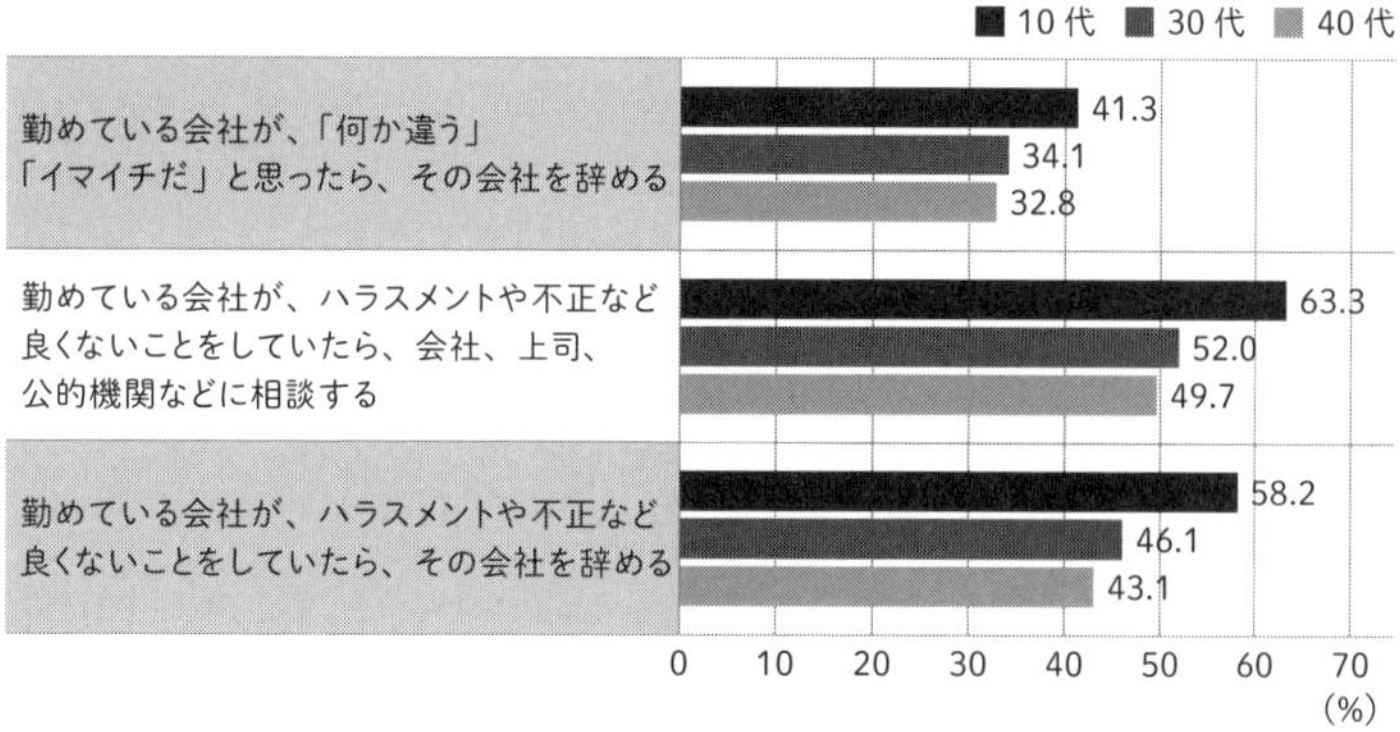

コントロールに関する部分は10代が高いが、他の部分には30代・40代とそれほど大きな差はない。他の部分の高低については世代というよりもっと別のファクターがあると考えるのが妥当であろう。

会社・組織との関係に関する価値観についても30代・40代との違いが出ていた部分である（図表1－4）。「何か違う」と思ったら会社を辞める、ハラスメントや不正があれば相談する、ハラスメントや不正があれば会社を辞める、の3項目ともに「あてはまる」と回答した割合は10代が最も高かった。

米国の若手の離職調査において、企業の利益追求に対する共感が低下していることが指摘されている。[10] その対応として「パーパス経営」が叫ばれる昨今、社会性の高い企業活動が期待されるなかで、**経営姿勢への違和感や不正・ハラスメントなどの職場倫理への疑問が、組織への信頼低下につながりやすい**ことが確認でき、具体的な行動に出る可能性が高いという点で、人と組織の関係性は変わりつつあると言える。

■「仕事には我慢が伴うものだ」という意識は変わらない

さて、仕事に関する価値観については、意外かもしれないが10代において30代・40代と変わらないか、よりストイックな結果となっている（図表1－5）。

「仕事には我慢が伴うものだ」は30代・40代と有意な差がない。

「少なくとも若いうちは、辛くても自分が成長できる環境に身を置きたい」「何かを買うために、お金を稼ぐことを頑張れる」については、比較すると10代が高い結果となった。努力して頑張ろうという気持ちは、現在の30代・40代と比較して決して弱いわけではないのだ。投入した努力量と報酬の関係についてのシビアな見方は「コスパ」という若者言葉にも表れるように現実主義的[11]であるのかもしれない。

また、「学校や職場、家、趣味の場など、場面によって、どのような自分を見せるか使い分けたい」は若いほど高い。多元的自己論[12]として研究されているが、様々な場で様々な自

図表1-5　仕事に関する価値観（世代別）（あてはまる計）

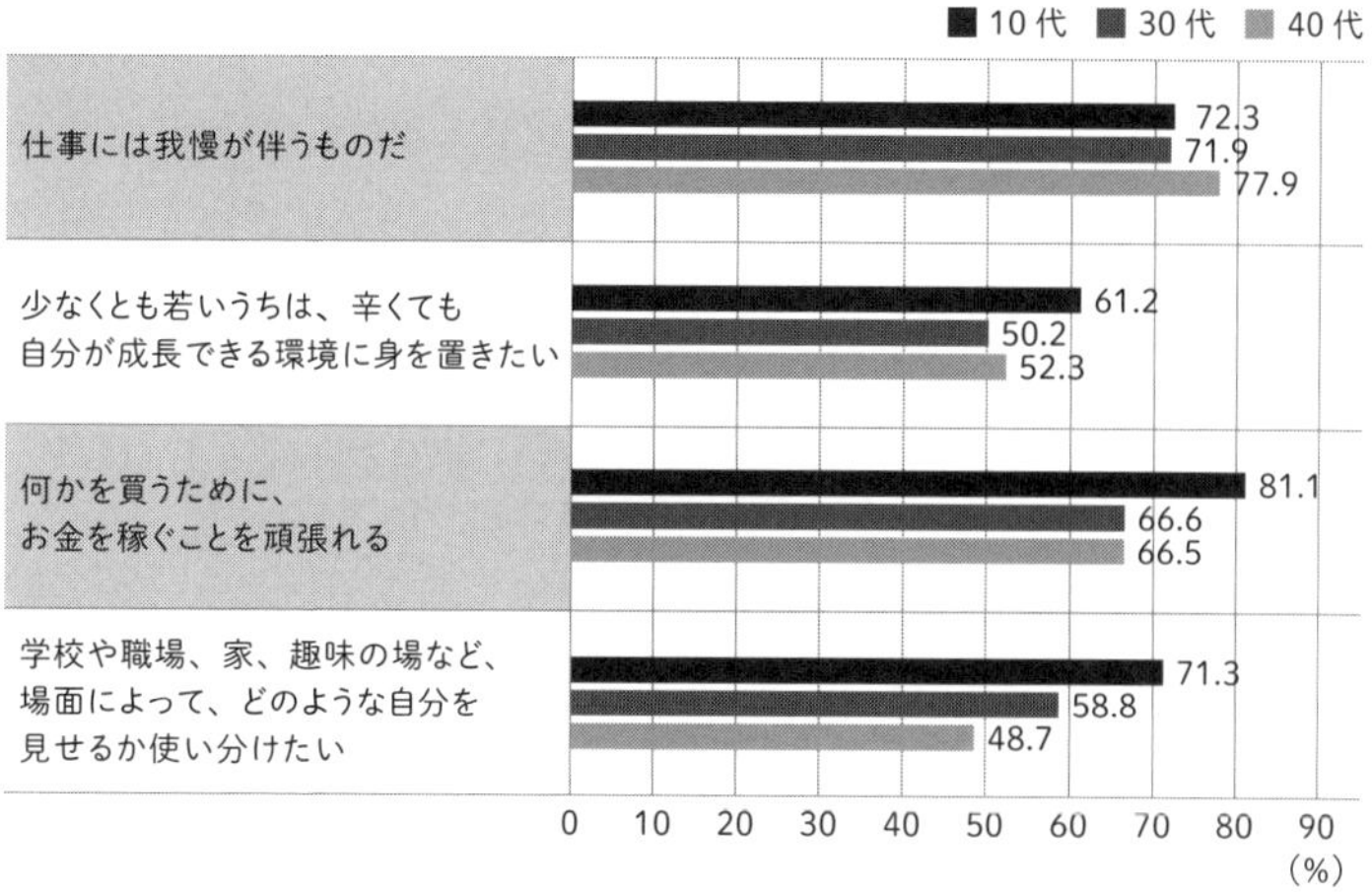

分のペルソナ（仮面）を使い分けることで幸せに人生をおくっていきたい、という志向と考えられよう。

また、努力や能力が報われることへの価値観（努力・能力応報観と呼ぶ）についても回答を得ているが（図表1－6）、30代・40代との比較において5％水準で有意な差は見られなかった。能力と報酬との関係についても同様である。この点について「Z世代」特有の価値観の傾向は観測できない。

また、もうひとつ、「いま」に対する価値観を図表1－7に示した。「今日という時間は二度とないから、いまを大切にするという考え方に賛同する」という質問への回答は有意な差がない。

図表1-6　努力・能力応報観（世代別）（あてはまる計）

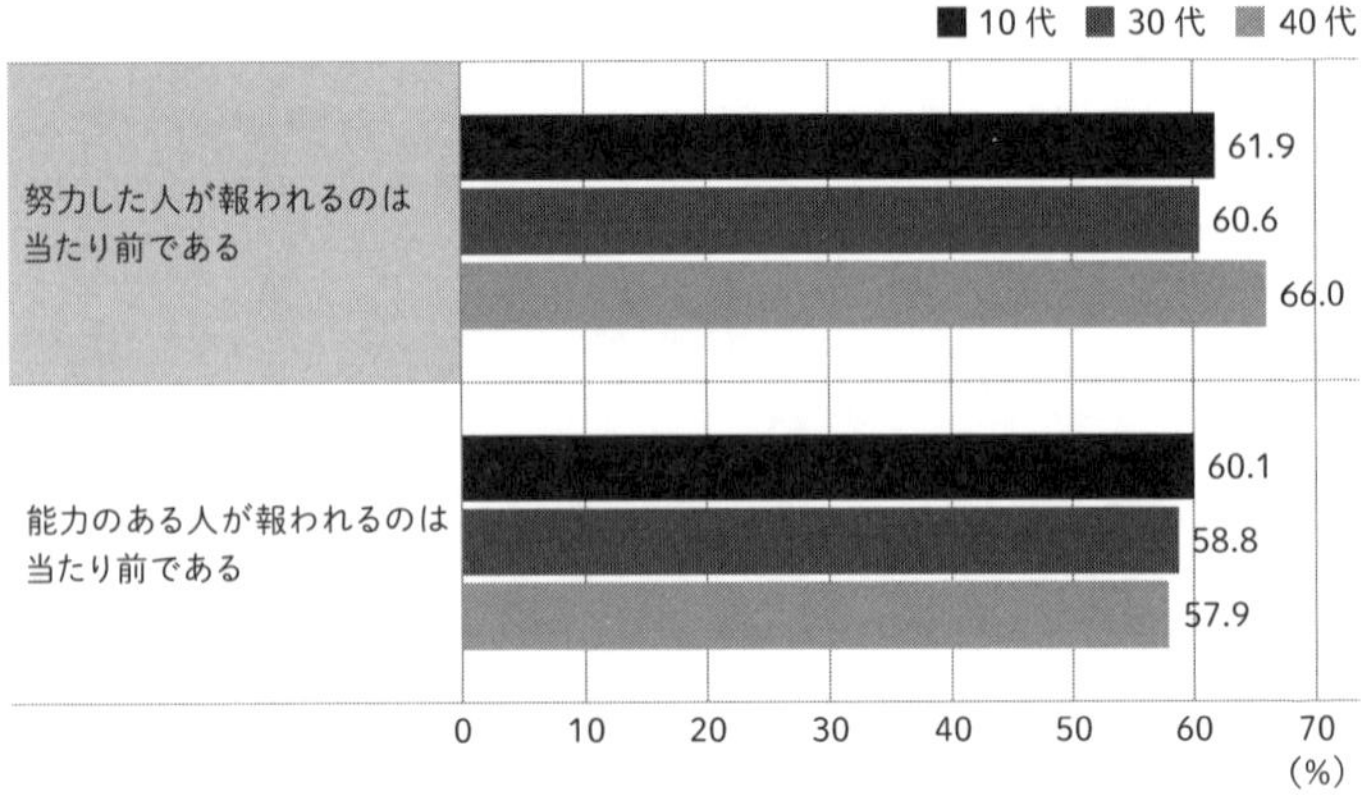

図表1-7　「いま」に対する価値観（世代別）（あてはまる計）

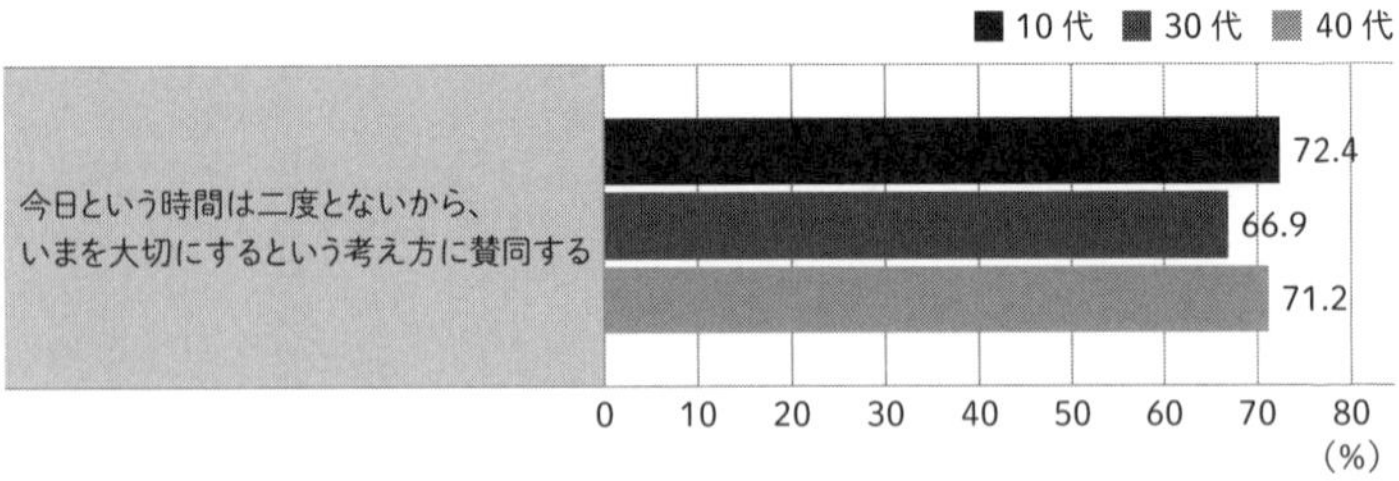

YOLO（You only live once）が欧米の若者におけるインターネットスラングとなって久しいが、こうした心理的状況自体は10代特有というよりは、社会変化による世代間を超えた横断的なものと考えられるかもしれない。

コロナ禍にしろ、国際情勢にしろ、ここ数年でいろいろなことがありすぎた。そのなかで、世代の問題を超えて現代社会の環境を背景として、「まずは〝いま〟を大切にしたい」という気持ちが強まっているということだろう。

二極化する「Z世代」

■「どちらともいえない」という中間回答が減少

さて、さらに興味深いことを紹介したい。

例えば、「自分が所属するコミュニティ（学校、職場、地域など）のルールや仕組みに不満がある場合、提案するなど自ら変えるための行動を起こす」については、10代が「あてはまる」側も「あてはまらない」側も多く、つまり〝行動を起こす層〟と〝行動を起こさない層〟が両方とも、30代・40代よりも多い状況にある（図表1－8）。

こうした場合、何が起こっているかと言えば**「どちらともいえない」という中間回答が減少している**のだ。

中間回答の減少。こうした状況を**「二極化」**と捉える。

実はこうした「中間回答が減少する」（二極化）という回答傾向は、多数の項目で見られている。

いくつか挙げると例えば、「他人が幸せか否かには関心がない」についても同様の二極化傾向が見られている。関心がない層は30代・40代と比較して減っていないが、関心がある層は増加するという形である。また、「自分ひとり、または誰かひとりが褒められるのは、好きではない」について、「どちらともいえない」のみが減少し、はいもいいえも増えていることがわかるだろう。「親や上司など、周囲の大人や年長者に反抗するのは得がない」も同様だ。

本当に多くの回答で、この「中間回答が若い世代になるほど減少していく」状況が見ら

図表1-8　二極化傾向の例（あてはまる計）

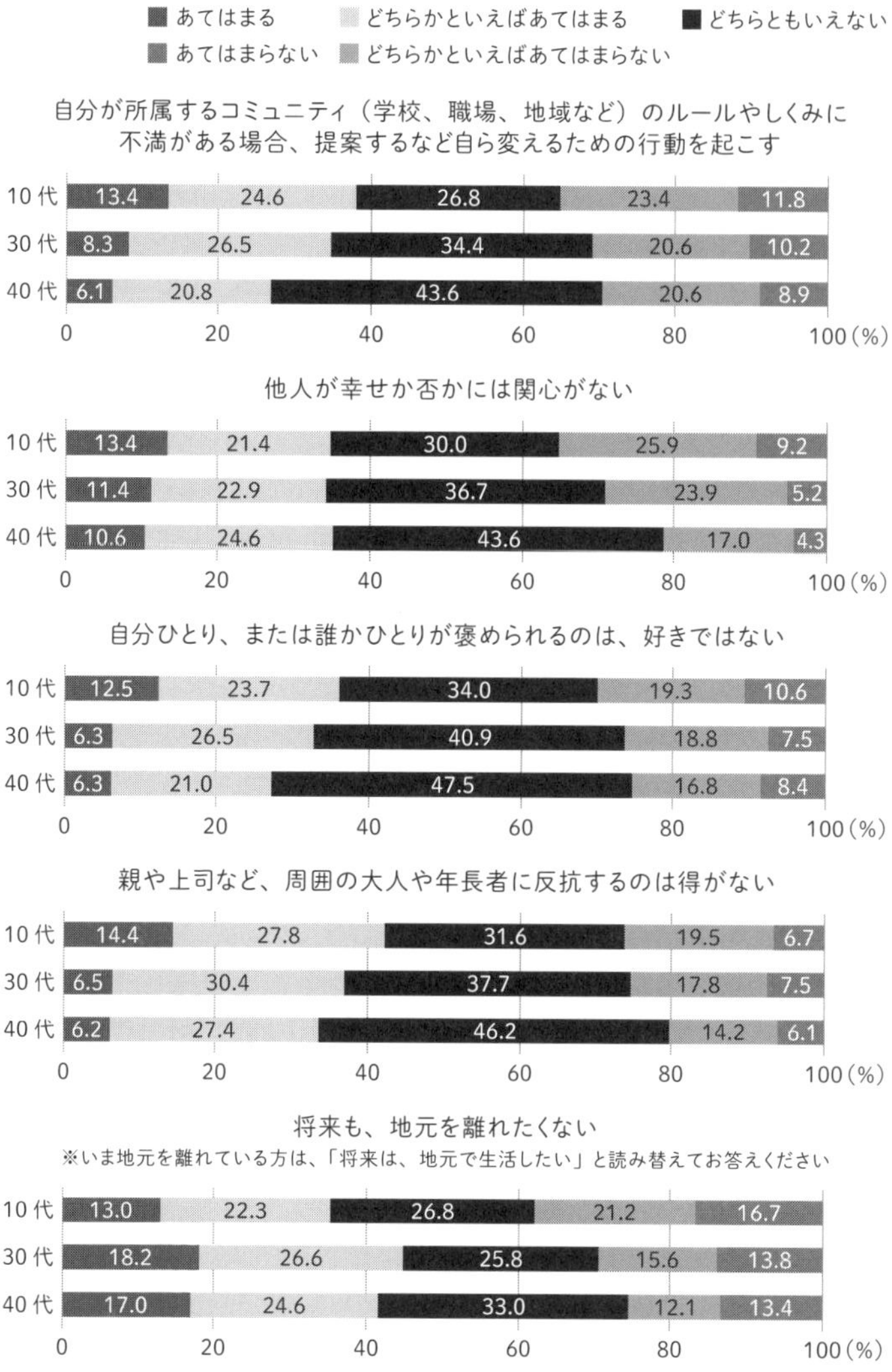

れる。枚挙に暇《いとま》がないのだ。

また、「将来も、地元を離れたくない」のような例もある。こちらは30代で見られる「あてはまる」＝地元志向が強い状況から、地元志向層が減り、地元を離れる層が増えるという形で、結果として地元志向層と地元を離れる層がほぼ同じ割合となっている。

若者の地元志向言説もかなり流布されており、確かに30代においてその傾向が見られるが、10代においてはまた状況が変化してきている可能性もある。いずれにせよ、中間回答が増加するなかでその回答の〝平均値〟はほとんど何も意味していない。

このような状況において、例えば「行動を起こす」「行動を起こさない」のどちらかだけに注目すれば、確かに「Z世代には○○という傾向がある」と見えるだろう。他世代と比べて双方ともに割合が高まっているからだ。

また、単純に世代間比較すれば「地元志向でない」と言えるかもしれない。しかし、俯瞰して見たときに全く異なる全体像が浮上してくる。

全く違う志向をもった者が同世代に〝混在している〟という像だ。

どちらの若者が「Z世代」なのだろうか。

図表1-9　就業先意向（世代別）（あてはまる計）

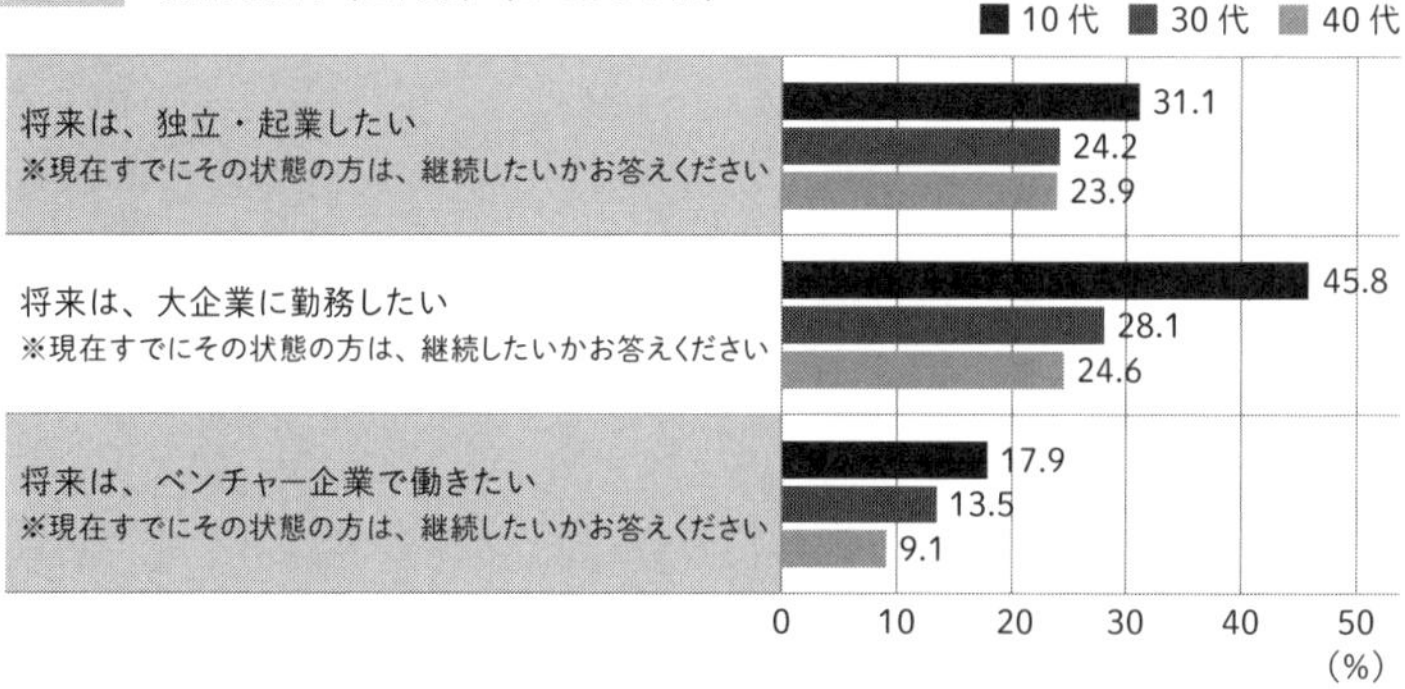

■ 大企業に就職したい人も ベンチャーで働きたい人も多い

さらにこういったデータもある。希望の就業先について、現在の10代では30代・40代と比べて「将来は、大企業に勤務したい」者も多いが、「将来は、独立・起業したい」「将来は、ベンチャー企業で働きたい」者も多い結果となっている（図表1－9）。

大企業に行きたい者、ベンチャー企業に行きたい者、はたまた独立したい者、ということで10代のなかに様々なキャリア志向が存在しているのだ。

なかでも「大企業に勤務したい」割合の高さが際立っており、ここだけ見れば大企業志向は高いと言えるが、ただ独立・起業やベンチャー企業志向も相対的に高く、独立志向やベンチャー志向も高いと言える。一律に「Z世代は大企業志向だ」というよりは、「キャリア志向が多様化している」と表現するのが妥当ではないか。

もちろん、40代の人の二十数年前、30代の人の十数年前に同じ質問をしたらまた、いまの10代とは異なる結果だったかもしれない。ただ、現在の「Z世代」が多様なキャリア志向を持っていることは事実だろう。

■ 若者論を超えて――変わったのはマインドセットではなく行動・経験

各種調査の結果を見てきたが、特に仕事やキャリアに関わる領域については「現代の若者はこうだ」「過去と比べてこうだ」という紋切り型の言説が成り立つ余地が狭くなっていると感じる。

世代というファクターだけで説明がつく点もあるが、それだけでは説明がつかないことが多すぎるのだ。平均値では全体をほとんど把握できない二極化・多様化という現状も見えてきた。様々な二極化の掛け算によって、相当のバリエーションが生まれていることを忘れてはならない。

こうした状況をふまえれば「最近の若者は……」式の一本槍なロジックでは、現代の若者の価値観を説明することは難しい。**この若者はZ世代だからこうだ、という理解ではな**

図表1-10　「Z世代」の価値観のまとめ

30代・40代と比べて特徴があった価値観	● まわりの人との関係性について 人から羨ましがられるか、行動する際友人にどう思われるかが重要 ● 会社との関係について 何か違うと感じたり、ハラスメントや不正があったら辞める・声をあげる ● 仕事に関する価値観について 辛くても成長したい、何かを買うためにお金を稼ぎたい 様々な自分を場面に応じて使い分けていきたい
30代・40代と共通する価値観	● 周りの人との関係性について 誰かひとりが褒められるのは好きではない 嫌な友人がいたらそっと距離を置く ● 仕事に関する価値観について 仕事には我慢が伴うものだ ● 努力した者が報われる、能力のある者が報われる ● 二度とない今を大切にしたい
二極化・多様化が見られた価値観	● コミュニティの仕組みを変えるために行動を起こすかどうか ● 他人が幸せか否かに関心があるかないか ● 地元志向かどうか ● 働きたい会社の規模　等

く、その人自体への理解が求められるのだ。

多様性の重要性が叫ばれる時代に、なぜ若者を世代で一括りにしようとするのか。全体を整理しておく（図表1―10）。

むしろ、変わっているのは「行動」や「経験」だ。環境が変われば選ぶ行動も変わることは、当然のことだがあまり言及されていない。

年齢はまだ若いのに、サブスクサービスを利用し、プログラミングの知識を活かして生活を便利にし、3Dプリンタで制作した経験がある10代は30代・40代よりも多いこともわかってい

図表1-11　これまでに経験したこと（世代別）（あてはまる計）

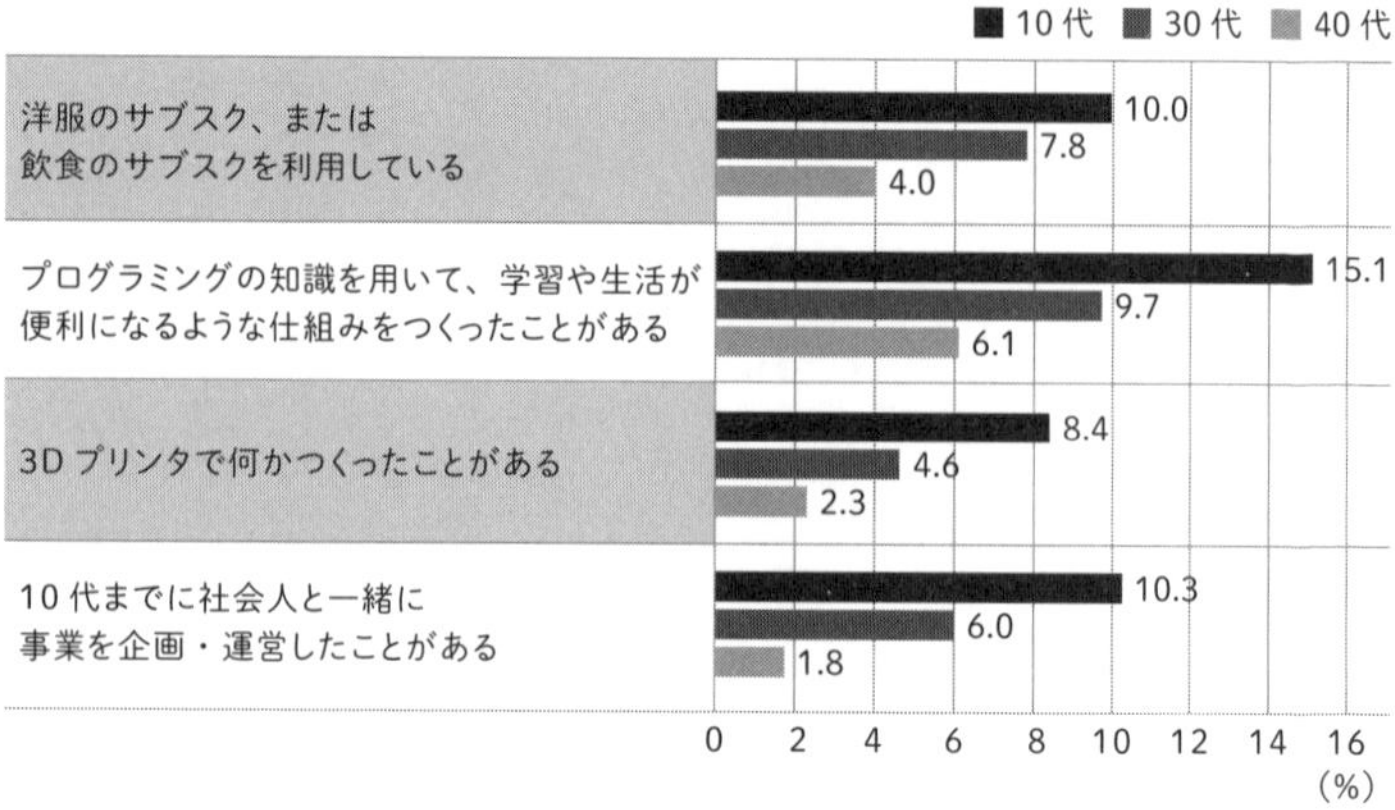

る（図表1－11）。もちろん、すでに言及したSNSもだ。

こうしたことは若者の価値観やマインドセットの変化に理由を求めるよりも、単に「身近にそういった環境があったから」とシンプルに考えるのが自然だろう。環境が変わり行動・経験が変われば、それをきっかけとして人は変わっていく[13]。

上の世代と、Z世代の本質的な違いは実は、環境が変わったことにより行動・経験が変わったことに起因するのかもしれない。

章の最後に一点付け加えれば、ベビーブーム世代や「X世代」（Generation X：概ね1960年代中盤～1980年頃生まれ。Xの次がY、Yの次がZ。Zの次はないのでその次はアルフア世代なのだ）という言葉で戦後の若者たちは世界的に表現されてきた。

マーケティングの世界や芸術・文化の潮流をつくるためには全体的な若者の傾向を概括することが重要であり続けるだろうが、管理職がひとりの若者と向き合うとき、企業が一人ひとりの若者に活躍する職場をつくろうとするときも、世代論は同様に重要なのだろうか。

そして、〝何か根本的に違う人たち〟というよりは、感じている違いは単に〝既得権のなさ〟と〝環境適応力の高さ〟の2つに起因する、ちょっとした違いに過ぎないのかもしれないのだ。筆者は世代論というよりも、「既得権がなく従来のキャリアのつくり方に縛られず、また変化する環境に適応できる」という特徴こそが、いつの時代も若者が若者たるゆえんだと感じている。

そして筆者は、**Z世代はこうだからこう育成しよう、という平均値的なアプローチは効果が乏しくなってきている**と考える。それはつまり、「若者論」「Z世代論」の論調のどれが誤りでどれが正しいといったことではなく、〝全部正しい〟（誰かの視点から見れば）のではないかということだ。

多様化、多極化する若手に対してどう向き合うのか。それは、若手育成の問題というよりは、現代の自社における職業経験が乏しい一人ひとりの社会人をどう育てるのか、という問題に過ぎないのかもしれない。

そして、多様化している一人ひとりの育成に向き合う際に、いの一番に押さえるべきは、彼ら彼女らを取り巻く環境（この場合は特に職場環境）がどうなっているのかという、環境への理解である。

それは一言でまとめれば、**ここ数年で「若手が変わった」以上に、「職場が変わった」**ということだ。

第2章

「ゆるい職場」と若手の不安

——若者を取り巻く変化を理解できているか

思い込み

残業を減らして、有休をとってもらって、労働環境を改善すれば、若手社員は定着してくれる、はず。

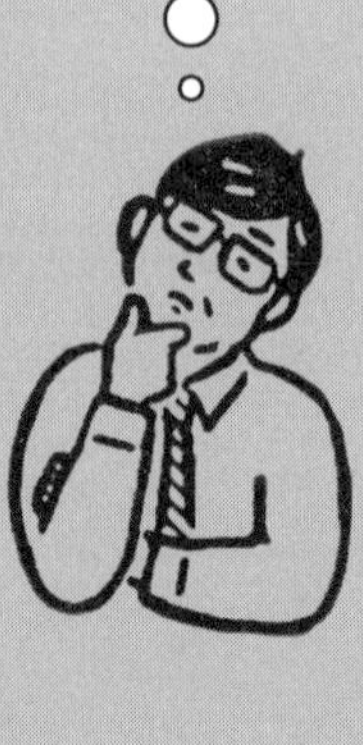

データが教えてくれること

「職場がゆるくて辞めたい」という若手が少なからず存在している。

■「若者がわからない」と嘆く前に理解すべきこと

「若手との接し方、どうすればよいのかわからない」
「自分が若手の頃と違いすぎる」
「若手が何も言わずに、突然『転職します』と言ってくる」

企業の管理職の方々と話して、こうした意見を聞かないことはない。

いつの時代も若者は、社会で奮闘している先達からは簡単に理解できない存在である。ただし、現在の状況はこうした「Z世代は……」「最近の若者は……」といった「若者論」の範疇で完全に理解することができない。

その理由は2つあり、そのうちのひとつの多様化・多極化については第1章で述べた。多様化するキャリア志向、仕事観のなかで、管理職世代とほとんど変わらない感覚の若手も存在するし、全く違う若手もいる。何パターンあるかわからない組み合わせのなかで、平均値で語る「若者論」の出る幕はほとんどない。

もう1つ、理由がある。近年、若者側以上に職場側が変わったことだ。この職場の変化

図表2-1　大手企業若手社員（入社1～3年目）の平均労働時間と有給休暇取得率の推移

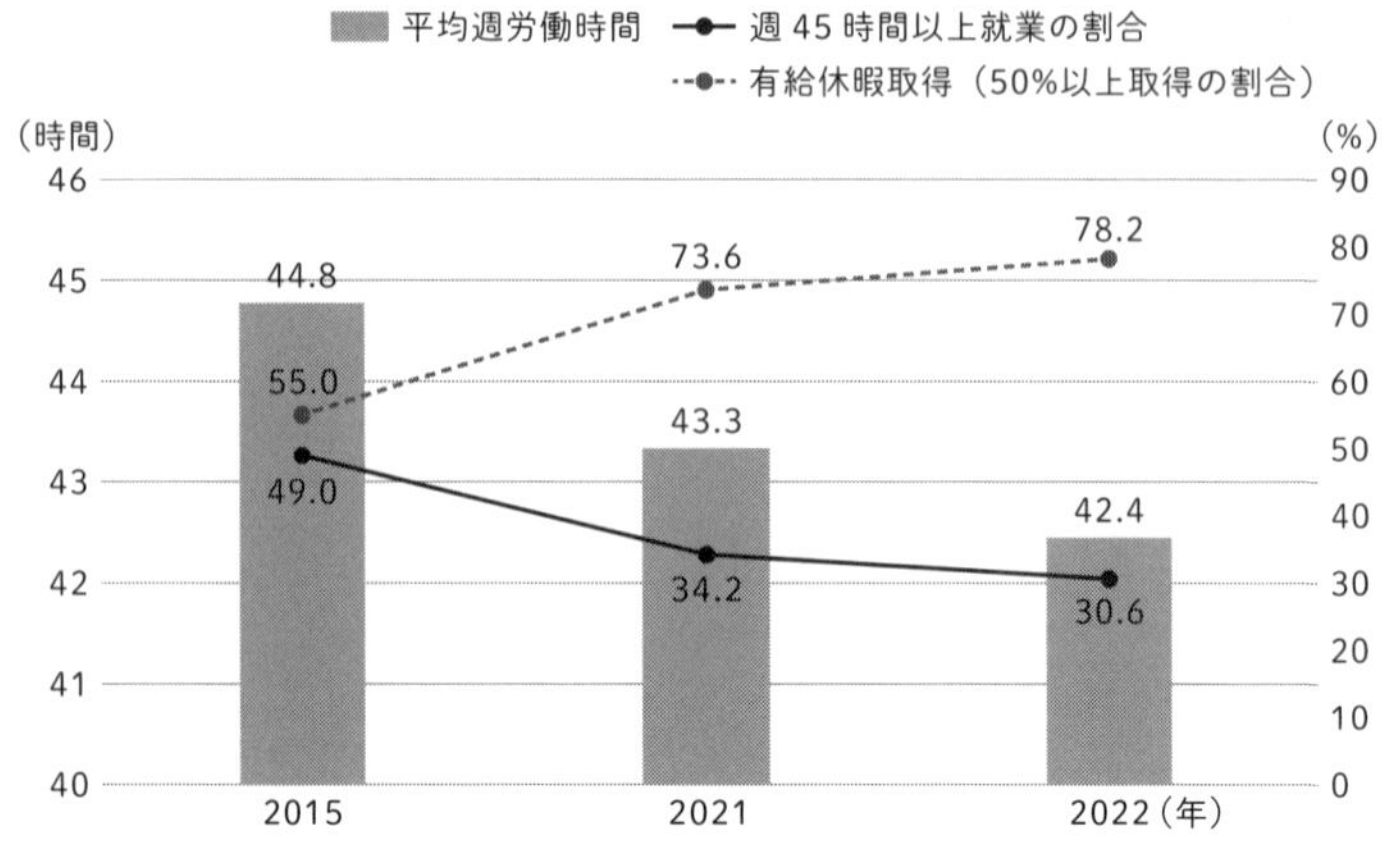

は「雰囲気や空気感が変わった」などという曖昧なものではなく、職場運営に係る法律が変わったという極めて社会的・構造的なものである。

例えば、２０１５年に若者雇用促進法が施行され、採用活動の際に自社の残業時間平均や有給休暇取得率、早期離職率などを公表することが義務付けられた。

２０１９年には働き方改革関連法により労働時間の上限規制が大企業を対象に施行された（中小企業は２０２０年から）。さらに２０２０年にはパワハラ防止法が大企業で施行された。

この動きを筆者は「職場運営法改革」と呼んでおり、２０１０年代中盤以降、本格化した。

結果として、例えば労働時間は減少しており、特に若手で顕著である（図表２－１）。２０１５年の大手企業の大卒以上若手社員（入社1〜3年目）では44・8時間であった平均週労働時間は２０２２年には42・４時間へと減少し[1]、仮に1日あたり8時間が規定内労働時間とすれば、残業時間は週４・８時間から週２・４時間へと短期間で実に半減の水準となった。

若手の有給休暇取得率も急速に上昇している（リクルートワークス研究所「全国就業実態パネル調査２０１６－２０２３」）。有給休暇を年間50％以上取得できた者は、２０１５年の若手では55・０％だったものが、２０２２年には78・２％へと〝別の国になったかのような速度で〟向上しているのだ。

■問題は「ゆるい職場」にあるのか

もちろん、こういった労働環境改善は素晴らしいことだ。ムダな業務、理不尽な指示によって若手を使いつぶすような企業を存続させてはならない。

こう考えたとき、重要なのは、こうした職場環境の変化（筆者は「**ゆるい職場**」と呼んでいる）が「不可逆な変化」である可能性が高いことだ。若者を使いつぶすような企業の姿勢に起因する、許されざる事件を社会が看過することはなくなった。その結果として法律が改正されているからだ。

なお、こうした話をすると、「うちの会社は、こういった状況なんですが、『ゆるい職場』なのでしょうか」という質問が企業の経営層や人事の方から来ることがある。しかし、自社が「ゆるい職場」かどうかを気にすることはあまり意味がない。

そもそも、「ゆるい職場」は社会や法律の要請であり、中長期的にはすべての会社がそうならざるを得ない社会情勢にあると言える。いわばそれは社会全体のトレンドであって、どこかの会社は「ゆるい職場」で別の会社は「きつい職場」で、また別の会社は「ふるい職場」です、といった議論には先はないのだ。

それでも気になる方は、自社の10年前の若手の残業時間や有給休暇取得率と現在のそれを比較いただければいい。ほとんどの企業が改善しているはずだ。10年前から残業時間が増加していたり、有給休暇取得率が下がっていたりする企業は、そもそももはや法律を守れていない可能性すらある[2]わけで、若手育成うんぬん以前に自社のコンプライアンス違反を気にした方がいい。

「ゆるい職場」というのは、現代の若手を取り巻く職場環境の変化の全体像なのだ。

図表2-2　職場の状態に対する認識（あてはまる計）

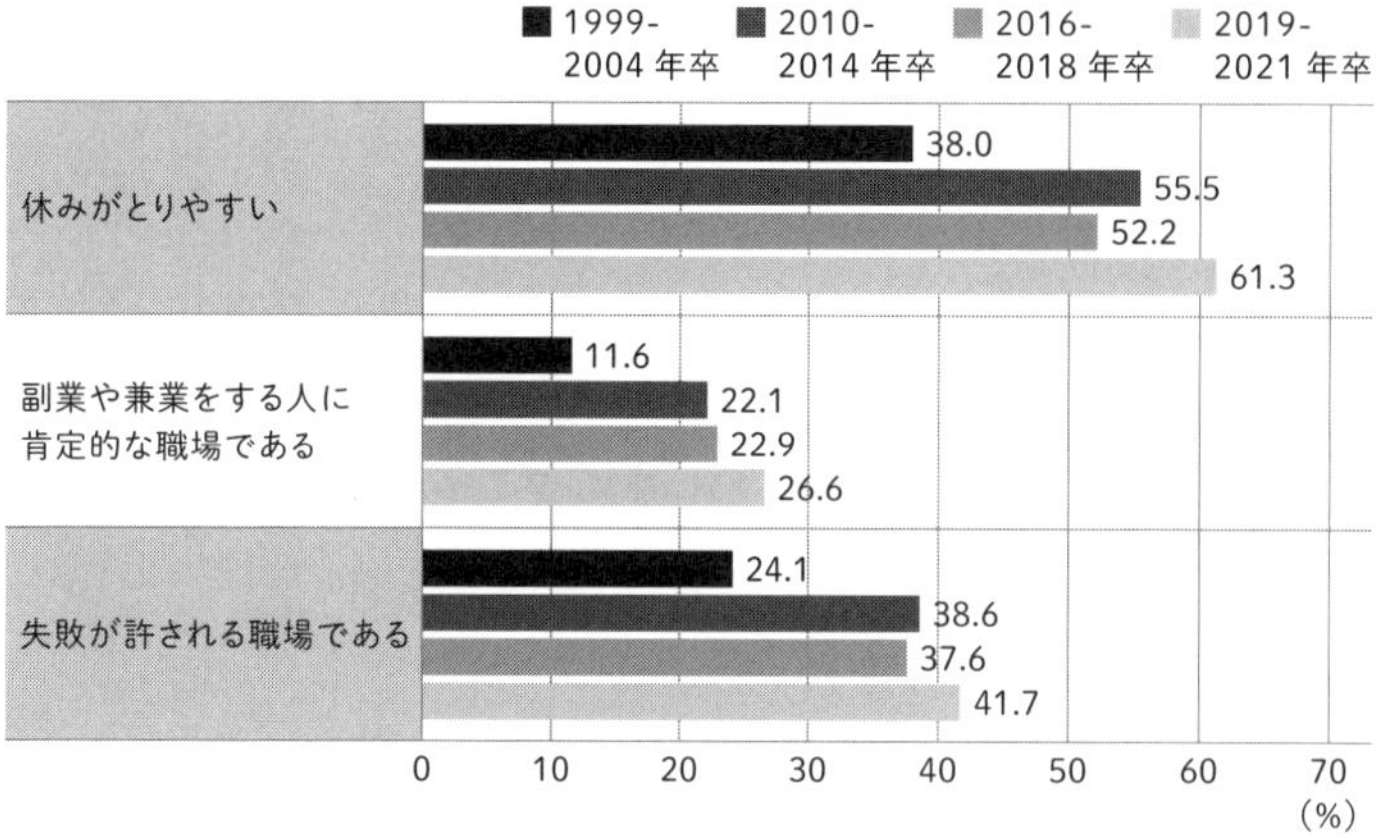

■なぜ、労働環境が改善したのに離職率が下がらないか

近年の職場運営法改革による職場環境の好転に伴い、若手の自社の職場への認識も好転している。

例えば、「休みがとりやすい」に対して「あてはまる」と回答した大手企業新入社員の割合は38・0％（1999−2004年卒）から61・3％（2019−2021年卒）へと大きく向上している。ちなみに、「失敗が許される職場である」も24・1％から41・7％へと向上している。

コミュニケーションスタイルも転換した。日本企業における管理職の若手へのコミュニケーション姿勢は「褒めてたたえて褒めまく

図表2-3　大手企業管理職の20代部下に対するコミュニケーション姿勢

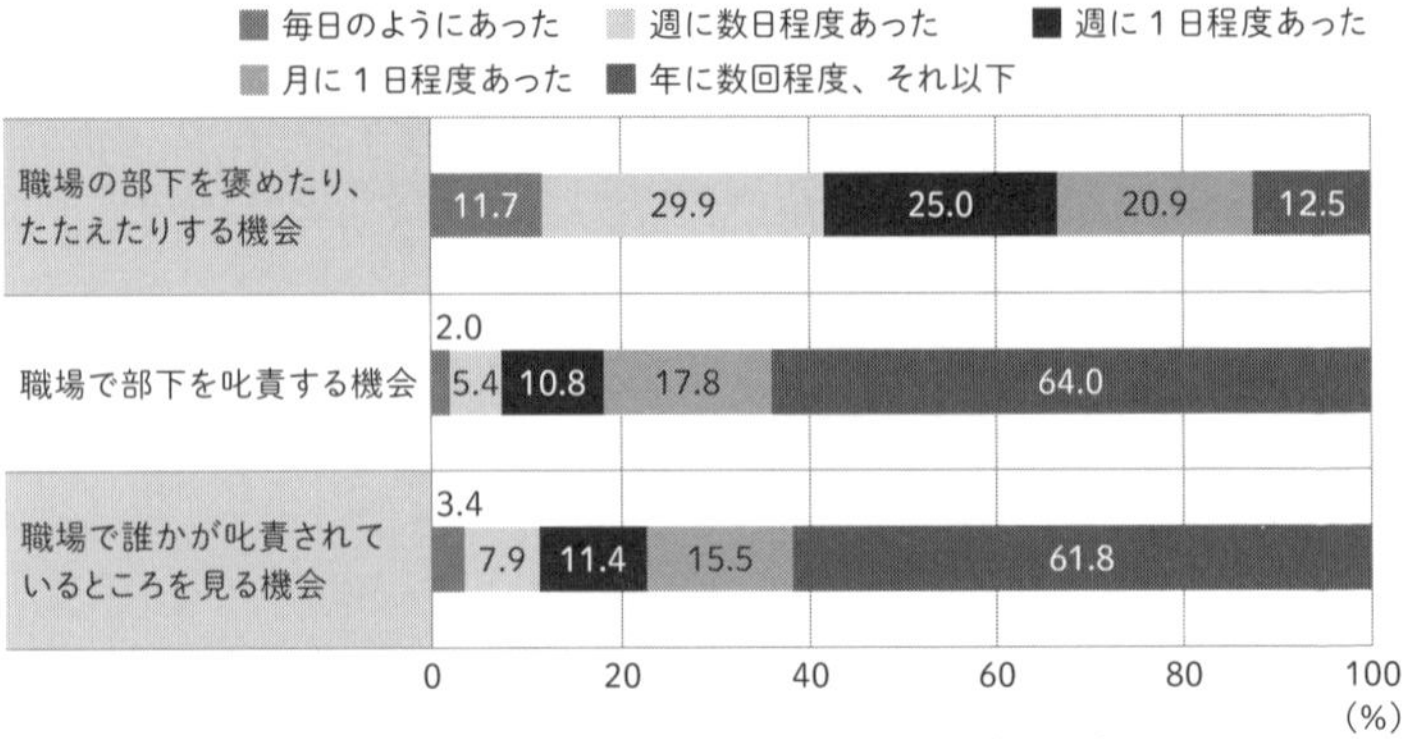

（出所）リクルートワークス研究所「大手企業管理職の若手育成状況調査」（2023年）
1000人以上規模企業で課長級管理職、29歳以下の部下の人事評価を行っている者対象。サンプルサイズ1083

る」である。

「職場の部下を褒めたり、たたえたりする機会」が「毎日のようにあった」管理職は11・7％、「週に数日程度あった」29・9％、「週に1日程度あった」25・0％と、合わせて3人に2人以上の管理職が週に1回以上は部下を褒めたりたたえたりしている。

他方で、叱責については真逆で、64・0％とおよそ3人に2人は「年に数回程度、それ以下」である。過去の統計がないため比較はできないが、いま現在の若手へのコミュニケーション姿勢が「褒めてたたえる」ものであることは明確だ。

元若手でいま管理職の諸氏は、この結果を見て改めてどう感じるだろうか。

自分の新人時代を思い出していただきたい。いずれにせよ、褒めて育てる型に完全に転換した後の職業社会に、私たちは生きている。

結果、会社への評価も向上した。初職の会社への評価点（10点満点）は、入社年を追うごとに肯定的になっている。

２０１９－２０２１年卒では10点をつけた回答者が４・８％、６～９点をつけた回答者が43・８％と、合わせると６点以上が48・６％と半数近くに上っている。例えば、１９９９－２００４年卒では６点以上は33・７％に過ぎない。

ただ、「労働環境が良くなって、若手も会社のことが好きでハッピー」では終わらないことは強く感じているだろう。

例えば、若手の離職率。10年スパンで見るとこういった労働環境改善が特に進んだ大手企業において、２００９年卒の20・５％から２０１９年卒の25・３％へと上昇している（なお、離職率については急激に景況感が悪化すると低下する。このためコロナによる急激なリセッションの影響を２０１８年卒、２０１９年卒が受けていると考えられ、２０２０年卒までその影響は継続する見込みである。つまり２０２０年卒の者は入社１年目に急激な景況感悪化を実感しており離職意向が低下した可能性が高いが、２０１９年卒ですでに数値的には反転してしまった）。

図表2-4　大手企業大卒就職者の3年未満離職率

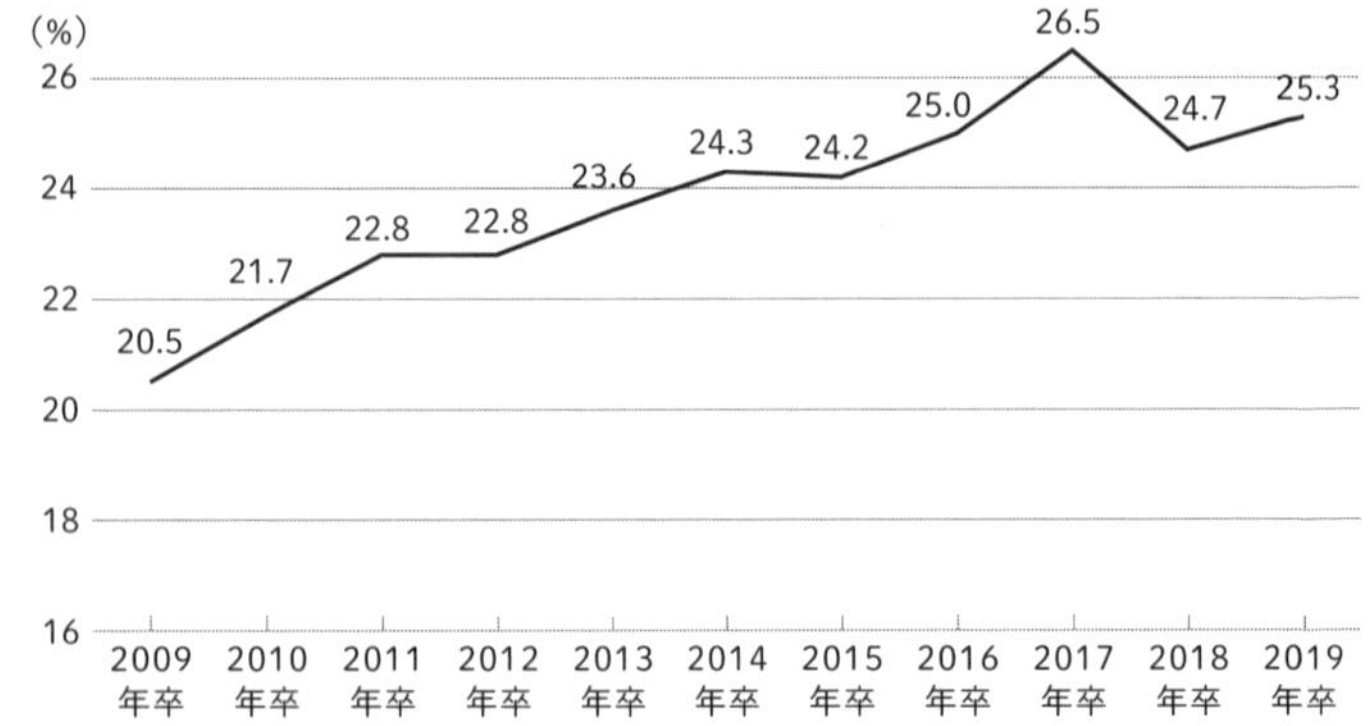

（注）厚生労働省「新規学卒者の離職状況」3年未満離職率、大学卒以上・大手企業

この結果を当たり前のこととして流していては、今後の若手育成に対する問いは立たない。率直に言ってこれは多くの謎を含んでいる。疑問の最大にして最もシンプルなものは、**なぜこれほど労働環境が改善したのに離職率が下がらないのか**、という点だ。

自分のこととして考えていただきたい。

残業時間が過剰になったり、有給休暇が取得できなかったり、居心地が良くなかったり、上司に叱責されることが増えれば離職したい気持ちが増大するだろう。ここ10年で起こっているのはそれとは逆の変化であるにもかかわらず、若手の離職率は低下するどころか上昇している。

一般に当たり前であると考えられることが、全体で当たり前ではなくなっている。この点に疑問を持つことが、新時代の育て方を考えるスタートラインなのだ。

■ 会社に不満はないけど不安がある

ここで、若手社員たちが自らのいま置かれた状況をどう認識しているのかを見ていく。実は、職場環境は好転しているにもかかわらず、ストレス実感は減少していない（図表2－5）。例えば、「不安だ」とする回答者は2019－2021年卒では75・8％に上っている（1999－2004年卒が新入社員だったときの66・6％や2010－2014年卒の70・1％と比較して高い）。

この「不安」という要素について、現在の新入社員に掘り下げた質問をした。例えば、「自分は別の会社や部署で通用しなくなるのではないかと感じる」という質問に対して「強くそう思う」「そう思う」と回答した者の割合は、現在の新入社員の48・9％に及んだ。

実際に若手社員から、「居心地は良いが、このままだと社外で通用する人間になるために何年かかるのかと焦る。何か自分で始めたりしないと、周りと差がつくばかりなのではないか、このままではまずいと感じている」といった声は本当によく聞かれるのだ。こうした若者のキャリアへの焦燥感を、経営や人事に携わる上の世代がどの程度摑めているだ

図表2-5　「不安だ」と回答する若者が増えている（あてはまる計）

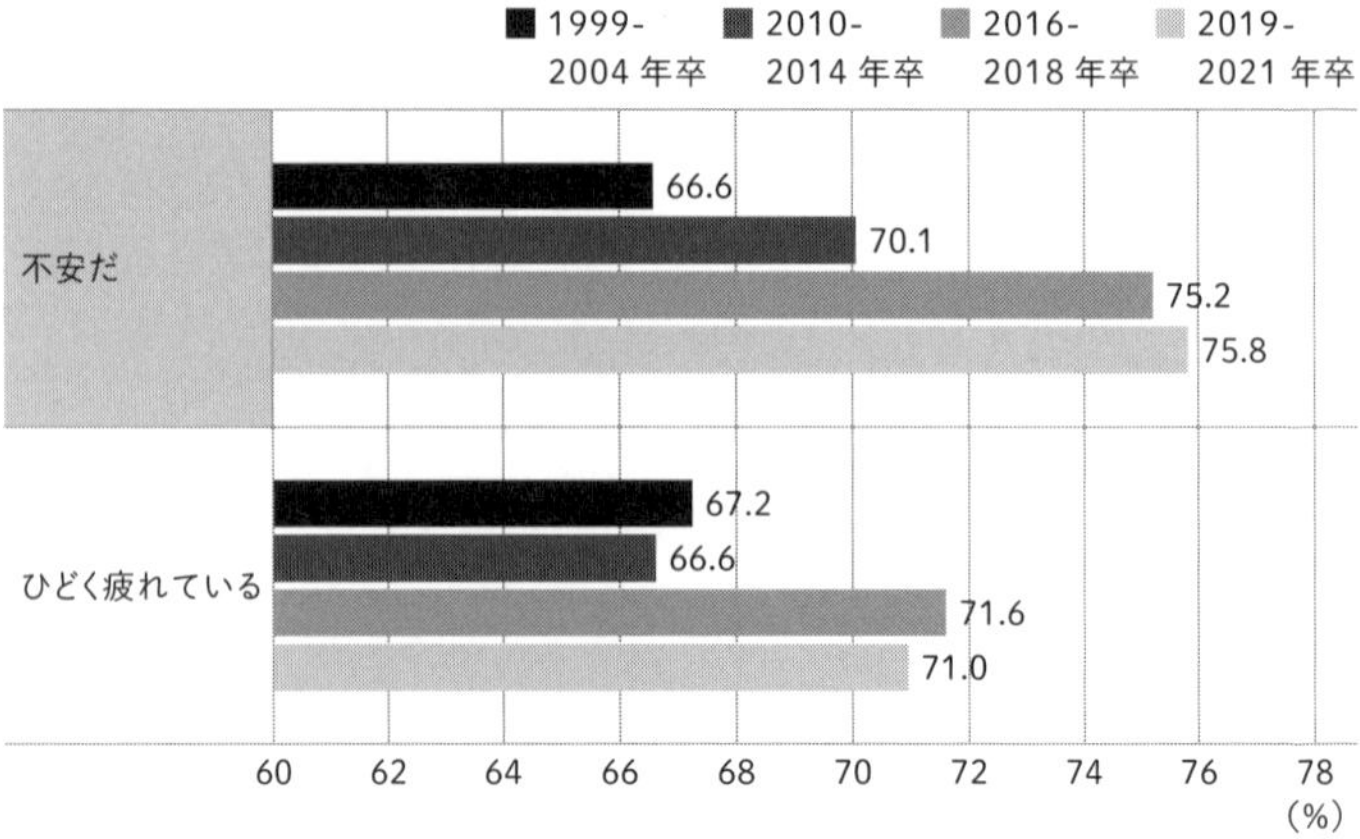

図表2-6　現在の職業生活における状況（そう思う計）

	2019-2021年卒
このまま所属する会社の仕事をしていても成長できないと感じる	35.0
自分は別の会社や部署で通用しなくなるのではないかと感じる	48.9
学生時代の友人・知人と比べて、差をつけられているように感じる	38.6

ろうか。

筆者は若者のなかに顕在化しつつある「自分は別の会社や部署で通用しなくなるのでは」「学生時代の友人・知人と比べて、差が広がっているように感じてしまう」といった、職業生活に関する「このままでは……」という感情のことを**「キャリア不安」**と呼んでいる。

会社が自身の職業生活の安定を保証してくれないなかで、「キャリア自律せよ」と叫ばれている。しかし自律できるだけの経験や機会が与えられないのではないか、という危険性に薄々気づいた若手に焦燥感を生んでいる。

■ＯＪＴの機会は減り、〝ながら〟や〝放置型〟に

こうした状況を裏打ちするように、大手企業の育成機会が縮小されている動向も示唆されている（図表２―７）。例えば、ＯＪＴについてその機会が「全くなかった」と回答した若手の割合は２０１５年調査の14・６％に対して、２０２２年調査では20・１％へと１・４倍に増加している。

また、ＯＪＴの質面でも、育成を主目的とした計画的ＯＪＴは２０１５年の37・１％から２０２２年で30・９％へと減少、業務の傍らで行われる〝ながらＯＪＴ〟や〝放置型〟へと変質している様子も見られている。

働き方改革以降の管理職層の多忙さは指摘されているとおり、もはや職場のなかで育成を行うような余裕はないのかもしれない。

また、業務から離れた知識や経験習得の機会であるＯｆｆ―ＪＴ機会も減少している。「機会がなかった」は２０１５年調査の32・１％から２０２２年調査の43・３％へ急速に

図表2-7　入社5年目までの若手社員への教育訓練機会の推移（2015年、2022年）

		2015年	2022年
OJT	計画的OJTを受けた	37.1%	30.9%
	OJTの機会「全くなかった」割合	14.6%	20.1%
Off-JT	Off-JTの機会「なかった」割合	32.1%	43.3%
	(平均年間Off-JT時間)	19.0時間	11.5時間

（注）リクルートワークス研究所「全国就業構造パネル調査2016-2023」より筆者分析（大学卒以上、正規社員、1000人以上規模企業在籍、入社5年以内）。それぞれxa16，xa23ウェイトを用いて比較可能なデータとなるよう集計した

増加、「機会はあったが、受けなかった」と合わせると、Ｏｆｆ－ＪＴ機会を得られなかった若手は、41・7％から50・9％へと過半数に到達してしまった。

さらに、時間数についても減退傾向は明らかで「1年間に合計で50時間以上」は19・4％から8・8％へと半減していた。結果として、年間平均のＯｆｆ－ＪＴ時間は19・0時間から11・5時間へと減少した。これは実に２０１５年と比べて40％減である。

新入社員期は多くの若者にとって学生から社会人への移行期、また職業生活の最初期の段階にあり、組織適応に加え基本的な職業能力を付与する必要のある時期である。こうした時期の育成機会が大手企業においても２０１５年以降減少する状況が、もう一方では起きているのだ。

ここまでの各種統計や調査をもとに、現在の若手に顕在化しつつある状況を整理すれば、**若手は、仕事における負荷が低下（労働時間が減少、有給休暇取得率が向上、上司からはよく褒**

められる……等）するなど相対的に労働環境が好転しており会社のことが好きになってきているが、他方でキャリアにおける不安に直面しているということだ。

それは、職業社会全体の変化を前提とすれば「会社が若手のキャリアを丸抱えする」ある種の〝平等性〟があった時代が終わり、「若手自身が会社も使ってキャリアをつくる」時代へ急速に転換したことに端を発した、モヤモヤした不安とも言えよう。

こういった状況を筆者は、一言で、

会社に不満はないけど、不安がある

と表現する。[3]

■ 若者たちが転職や副業に積極的な背景

筆者は、顕在化しつつあるこうした不安の背景に、職業生活における選択の回数が増えることが想定されつつあることを指摘する。

リンダ・グラットンは『ライフ・シフト』[4]において、「教育→仕事→引退」という3ステージ人生の崩壊、そしてマルチステージ人生を提起した。この点はマルチステージを前提とした様々な政策や企業の人事制度等の議論を喚起するなど多くの共感を集めたことも記憶に新しく、日本における職業生活設計の段階を新たなものにした。

リンダ・グラットンが指摘するこの3ステージ人生において、より重要なポイントは従来の日本の社会人にとって、選択のタイミングが2回しかない〝2ステップ人生〟だったことである。

3つのステージは当然に2つのステップ＝選択のみによってつながれる。つまりそれは、「学校卒業後の就職活動」と「定年退職後のセカンドキャリア設計」であった。就職活動で大きくて有名な会社に入れれば、〝勝ち組〟になれた。年収も高く、社会的地位も高く、それに伴って幸せになれる確率が高かったかもしれない。定年退職後に退職金の運用を誤らず、人生設計を的確に行えば悠々自適の老後を過ごせる蓋然性は高かったかもしれない。

しかし、3ステージ人生は崩壊した。その後を生きる、現代の若者が直面せざるを得ないのは、選択の回数が飛躍的に増えた全く新しい職業人生である。

例えば、現在の20代後半の若手の離職経験率は51・5%と過半数を超えているし[5]、副業の実施率は13・7%、副業をしたい者は35・3%で合わせてほぼ半数である。大学等での体系的な学び直しやリスキリングを希望する者も多いと言われる。

こうした潮流は世界的にも起こっており、とある世界46カ国対象の２０２３年の調査によれば、従業員の26％が「今後12カ月以内に転職する可能性が高い」と回答しており、「Z世代」では35％とさらに高い。また、複数の職に就いている人は全体の21％で、「Z世代」では特に高く30％だったそうだ。[6]

こういった状況を鑑みれば、学校卒業後に就いた仕事の次の仕事をするという選択（転職）が早々に存在する可能性は高く、また、仕事をしながら別の仕事をするという選択（副業・兼業）が存在する可能性もあるし、仕事をしながら学校に行く選択（学び直し・リスキリング）もとることができる。

「3ステージ人生＝2ステップ職業人生」は、「マルチステージ人生＝選択の回数が増えた職業人生」へと転換したのだ。

■「石の上にも三年」が通じなくなった理由

若手が直面せざるを得ない、こうした職業生活設計の大きな変化を前提にしたとき、彼ら彼女らの焦りの理由がくっきりと浮かび上がってくる。

すぐに来るかもしれない選択のタイミングまでに十分な経験や専門性がなければそれを

図表2-8　仕事に関する満足感（早期離職の有無別）（「あてはまる」割合）（%）[15]

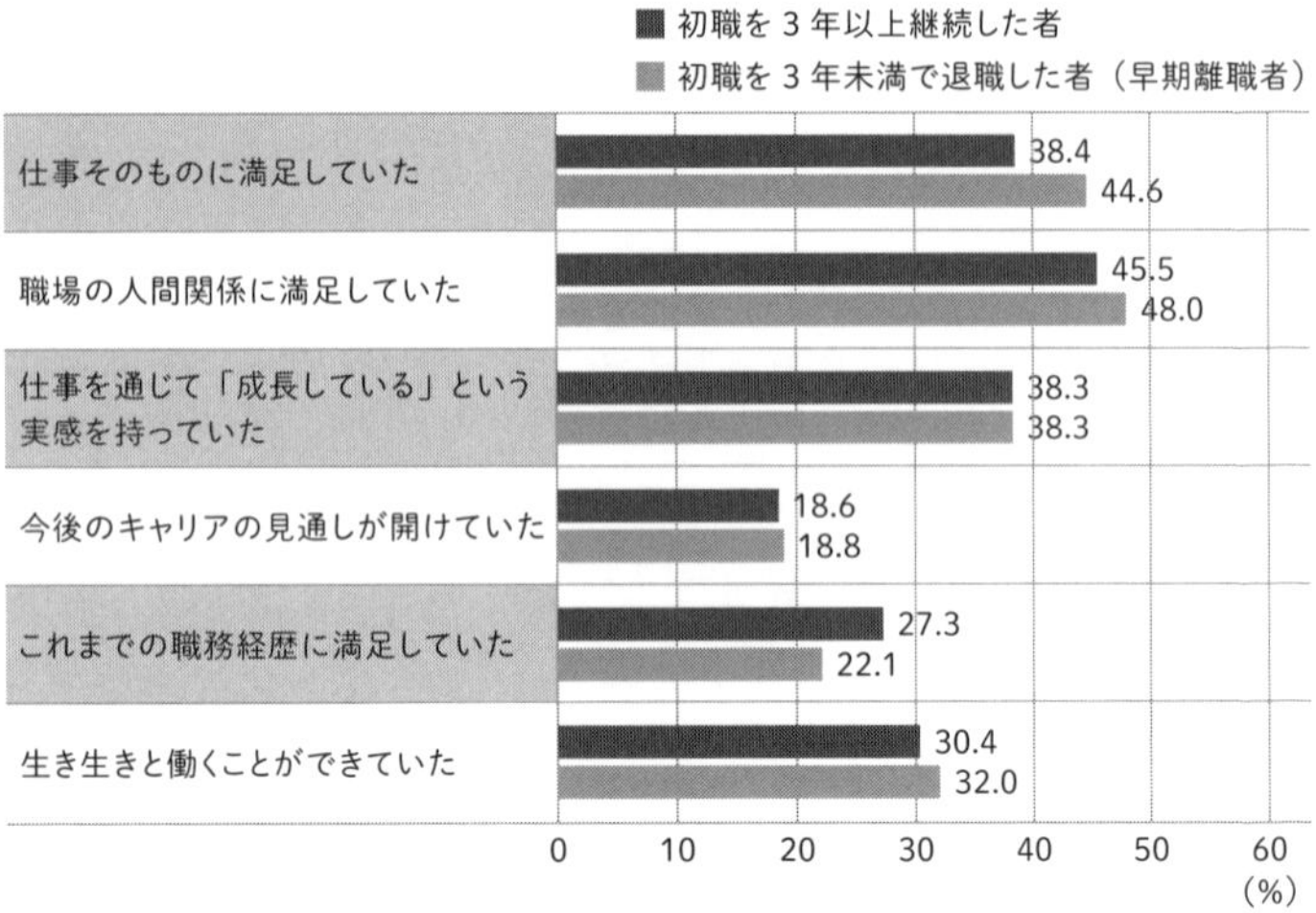

（出所）古屋星斗「『3年未満で辞めた』大卒新入社員のその後を検証する」 https://www.works-i.com/column/works04/detail046.html　初職が正規職員、大学卒で2010年～2017年に入職した者を対象とした分析

逃すかもしれない、より生々しく言えば、早々に来る選択のタイミングをモノにしているように見える周りの友人・知人の話をSNSなどで仄《そく》聞《ぶん》して焦る。

2回しかなかった選択のタイミングは、確かに就職活動時点で〝勝ち〟を決定してしまうような、社会的なダイナミズムの欠如という致命的な弱点を持っていた。しかし、選択の回数が飛躍的に増大した結果として、若者に自由と隣り合わせの責任、そして「不安」をもたらしたのだ。

ただ、こうしたダイナミズムは若者のキャリアに、初期の失敗を許容する状況を生んでいることも確かだ。初職を3年未満で離職した者と、そうでない者を比較すると、その後のキャリア形成には実は早期離職の悪影響は観測されない（図表2－8）。むしろ若干だが、早期離職者の方が現在の仕事への満足感が高い項目が多いが、ほぼトントン、早期離職の影響はない（統計学的に有意な差はない）と言えよう。

これは一例に過ぎない。しかし、選択の回数が飛躍的に増えた今後の職業人生においては、「少々の選択の失敗」（この図表の場合は就職活動）は「別の選択」（この場合は転職）によってリカバリー可能なのではないか。不安はあるが、自由がもたらす新しい職業人生の可能性を筆者は感じている。

こうした結果はこれまでの初期キャリア形成におけるセオリー（わかりやすいところで言えば、「石の上にも三年いれば暖まる」論など）を崩すものでもある。これが若手育成の難易度を上げていると考えられるが、その点の詳細は後述する。

■「ゆるい職場」が増えた、たったひとつの理由

では、なぜ若手を取り巻く職場環境がここ5年ほどで急激に変化したのかについて筆者の考えを述べる。

先に、「若者が変わったことよりも、職場が大きく変わった」と述べたが、それは職場の雰囲気が変わったとか、上司の考え方が変わったとか、ＶＵＣＡの時代がとか、パーパス経営が、といった曖昧で抽象的な話ではない。

法改正だ。

この5年ほどの間に労働に関する法令、特に職場の運営に関する法令が急激に変わったことが背景にあるのだ。日本の職場運営法が急激に変わる時代に入ったことを認識しないと、若手社会人に起こった変化はわからない。

職場運営法改革の時代。ここ5年ほどは毎年のように大きな労働法改正が行われていることは、人事労務に詳しい方であればよくご存知だろう。

その引き金を引いたのは、もしかすると２０１３年に流行語大賞トップ10に「ブラック企業」という言葉が入ったことかもしれない。

ブラック企業という言葉自体は２０００年代にインターネット空間に出現したインターネットスラング、若者言葉であったが、２０１０年代に入り社会問題として浮上するようになった。ブラック企業に対する批判が高まったことに対し、その対応として当時の政府が策定したのが「若者雇用促進法」という法律だ。地味であまり有名ではないが、筆者はこの法律の影響は極めて大きかったと考えている。

その内容は、新卒採用などで若者を採用したい企業に対して、情報公開を努力義務とした法律で、そこには、いまの就活生にとっては当たり前になっている項目がいくつもある。例えば平均の残業時間数、有給休暇の取得率や、入社後の研修の体制や時間、さらに早期離職率など。努力義務ではあるが、そういった自社での働き方・労働・職場環境に関するデータの開示を、優秀な若者に自社を魅力的に感じてほしい会社が、率先して行うような競争環境をつくった法律がこの若者雇用促進法である。

重要なのは、情報開示をさせたこと自体ではなく、開示の義務化によって職場環境を改善するために努力するインセンティブが企業に生まれたことだ。

若者雇用促進法以前には、「うちの会社は有給休暇をたくさん取得しています」「うちの会社は残業時間が短いです」と言ってもそれを公表する場もなく、評価されづらく、企業として組織的に取り組む内容として設定できなかったのだ。

しかし多くの企業が開示をするようになって、「うちの会社はとても有給休暇取得率が高いから、もっと優秀な若者を採用できるかもしれない」「うちの会社は、いまは○○率が低いが、これを改善すれば働いてほしい人材に振り向いてもらえるかもしれない」といった競争が起こった。もちろん、折しも同じ時期に採用面でリーマンショックのダメージから回復し、若手採用が困難な状況が労働市場で顕在化してきたために労働条件改善競争が起こりやすかったことも忘れてはならない。

職場運営法改革の時代の号砲となった若者雇用促進法を紹介したが、ほかにも、ここ5年ほどの動きは目まぐるしい。

2019年から施行された働き方改革関連法。時間外労働の上限規制や有給休暇の義務取得設定など日本の労働環境を根本的に変えた法令のひとつであるという評価には、概ね肯定いただけるだろう。同時に職場の運営を根本的に変えた法令でもある。

2020年に施行されたパワハラ防止法（改正労働施策総合推進法）。

2022年には改正育児介護休業法により、育児休業取得の確認が義務化されるなど、育児介護休業法の改正は毎年のように行われている。2024年にも男性育休の取得率の開示義務を拡大する法改正が予定されている。

このように様々な法改正により、若者を取り巻く職場環境は急激に改善され、先述の統計のように、若手社員の就業時間の短縮や、有給休暇の取得率が跳ね上がり、「居心地が良い」と回答する若手が増加する変化をもたらしたのだ。

■ 就職先の決め手は「自分の成長が期待できる」こと

何度も繰り返すようだが、もちろんこれはとても良い変化だ。若者を使いつぶすような〝ブラック企業〟を許してはならない。そして、その結果として若手に起こった変化については様々なものがあるわけだが、その最大のものに、**「本業の仕事が人生に占める時間の割合が、過去の若手と比べて小さくなった」**ことがあるだろう。本業の仕事が人生の一部分に過ぎなくなってしまったのだ。

本業で「24時間働けますか」という時代が、法改正によって完全に終焉を迎えた。これはもう戻らない、不可逆な変化でもある。

すると、これまでのように自分の会社のオフィスだけで若者が過ごすわけではないから、企業と若手の関係性は変わらざるを得ず、若手社員がとりうる行動の選択肢も変わっていく。例えば職場だけで十分な職業経験を得られずキャリアを豊かにすることが難しいと判断すれば、副業・兼業したり、プロボノ（職業上のスキルや経験を活かした社会貢献活動）を行ったり、社会人インターンに参加するなど外部にアクションを起こす人も出てくる。

また、自社の職場において、これまでと全く異なる発想でアクションを起こす若者も出てくる。上司に直接「こういった経験がしたい」「もっとフィードバックをたくさん欲しい」と言ってみたり、組織と若手の関係性の変化を基軸に、実際の行動が変わっていくのだ。これは単なるわがままだろうか。

成長意識や自律志向も顕在化する。仕事に対して「成長機会を求める若者が多い」というデータが、多様な調査で出ている。

例えば、とあるシンクタンク[7]が出したデータでは「就職先を検討するための決め手になった項目」で、ここ数年、「自らの成長が期待できる」という項目が最も選択率が高い項目となっている。2023年卒では47・7%の人が選択していたそうだ。

別の調査[8]では、20代正社員について「自律的なキャリア形成に対する意識が高まっている」とする結果が報告されている。また、仕事選びの重視点として20代前半正社員は「いろいろな知識やスキルが得られること」や「入社後の研修や教育が充実していること」を選択する傾向が高まっていることも指摘されている。

「成長できる環境」を、仕事を選ぶ決め手として選ぶ傾向が高いわけだ。ここが重要なポイントだ。こう言うと「最近は成長を求める若者が増えた」と捉えられるかもしれないが、筆者は単に「意識高い系が増えた」といった状況にはないと考えている。

これを理解するために、なぜ成長を求めるのかを考えなくてはならない。選択の回数が増える職業生活の変化を前提としてみよう。どんな大企業であっても自分の職業人生を終わりまで保証してはくれない。**自身のキャリアを安定させようと思ったら、自分に経験や知識、ネットワークを蓄積するよりほかない**のだ。

みんながみんな「成長したい」とギラギラしているわけではないが、そういった機会を求めざるを得ない。ある種、「横並びの成長希求」と捉えるべきなのではないか。**環境に背中を押される形で、成長を求めている**のだ。

日本的経営・日本型雇用が崩れたことが共通の理解となり（実際に崩れたかどうかはこの際問題でない、そう理解されていることが問題なのだ）、人生の安全や安定を会社が保証してくれなくなったと感じていることに起因する変化。キャリア自律が叫ばれるなかで、自分で自分の職業人生の安定を考えなくてはならない。そういったことを大企業で働く若手ですら認識している。

実際、大企業に就職した新卒1年目から3年目の若者にアンケートをとると「定年・引退までその会社で働き続けたい」という回答をしたのは、わずか20・8％であった（図表2－9）。実に8割の人が自分はどこかのタイミングでその会社を辞めるだろうと考え、もっと言えば全体の半数弱は2～3年程度しかその会社との関係性が続かないかもと考えている。

図表2-9　大手1年目〜3年目社員「いつまでその会社で働き続けたいか」

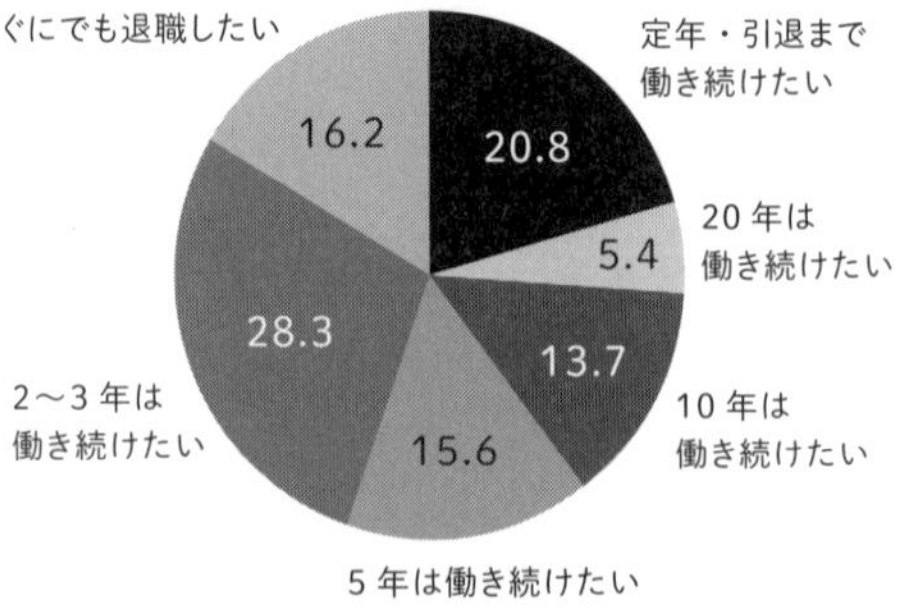

（注）「あなたは現在働いている会社・組織で今後、どれくらい働き続けたいですか。一番近いものを選んでください」という質問に対する回答。
リクルートワークス研究所「大手企業における若手育成状況検証調査」（2022年）
（出所）サンプルサイズ2985。調査実施時期は2022年3月、第一時点調査（主として学生時代の状況や現在の就労状況等の説明変数となりうる項目を聴取）と第二時調査時点（主としてキャリア観やワーク・エンゲージメント、企業への評価等の被説明変数となりうる項目を聴取）に分けて実施している。第二次調査の回答者は2527人であった。

図表2-10　（参考）情報通信A社における結果（大卒以上1年目社員・9月時点）

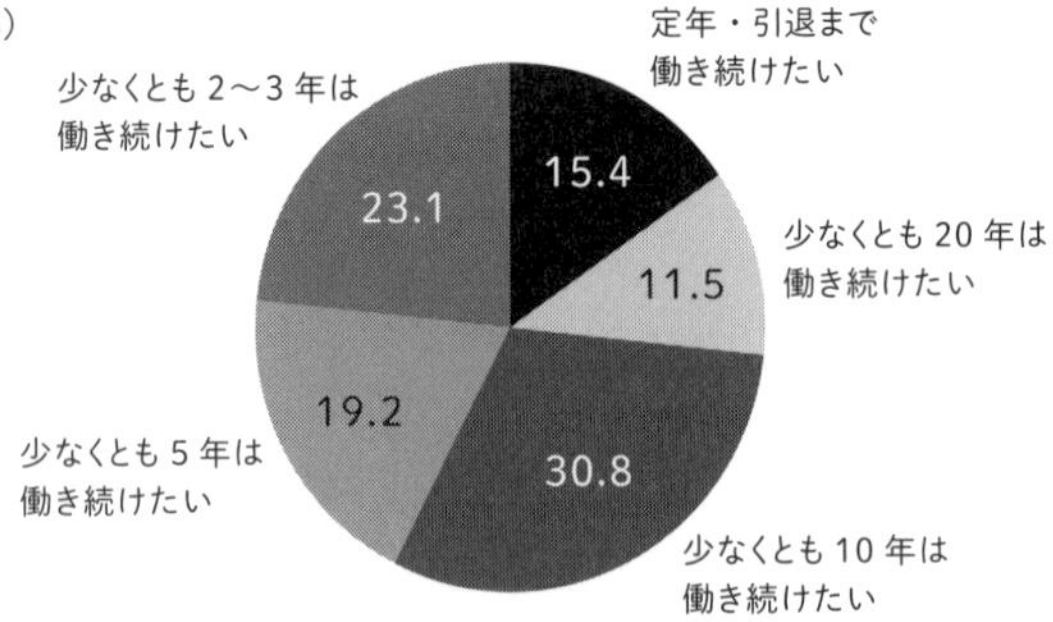

（注）図表2-10は1年目の9月に調査を実施しており、就業継続の予期を調査する設計上「すぐにでも退職したい」を設定していない。

なお、図表2－9の結果は統計的処理を施した調査結果だが、個別の企業に協力を得て筆者が第三者として入り調査を実施した場合にも、同様の結果が出ていた。

つまり、ごく少数のみが「定年まで」と回答し、一方で多くが「2～3年は」「5年は」など目途を設けた回答をしていた（図表2－10）。自社だけは違うと思っていないだろうか。

重要なのは、実際にいまの若手が数十年後の定年までいるか・いないか、ではなく、転職するという選択のタイミングが来ることを前提に、若手が職業生活設計をしているということだ。

■ 離職希望者が多いのは「きつい職場」と「ゆるい職場」

なお、この観点から分析すると職場に対するキャリア不安が短期的な離職意向につながっていることが見えてくる。職場のことを「ゆるいと感じる」か「ゆるいと感じない」か別で、離職意向（すぐにでも退職＋2～3年で）を確認したところ、U字カーブ状の構造になっていた。高かったのは「ゆるいと感じない」という〝きつい職場〟にいる者と、その反対の状況にある者、つまり「ゆるいと感じる」という〝ゆるい職場〟にいる者であっ

図表2-11　職場観と短期的離職意向

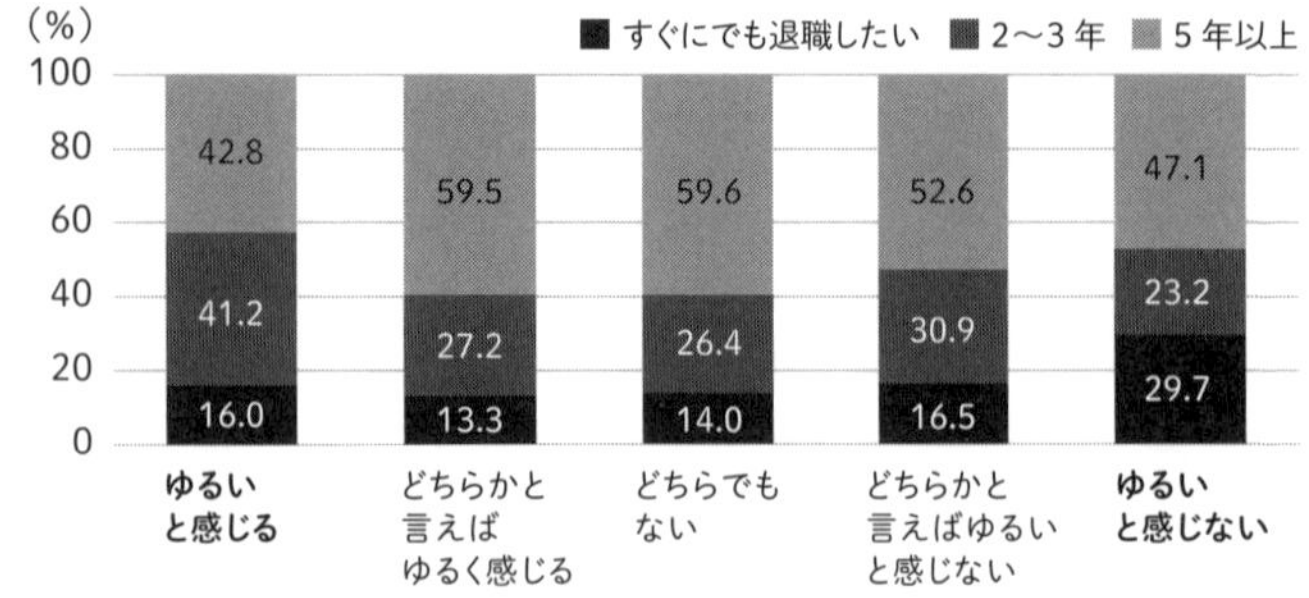

た（図表2－11）。

つまり、**「職場がきつくて辞めたい」という若手も、もちろんいまも存在しているが、同時に「職場がゆるくて辞めたい」という若手が存在している**ということだ。

ここにもある種の二極化が存在している。

こう考えたとき、成長機会無き職場には、安定がないと感じるようになる若者のグループが出現する（筆者はこれについて「職場のキャリア安全性」という概念を提唱しており第4章で詳述）。これを筆者は「新しい安定志向」と呼ぶ。

「果たして自分はこの会社を辞めたときに、活躍する場があるのだろうか」ということを誰しもが考えるわけだ。だから、成長したい。それは教条的な意味での「成長しないといけない」ではなく、生存欲求や幸福追求の意味の「できれば成長したい」である。

その会社を辞めるときの自分は、他の会社で活躍できる状況にありたいと考えている。こうした共通認識が広がっていることが「成長を求める若者が増えた」と言われる背景にあると考える。別にみんながみんなギラギラとして成長したいわけではないのだ。実際に、2割の人は定年退職まで働くつもりだと回答していることも勘案いただきたい。

ただ、ギラギラしていようといまいと、周りを見て焦らない人はいないだろう。周りの情報を完全にシャットダウンできればいいが、現代社会でそれにはどのくらい強い意志が必要だろうか。

いずれにせよ、若手にいろいろな考え方があることを前提としながら、彼ら彼女らを取り巻く環境に注目した際に、近年の職業社会や職場環境の変化の大きさに気づかざるを得ない。選択の回数が増える職業人生、法改正による「ゆるい職場」の登場、こうした環境変化の結果として、若者の不安と焦り、そしてある種の横並びで「成長をしなければいけないのではないか」「成長してスキルや経験を獲得するのが安定だ」という機運が高まっていると、筆者は理解する。

若者が変わったのではない、職場が変わったのだ。

第3章

若手は会社をこう見ている

——職場では聞けないZ世代の本音

思い込み

いまの管理職世代と若者世代では、
過ごしてきた環境の違いから、
なかなかわかりあえない。

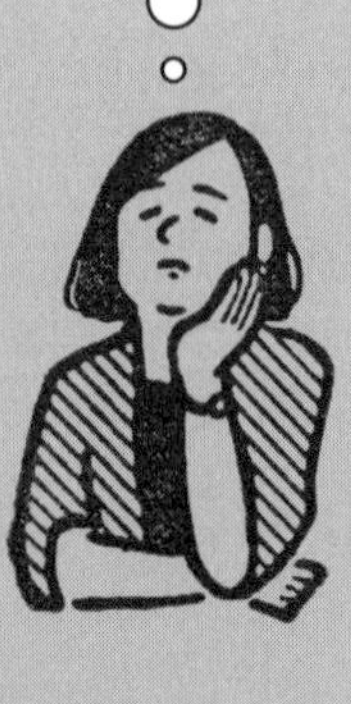

データが教えてくれること

上司―部下間に、
新たな接点の可能性が浮上してきている。

■「若手が十分に育っていないと感じる」管理職は8割近い

とある高名な経営コンサルタントの方がテレビの情報番組でこう話していて、聞き入ってしまった。

「いま、マネジャーは仕事ができる人になればなるほど、若手に直接何かを言ったりせず当たり障りのないことを言い、評価だけを下げるようになっています」

若手を育成する難易度やハードルが一段上がったように感じないだろうか。

若手育成に対する会社の要請が大きくなっていることは間違いない。とある人事担当向け調査[1]では「管理職に期待していること」について最も選ばれた項目は「メンバーの育成」（42・7％）であった。以下、「業務改善」（26・7％）、「担当部署のコンプライアンス・勤怠管理の徹底」（23・3％）であった。

育成の要請が大きくなるなかで、難易度やハードルが上がる。その理由について、第1章で述べた若者のキャリア観・仕事観の多極化、そして第2章で述べた環境の大きな変化を示した。そうしたなか、確かに多くの管理職が若手育成上の困難に直面していることが

図表3-1　大手管理職の若手育成上の認識

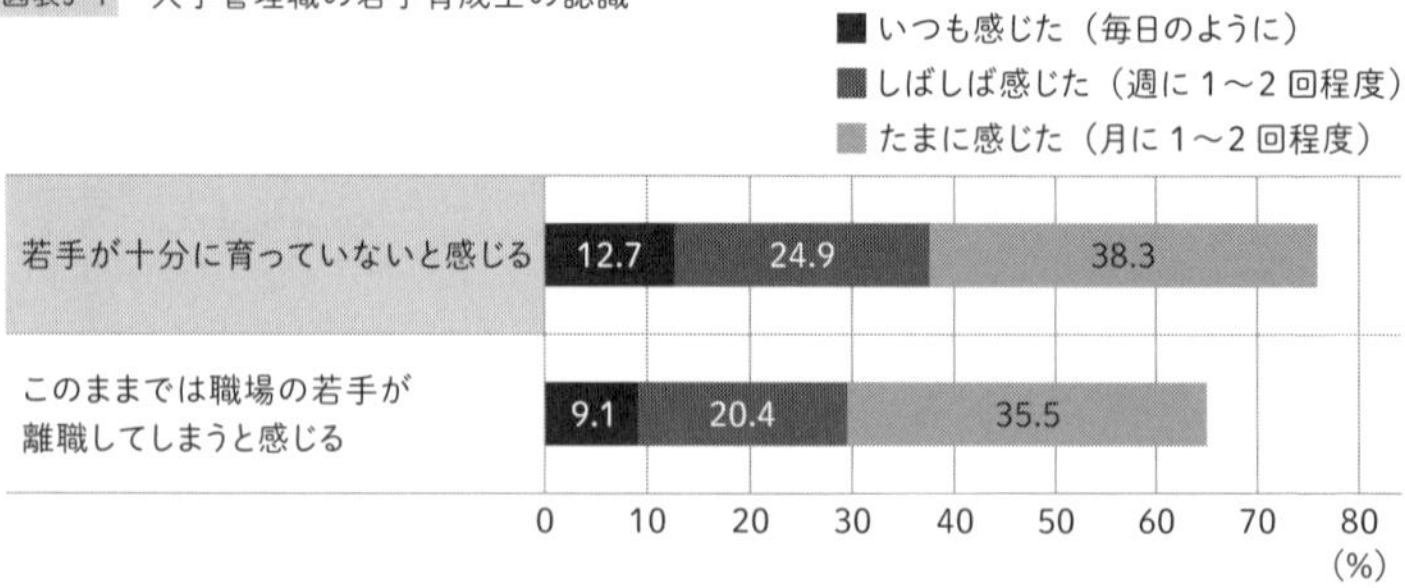

（注）リクルートワークス研究所「大手企業管理職の若手育成状況調査」2023年
1000人以上規模企業で課長級管理職、29歳以下の部下の人事評価を行っている者対象。サンプルサイズ1083

調査からも見えてきている。

大手企業の課長級管理職で20代の部下を直接評価している者に対して行った調査において、「若手が十分に育っていないと感じる」者は実に8割近く。そう感じる頻度別で図表3－1に示したが、12・7％、8人に1人の管理職は「毎日のように」感じているのだ。

さらに、「このままでは職場の若手が離職してしまうと感じる」についても、そう感じている管理職は6割を超えている。毎日・毎週・毎月、ひしひしとそう感じながら若手と向き合っている。

若手が育っていない、若手が離職してしまう。「このままでは……」という育てる側の感情は、うまくいっていない職場だけが抱える問題ではなく、普遍的なものになりつつある。

第3章では、若手育成の難易度が上がったと感じる先にある、筆者が見聞きしてきた若者自身の本音を点描していく。時期としては概ね、2023年1月から7月に聞いてきた若者たちの仕事やキャリアに関する声や相談である。

若手社会人が集まる勉強会などの場で発された意見や、筆者の講演のなかで実施したワークショップで出てきた声を聞いて、その後に1対1で話を聞くなかで出てきた話だ。

読者諸氏が向き合う若者の姿と重なることがあるかもしれないが、あくまで一人ひとりの様々な若者の本音トークとして読んでいただければ幸いだ。

■Z世代会社員のさまざまな声

1人目は就職して6年目のSさん。大手金融機関に新卒から勤めている。初任時は地方の支店からキャリアを始め、現在は本社で勤務しているそうだが、いまの自分の仕事に対する認識から聞いてみた。

◇Sさん　男性、金融機関、2018年卒

「自分自身は、いましている仕事はとてもきついなと感じています。金融機関で営業の

仕事をずっとしているので、もしかすると周りから見たらまだまだなのかもしれませんが。でも、社内の別の部署の同期や同じくらいの年齢の同僚には、〝仕事がつまらなくて……〟とかそういう人が実際にいるんです。〝慣れてきて眠くて……〟とか（笑）」

「ちょうど同じくらいいるんじゃないかと思います。きついなという話をする人と、緊張感がなくなってという話をする人と。どちらもいる感覚があります。自分から見ると、羨ましいなと思っちゃいますけど、それはそれでつらいかもなと。なんか自分の力が必要とされていないみたいじゃないですか」

「あと、強く感じるのは、ここ数年でうちの会社のなかのハラスメントの感度が上がったことです。研修とか受けているのかわかりませんが、上司が言おうとしたことをぐっと我慢している瞬間がわかるんですよね。それがちょっといたたまれなくて。あと、新入社員の育成にかける時間が明らかに長くなっているんですよ。初期の研修とか配属直後の勉強時間というか。現場に出されるまでの期間が長くなっている。若手の自分でも、ちょっと過保護になったなーと感じることがあります」

「ぐっと我慢している」という発言が印象に残った。研修によって急速にコミュニケーションの姿勢を変えた上司を複雑な気持ちで見ていた。

続いて職場への感謝の気持ちを話していた若手の声。

◇Iさん　男性、大手建設・エンジニアリング企業所属、2015年卒

「自社の良さについて周りの先輩は、人間関係が良いことだ、とか人が素晴らしいことだ、と言われていたんですが、全然ピンと来てなかったんです。でも知り合ったベンチャー会社に週1出向をする機会があり、出向してみてよくわかりました」

「週1出向は、自分は人事の仕事をしているんですが、その仕事の関係で出会った会社の話を聞いて、すごい、これは絶対に行って学びたいと思ったことがきっかけで。上司に出向させてくれと直談判したんですよね。でも直属の課長はすごく渋っていて（笑）。最後はＣＨＲＯと話したら、絶対行くべしと後押ししてくれたのを見て課長も折れました」

「出向先は割と本気で詰められます。自社だとそこまでの詰められ方はしないです。たぶん外部人材だからこそ、人間関係や社内での序列などではなく、中身で勝負ということがあるのかもしれないですよね。上司と出向先には本当に感謝しかないです」

外でこそ、本気で詰められる。Iさんは社内以上の〝質的な負荷〟を出向先で感じつつ、

そうした機会を認めてくれた上司、そして機会を与えてくれた出向先に強い感謝の念を感じていた。

◇Nさん　男性、総合電機メーカー↓情報通信、2019年卒

「最初に就職した会社は残業時間が月100時間を超えていたんです。朝7時から夜12時まで働くのが当たり前。就活でその会社を選んだ理由は、別の大手企業が月45時間しか残業できないとか説明会で言っていて、『自分はもっと頑張りてーなー』と思ったこと。いま振り返れば正気ではなかった（笑）。結局、1年半で離職しました。給料は良かったんですが」

「その会社の人は好きだったんですが、会社にいてすごい楽しい感じではなかったんです。周りがエンゲージメント低い人ばかりだった、みんななんで辞めないんだろうなと。もしくは、仕事が終わらないから粛々とやる感じ。ただ、ロールモデルになる人は仕事面ではいて、営業のデータ化が徹底していたりとかすげー、と。いまの自分の仕事スタイルはそういった方の影響を受けていると感じます。商談後報告をするんですがそれを激詰めされて。『なんでこれやらなかった、準備しなかった』と。転職したいまの会社では後輩を詰めたりしないですが、そういう力がいまの会社の同僚と比べて自分は高いと

感じます。ただそういう経験がたくさんあったというだけですが」

「いまは月に10時間残業しても多いと言われます。前職時代を振り返れば、色をつければ黒。でも複雑な黒かもしれない。前職での1年目の正念場がいまの自分を食わせてくれている。社会での自分の価値をつくってくれた。いまそこそこ幸せなのはそのおかげだと強く感じるんです」

「周りの友人知人には、いわゆる良い会社に入った人が多いと思います。自分には、『就活うまくいったやつすげーな』というか、劣等感がまずあるんですよね。自分ができなかったことを周りがやっていたので焦りがあって。とはいえ、ちゃんとした会社でがっちり守られて生きていけるのかというと微妙なんじゃないかと感じる。自分はなんとなくそういうのじゃない安心感があって。何が起こっても、どうにでもなるじゃんと。クビになるよりももっと嫌な、大変なことがたくさんあったので。そのために、本当に追い詰められたときに切れる手札が多いと感じるんです。身軽になんでもやっちゃう自分のような人間には、良い社会になりましたね」

Nさんが自身のキャリアの「安定」をどう考えているかがよく伝わってくるのが、「ちゃんとした会社でがっちり守られて生きていけるのかというと微妙なんじゃないかと感じる。

自分はなんとなくそういうのじゃない安心感がある。何が起こってもどうにでもなるかと」という言葉だ。

会社によって〝安定させてもらっている〟のではなく、自分で身につけた経験やスキルで〝安定できた〟という実感が伝わってくる。

◇Oさん　男性、総合商社→情報サービス、2019年卒

「最初に入ったのは総合商社だったのですが3年半で退職しました。とあるカンパニーに所属していて、最初は経営企画部で社内の規定をつくったりしていてその後営業職をしていました。もともと営業職志望で。スポーツばかりやってたから営業職志望なのかもしれませんが。やっていて感じたのは、ほんとに独り立ちできるのは10年後なんだと。ひと契約で数十億円単位なんです。そのなかで、若手は契約書つくったり、問題なく履行されるかの管理などがメイン業務。営業といっても、若手はみんなこれが仕事なんですよね」

「もちろんその仕事をしっかりできるようにならなくては全然モノにはならない。それはわかっています。でもその仕事をして、10年とかかけて成長した先に自分ができることに疑問がわいてくるんです。『しっかりまずは成長しろ』と言われますが、その成長し

た先の先輩方の姿になりたいかという疑問もあり、アクセルを踏めなかった。仕事ができる先輩を見て本当にすごいなとは思うんですが。いきなりオレたちが〝日本を支えているんだ〟と言われてもジブンゴト化できない」

「もちろん仕事の規模感や学べたことなどには全く不満はなかったですし、いまも感謝しています。でも、課長手前の人が、違うカンパニーにアサインされてそれまでの専門性が会社の都合で全部帳消しになる人事が普通にあったりする。『転職できなくなるかもしれない』という気持ちは、本当にそうだなと思います。40歳前後で転職する人は、お客さんの企業に行く人が多いんですよね。そういうのを見ると、『ああ、会社の看板を使わないともう転職先がないんだな』と思ってしまって」

「本業の仕事とは別に個人の活動として、2年間で100人以上のコーチングをしてきました。キャリアについて話を聞いてきて感じるのが、目的があって自分でできる人が、急に働いている職場とフィットしなくなる現象が起こっていること。むしろあんまりキャリアに自律的でなくて執着がない人が、〝ガチャ〟のある職場でうまくいくのではと思っちゃう。よく、『なんでこんな良い会社を辞めちゃうの』と言われましたが、むしろ自分は『自分で自分のキャリアをコントロールできないのによく大丈夫ですね……』と思ってしまいます」

「転職先のいまの会社では、失敗したりしたとき怒る人がいない。『ドンマイドンマイ』みたいな。でも冷静に向き合ってくれる。前職の商社は詰める文化があった。電話越しに怒鳴る人も。それを見て周りは『また若手がやられてるよ』と。でも確かにそれで強制的に鍛えられた。いまは働いていて危機感がある。自分を律しないとヤバい、と。それはたぶん、人が与えてくれることを求めていてもダメで、単に自分の選択で到達点が変わるなと。工夫すればすごいところまでいけるかもしれないが、何もしないとどんどん置いていかれるんだなと」

Oさんの話を聞いて「甘えている」「我慢が足りない」と思うだろうか。筆者はOさんのマインドがどうこうは正直わからないが、しかし彼が言っていた『ああ、会社の看板を使わないともう転職先がないんだな』と思ってしまって」という言葉は、特にキャリア自律的な若者の、キャリアに対する感覚を鋭く表現していると感じた。もちろん会社の看板で受け入れ先が見つかればまだいいだろう。ただ、これからの社会において会社がどこまで面倒を見ることを保証できるだろう。会社の看板だけで勝負ができるだろう。

そう考えると、Oさんの率直な気持ちは生存本能から生まれる若者の当たり前なのではないかと思わされてしまう。

◇Sさん　女性、SIer→大手メディア、2021年卒

「最初の仕事のSIerは職場の雰囲気は最高で先輩もとてもやさしかったです。有名企業だったので両親的には100点満点だったみたいで。ホワイトさも風通しの良さも、環境はベストでした。言うことなし。超優しい系で厳しさは全くなくて。そもそも入社1年とか2年とかの人にパフォーマンスを求めていない雰囲気なんですよね。長い時間かけて育成しようみたいな。DXで将来的にも重要な分野ですし自分の選択に全く不満はありませんでした」

「もともとメディアの仕事に興味があって、副業でベンチャー企業のオウンドメディアの運営もやっていたんです。SNSで『やりたい』と呟いたらその会社のCFOからDMが入って、noteで自分が書いた記事をまとめていたのでその文章を見て『お願いしたい』と。入社した年の7月から1年間くらいその副業をしていました。もちろん許可を取ってです。周りは『早いね』と驚いていました。その仕事がものすごく面白くて。SIerの仕事と比べて面白すぎたし、自分のパフォーマンスも全く違った。違いすぎた。SIerだと普通の人間で終わってしまうなとも感じてしまって。それで転職しました。転職したのは副業先とは別のメディアですが」

「前職が嫌だったわけでは全くなくて、そこよりも良い仕事が見つかったから移っただけですよね。いまいる職場が嫌ではない、キャリアアップ転職。『社内より社外から評価される人材になれ』と昔から言われてきたじゃないですが。社外から評価される人から転職しますよね」

「SIerだと普通の人間で終わってしまうなとも感じてしまって」という言葉が印象に残っている。Sさんは副業というステップを踏んだことで、自身が大きなパフォーマンスを出せそうな仕事を発見し次のステージへ飛び立っていった。そこに前職へのネガティブな感情は一切感じられず、いわば〝ポジティブ転職〟なのだ。

◇Fさん　女性、外資系IT企業、2021年卒

「『うちの会社の仕事はチーム戦だ』と言われて入社しましたが、ひとりでインプットする時間や仕事する時間が多い。つながりがないことにギャップを感じました。しかも、職場は自分ひとりだけが20代で、あとは全員40代なんです。悩みの相談がしづらすぎました。大企業だったのでこの会社にいれば安全だなとは思うんですが、それは会社に居続けること前提の安全性だと思うんですよね。会社でやっていこうと思えばそうですが、

いまのスキルがどう活かされるのか、自分の会社以外で大丈夫なのか、社会に放り出されたら大丈夫なのか。不安ではありますよね」

「不安や焦りは正直めちゃくちゃあって、転職活動しています。上司とキャリアパスについてコミュニケーションが全くとれないんです。聞いてくるのは『マネジャーになりたいか、専門職になりたいか、どっち？』という話だけ。それで『迷ってます』とか言うと『まあわからないよね』で終わる。なんか上司がいまの会社で働き続けることを前提にしたコミュニケーションしかできなくて、会話が成立しない感覚というか」

「一度転職先も決まって40代の上司に話をしたことがあるんです。全くわかりあえないと思っていたんですが、話したら結構いろいろと〝あ、上司のひとも悩んでるんだ〟というのが伝わってきて。それでいまの会社でもう少し悩みながら頑張ってみようと思ったんですよね。変な話かもですが。でも自分が担うタスクに対するフラストレーションは大きくて、案件に本格的に入らせてもらえていないのではないかという苦痛がある。目の前の仕事にやりがいを感じられない。だからもう我慢する必要もないかなとは思ってます」

Fさんは大学時代にベンチャー企業で半年間インターンシップをし、組織開発のプロジェクトに参画していたり、大学を休学して東南アジアの企業で数年間働いたりと様々な社会的経験を入社前に積んでいた。

入社した会社で上司と「(キャリアパスについて)会話が成立しない感覚」を憶えたそうだが、「〝あ、上司のひとも悩んでるんだ〟というのが伝わってきて。それでいまの会社でもう少し悩みながら頑張ってみようと」思ったと話していたことが印象に残っている。

◇Yさん　男性、携帯キャリア、2021年卒

「法人営業をしてきました。大手企業や官公庁への営業を行っています。雰囲気はとても良くて、でもトップダウンで変えられない大きな流れがあってそれには抗えない組織だなと感じています。良くも悪くも守ってもらえる環境ということですね。責任の上限があって個人の努力とは別のファクターがあるというか」

「コンプライアンスも厳しくて、とても残業も少ないです。上司は『昔は日をまたいで残業して、月100時間残業とか当たり前だった』と信じられないことを言ってました(笑)。でも、若い頃しかできない挑戦や経験ってあるじゃないですか。そういう意味では、本当の修羅場みたいなものを若いうちに経験してみたかった気持ちはあるし、でもそんな環境はもうないんですよね」

「大学時代にアメフト部の立ち上げを行って、創設者として組織づくりや人材育成、マネジメントを勉強してチームづくりを行ってきました。3年でとても良い成績を収めることができ結果も出ました。自分では大学生の部活という範囲だけでない経験ができたと感じ、いまの会社の就活でもそれが評価されたみたいです。でも入社したらそんな話は全然どっかいっちゃってて（笑）。『その経験を活かせる仕事だよ』みたいな人事の人の話はどこ行っちゃったの、と」

「職場の本務以外に、少し上の先輩と一緒に新規事業を企画しています。社内のビジネスプランコンテストに出そうと思っていて。もうすでに仲の良い同期が、そのコンテストで500チーム中、上位に入る結果を出して予算がついて事業化しようとしている。衝撃を受けました。同期でももう〝何者か〟になろうとしているやつがいるのか、と。いまの仕事で大きなプロジェクトの一員にもなっていますが、足が長い案件も多く、『この会社で今後数年かけてこういうものを売っていきます』という感じ。スピード感の違いがすごい」

「同期でも二層化してるかもですね。外を知ってしまって不安感を感じている人もいるけど、会社でのんびり満足している人も実際にいます。どっちが良いとかではなくて、でも、社外やまわりのことを何も知らなければ幸福に生きていけるのかもですね」

Yさんの話からは様々な気づきがあるが、特に「同期でももう〝何者か〟になろうとしているやつがいる」という気持ちをどう考えるべきだろうか。確かに焦りすぎかもしれない。しかし、かつては可視化されていなかった〝違い〟が、変動の激しい選択の回数が増えた職業社会のなかで明確になる。Yさんのように感じるポイントが増えているのは間違いないだろう。

その気持ちに対して上司や先輩が「焦らなくていい」とか「ゆっくりやろう」と言うのはもちろん親心であるが、それだけでは若者が抱える不安には十分ではないのかもしれない。もちろん、その会社で最後までいるつもりならば、焦らなくていいのかもしれないが。

■ 若手社会人を読み解く手がかり

それぞれの若手社会人がいま思っていることを記してきた。会社の業種・仕事内容、いま置かれている状況は様々であるが、ほかにもたくさんの若手と1対1で話を聞くなかで、いくつかの視点があると感じる。

○不安、焦り

若手のほとんどは多かれ少なかれ不安や焦りを感じている。

ただその不安や焦りが〝モヤモヤとしたもの〟なのか、それとも〝具体的なものなのか〟という点で相違がある。

前者では、周りがホップステップしているように感じる、SNSでキャリアアップ転職した友人がいる、そういった情報が様々な媒体から否応なく入ってくるなかで、「自分は大丈夫なのか、大丈夫なはず、でも……」と思う心の揺らぎとも言える。選択の回数が多くなる職業社会で、そう感じさせられる接点が増えているのだ。

後者は、社内外で何か行動をしたうえで自分に足りないものが見えてきた、そういった「このままでは自分は〝何者か〟になれない」という不安や焦りである。少し動いた結果としてより自分の状況が俯瞰して見えてしまった結果、生じた気持ちだ。

若手の不安や焦りが、単なる〝青い鳥症候群〟なのかそれとも行動に立脚した具体的不安なのかは相対する際の重要な視点だ。ただ、職場の上司がざっくり聞けば「めちゃくちゃ満足しています！」とか「不満は特にないです」とかで流されてしまう（満足―不満足と安心―不安はそもそも別の問題だ）。

事実、筆者が企業で管理職研修を実施した際に「部下の若手の不満の声を聞けていますか」と聞くと、多くの会社で4～5割の管理職の方が手を挙げるのに対して、「部下の若手の不安の声を聞けていますか」と聞くと1～2割しか挙がらない。

満足していても不安や焦りを抱えているかもという発想が乏しいかもしれないし、同時に通常の上司―部下関係や単なる1on1ではそこまで掘り下げて聞くことが難しいのだ。

○会社の仕事に対する気持ち

若手において一人ひとりが最も異なるのがこの点かもしれず、もしかすると同じ会社にいる若手でもその会社の仕事の〝大変さ〟に対する気持ちが全く異なるのかもしれないと感じている。その気持ちを左右しているのは、入社前の社会的経験の程度であったり、自分の身の回りの友人・知人の動向であったりする。

学校にいながらにして社会的経験をする場が、キャリア教育やインターンシップの浸透で広がった結果として、その質にも差が生じている。

筆者は若者のキャリアや活動全般に学歴や経歴に関係なく関心を持って研究しているが[2]、正直に言って現代の若者が学生時代に実行しているアクションのなかには、単なる〝ガクチカ〟（学生時代に力を入れたことを就活の採用面接で聞くことが多く、その略語。就活用語）で済ませるのは非常にもったいないものが存在している。

そのもったいなさは若者にとってのもったいなさでもあるが、同時に企業にとってもだ。ベンチャー企業でプロジェクトマネジャーをしていた経験がある事業領域がある新入社員に、なぜその領域で挑戦をさせてみないのか。挑戦させて挫折する経験をさせるチャンスなのに、なぜ無理に通常のローテーションに組み入れようとするのか。単なる〝ガクチカ〟だと理解してしまっているからだ。だから人事の採用担当から配属先に情報共有もしっかりされないのだ（もしくはされていても配属先の上司がたいして読んでいないのだ）。

まずは、**単なる就活の材料として考えていい経験と、そうでない経験もあるということを認識していただきたい**。その違いによって、会社の仕事の見え方が若手であっても全然違うという状況が顕在化しているのだ。

○上司や先輩に対する気持ち

上司に対して感謝の声やありがたさを語る一方で、その上司のような姿を目指したいかというとほとんどNOなのは共通点と言えるかもしれない。「上司はありがたいが、ああはなりたくない」、そんな存在がいまの若手の上司観である。若手のロールモデルが不在である、というのはよく語られる話で、それは事実だろう。

筆者は大阪商工会議所で若手社員キャリアデザイン塾の塾長をしているが、社内のロールモデルにインタビューするという課題を（あえて）課した（社外の同世代がいる場で、自社でのキャリア作りの特徴を認識して欲しいという趣旨だ）。課題が終わった後、参加した大手企業から中小企業まで50名の若手に「課題に取り組む前から、社内にロールモデルがいたか[3]」聞いたところ、なんと手が挙がったのはわずか4名だった。さらにはその場でひとりの若手から「ロールモデルを社内に見つけることなんて無意味です。社外につくるべきです」と意見が出た。実話である。

いずれにせよ、月100時間の残業をしていた若手時代を持つ上司、「会社の花見の場所取りが最初の仕事だったんだよ昔は」という先輩の話を聞いて、どうロールモデルにしようというのか[4]。マインドの問題ではなく、もはやルール的に、法律的にそのキャリア形成が不可能なのだから、モデルにしようがない。

ただ、その前提で上司や先輩とどう接点を持つかに注目しよう。「何を言ってもわかりあえない」という若手もいれば、「あ、意外と……」という若手もいるのだ。実際の声として出ていた「あ、意外と上司も迷っているんだ」といった気づきが起こっているとき、背中を見て育つ方式のロールモデルとしての上司—若手の関係から、また違う関係が形成されつつあると感じる。

もちろん、実際にわかりあえない感は高まっているだろう。章の冒頭で紹介したとおり部下の若手が育っていないと感じる管理職は75％以上に上っているし、このままでは部下の若手が離職してしまうと感じている管理職も65％以上に上っている。

新人時代、若手時代の職場環境が違いすぎるのだから、それは**上司側の問題でも若手側の問題でもなく、単なる過ごしてきた環境の違いが、わかりあえなさを生んだに過ぎない。**

しかしそのなかで、確実に新しい接点の可能性が浮上しているのだ。

第4章

心理的安全性だけでは活躍できない

――「キャリア安全性」という観点

思い込み

「心理的安全性」を高めれば、
若手の離職は止められる。

データが教えてくれること

若手の就労意欲を継続させるためには、
職場の心理的安全性だけでは不十分。
職場のキャリア安全性が必要になる。

「心理的安全性」だけでは足りない

■「ゆるい職場」時代に若手が活躍する職場とは

「職場環境が厳しくて離職したい」若手と「職場環境が〝ゆるくて〟離職したい」若手が存在していることを第2章でデータで示した。

それでは、近年の労働法令改正によってもたらされた新しい環境のなかで、若手と職場の良い関係とはどういったものだろうか。

第4章では、若手が成長し活躍できる新しい時代の職場に必要な要素を検討する。

その結果として明らかになったのは、**「心理的安全性が高いだけの職場では若手は活躍できていない」**という実態と、心理的安全性と正の相関を持たないが若手の活躍とつながる、あるファクターの存在であった。

■「キャリア安全性」という視点

今回実施した調査[1]からは、大手企業（1000人以上）の新入社員（入職1～3年目の大卒以上正規社員）のワーク・エンゲージメントと関係する要素として、2つの要素が存在していることが明らかになった（図表4－1）。ひとつは、「心理的安全性」である。「チームの他のメンバーが自らの発言を拒絶したり罰したりしない、と確信できる状態」であり、調査ではハーバードビジネススクールのエイミー・C・エドモンドソン教授の尺度を参考に、「チームのメンバー内で、課題やネガティブなことを言い合うことができる」「チームに対して、リスクが考えられるアクションをとっても安心感がある」「チーム内で自分を騙すようなメンバーはいない」「現在のチームで業務を進める際、自分のスキルが発揮されていると感じる」の4項目で状況を把握した。図表4－1からも、心理的安全性の認識が新入社員のワーク・エンゲージメントにプラスの影響を与えていることがわかる。

心理的安全性については各所で議論され、その重要性については社会全体で広く共感されており、新入社員の仕事のエンゲージメントを高め活躍できる環境をつくるうえで、こ

図表4-1 ワーク・エンゲージメントと職場環境の認識[3]

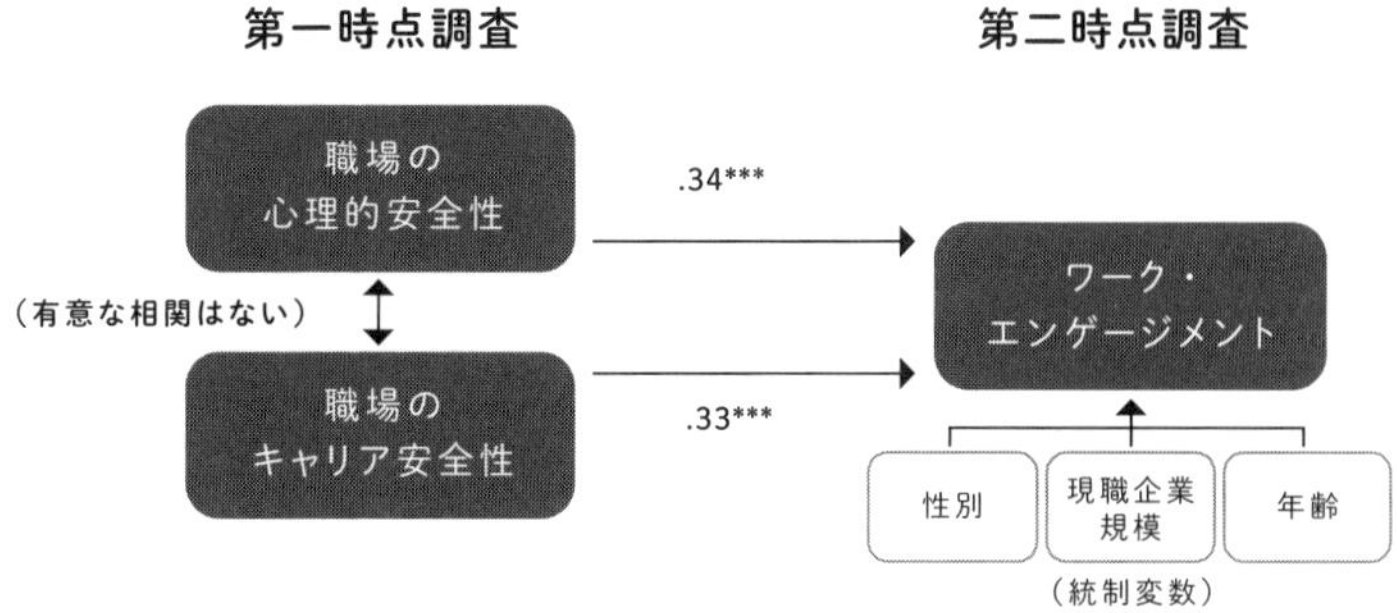

(注) ***:p<.001　※統制変数は第一時点調査

の点に異議を唱える方は少ないだろう。

もうひとつの要素がポイントである。心理的安全性と同様に新入社員のワーク・エンゲージメントにプラスの影響を与えるものとして**「キャリア安全性」**とも言える要素が存在している。

キャリア安全性については、「このまま所属する会社の仕事をしていても成長できないと感じる」（**時間視座**）、「自分は別の会社や部署で通用しなくなるのではないかと感じる」（**市場視座**）、「学生時代の友人・知人と比べて、差をつけられているように感じる」（**比較視座**）の3項目の逆数を用いて把握した。[2]

つまり、この3項目に対して「そう思わない」度合いの高さである。時間が経過したときどうか、社会・市場のなかでどうか、交友関係のなかで相対的にどうか、といった俯瞰した視座で、〝自身の現在・

今後のキャリアがいまの職場でどの程度安全な状態でいられると認識しているか〟を捉える尺度である。

回答者のこの認識を、筆者は「職場のキャリア安全性」と名付けた。

■職場の「キャリア安全性」の3つの要素とは

先ほど述べたように、職場のキャリア安全性は3つの要素で構成されている。「時間視座」「市場視座」「比較視座」である。いずれも自分がいま働いている職場を少し俯瞰してみた場合の認識であるが、詳しく見ていこう。

❶ 時間視座

「このまま所属する会社の仕事をしていても成長できないかも……」という気持ちに代表される不安がどの程度その職場で解消できるのかという要素だ。「この職場の仕事を続けていれば、ゆくゆくはこんな面白いキャリアが開けるかも！」という気持ちとも言えるし、深掘りすれば、いまの仕事が時間的な経過をもってしても価値を持ち続けられるという信頼かもしれない。

時間という視点を持ったとき、いまの会社の仕事がどういう意味を持つのか、これが1つ目の視座である。

❷ 市場視座

「このまま職場の仕事をしていると転職できないかも……」という気持ちに代表される不安がどの程度その職場で解消できるのかという要素だ。

職業社会が変化し会社に最後まで頼り切ることがイメージしづらいなか、自社のなかでの価値だけではなく自身の市場性が上がっていくことを重視せざるを得ないのだ。社会で自分は通用するのか、転職先を自分の力で見つけられるのか、その市場的な観点で見たときにいまの職場の仕事に安心できるか。これが2つ目の視座である。

❸ 比較視座

「友人・知人などまわりの同年代と比べて自分は大丈夫だろうか……」という気持ちに代表される不安がどの程度その職場で解消できるのかという要素だ。

「人と比べるな」「自分は自分だ」と誰かに言うのは簡単だが、それが本当に実践できるのは何か圧倒的な強さを持つ人だけである。どうしても周りが気になってしまうのは人情で、それは筆者も読者の皆さんもそうではないか。ましてやSNSによって、キャリアの状況が瞬時に共有される現代では、周りの状況の持つ意味はさらに重要性を増しており（第1章図表1－3参照）、比べて「自分ならではの何か」がいまの職場で見つけられるか。これが3つ目の視座である。

図表4－1で整理したとおり、この職場のキャリア安全性は職場の心理的安全性とともに、新入社員のワーク・エンゲージメントにプラスの影響を与えていることがわかる。また、職場の心理的安全性とほぼ同水準でプラスの影響を与えていることもわかるだろう。自分のキャリアが現職でどうなっていくのか安心しているという点で、若手に「キャリア安全性」という要素が存在しているのだ。

このうえで興味深いのは、職場の心理的安全性とキャリア安全性が強い正の相関を持たない点である。いくつかのデータセットで検証したが、**若手の職場の心理的安全性認識とキャリア安全性認識には強い正の相関がなく、無相関である可能性が高い**。

つまり、職場における心理的安全性とキャリア安全性は、ともに新入社員のワーク・エンゲージメントを高める性質を持つ一方で、「片方を高めてももう片方がともに高くなってはくれない」という、独立した要素であることが示されている。

■ 活躍には心理的安全性とキャリア安全性の両方が必要

この結果が示すのは、両方を高めたときに若手が全力で成長し活躍できる環境が生まれるが、しかし両方を同時に高めることが難しい、という現状である。

片方を上げても、もう一方は特に高まらないし下がるかもしれない。そんななかで、日本の大手企業は基本的に2010年代後半以降、一貫して心理的安全性を高めるアプローチに重点を置いてきたように思える。このアプローチはもちろん各所で効果をあげたが、しかし若手を育てるという観点では不完全であることは図表4－1からも明確だろう。「心理的安全性を高めながら、キャリア安全性をどう高めるのか」という問題が浮上しているのだ。

なお、この2つの要素を職場で両立するために有効なアプローチが調査からはわかっており、その点についても後述する。ここでは、若手の心理的安全性とキャリア安全性の状況についてさらに確認したい。

■ 4つの職場分類から見えてくること

図表4－2に若手を取り巻く職場の状態を整理した。心理的安全性の高低・キャリア安全性の高低をもとに、4つに分類することができる。

両方が高い職場を、心理的・キャリア形成上の安全が確保された①Secure な状態、心理的安全性は低いがキャリア安全性が高い職場は、成長機会や経験が多く積めるが高い負荷がかかるという②Heavy な状態、心理的安全性は高いがキャリア安全性が低い弛緩を生む③Loose な状態[4]、両方が低い職場は二重の危険が迫る④Dangerous な状態である。

それぞれの入職1～3年目大卒以上正規社員における出現率は、図表4－3のとおりであった[5]。

①Secure は18・7%、②Heavy は12・2%、③Loose は31・0%、④Dangerous は38・2%である。法令改正の動きもあり、②のような職場環境は少数派であり、他方で、②からキャリア安全性をもそぎ落としたような④が多数派となっていた。また、狭義の「ゆるい職場」とも言える③が31・0%存在していた。最も理想的だと考えられる①は18・7%に留まっている。

さらに、この4つの職場状態について、各種のスコア[8]から若手との関係性を整理したい。

まず、いきいき働くスコアやキャリア進捗満足スコアによって、自身の〝就労やキャリアの満足感〟との関係を次ページの図表4－4に示した。心理的安全性やキャリア安全性と関係性が深いこともあり、①Secure な状態の職場にいる若手のスコアが他と比較して明確に高い。また、④Dangerous は低い。

両スコアともに②Heavy が③Loose より低いが、②と③は比較的近い水準にあると言える。

また、ワーク・エンゲージメントの状況も掲示した（図表4－5）。ワークエネルギースコア、仕事夢中スコアの両者ともに、①が最も高く、④が最も低い。

ワーク・エンゲージメントについて単純比較すると、心理的安全性だけが高い③よりも、キャリア安全性だけが高い②のほうが高い結果になっている

図表4-2　現代の若手を取り巻く職場の状態（概念図）[6]

		心理的安全性	
		高い	低い
キャリア安全性	高い	① Secure	② Heavy
	低い	③ Loose	④ Dangerous

図表4-3　職場状態の出現率（%）[7]

	出現率
① Secure	18.7
② Heavy	12.2
③ Loose	31.0
④ Dangerous	38.2

図表4-4　若手のいきいき働くスコア／キャリア進捗満足スコア[9]（職場状況別）

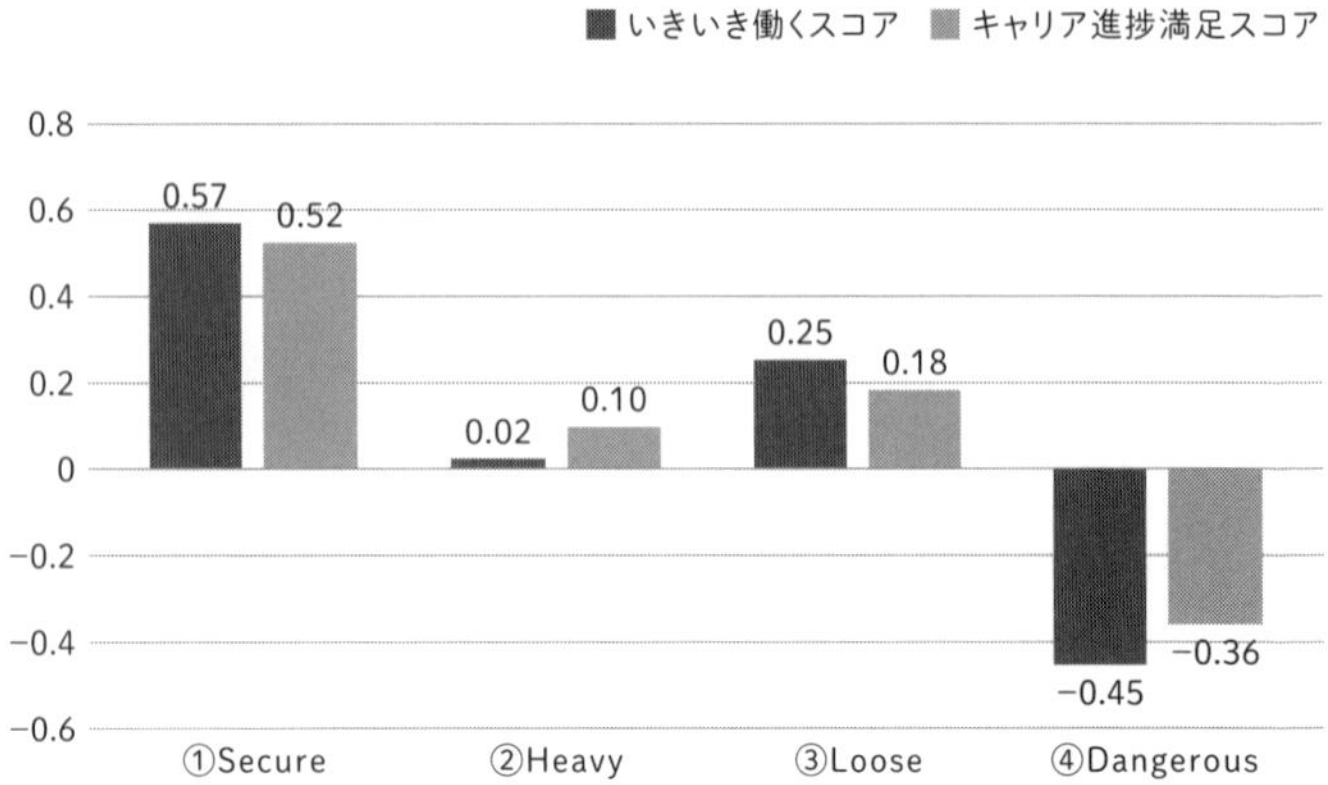

図表4-5　ワーク・エンゲージメント指標[10]（職場状況別）

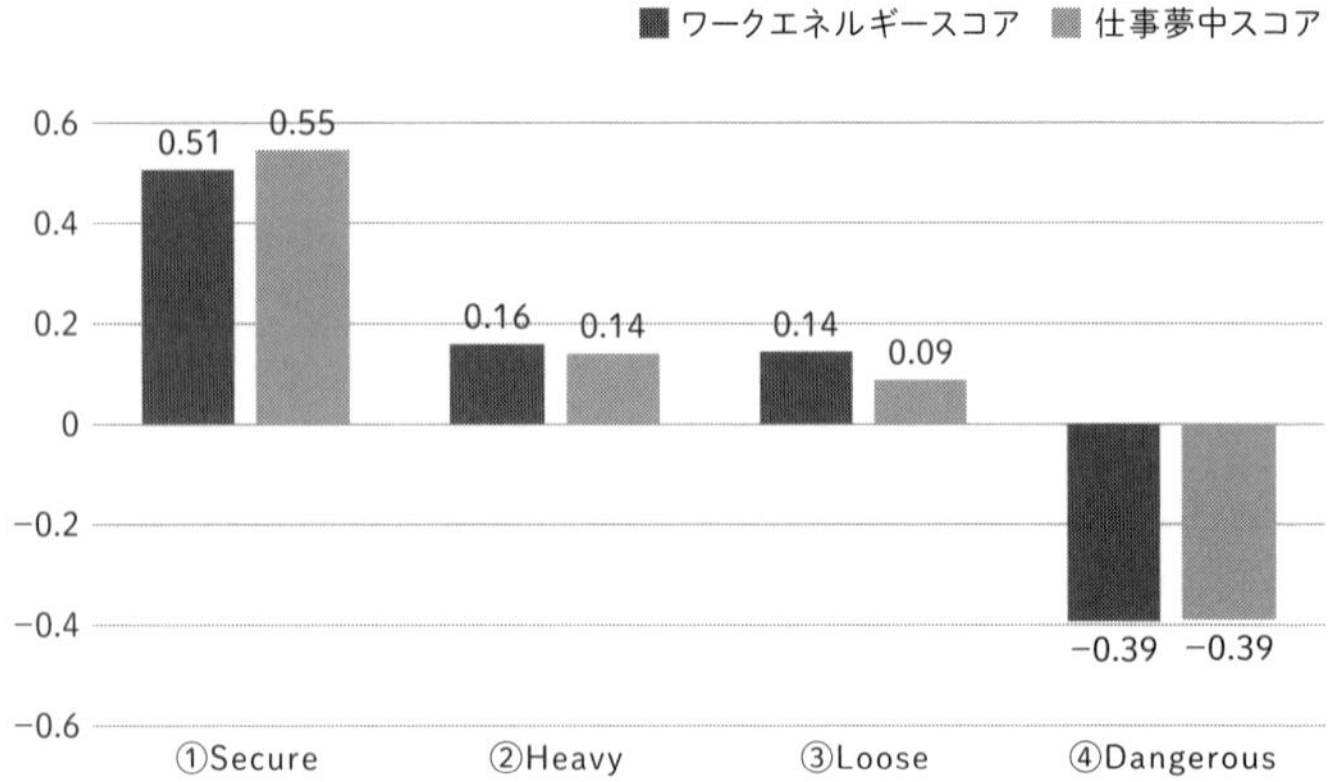

図表4-6　「いつまでその会社で働き続けたいか」設問への回答[11]（職場状況別）

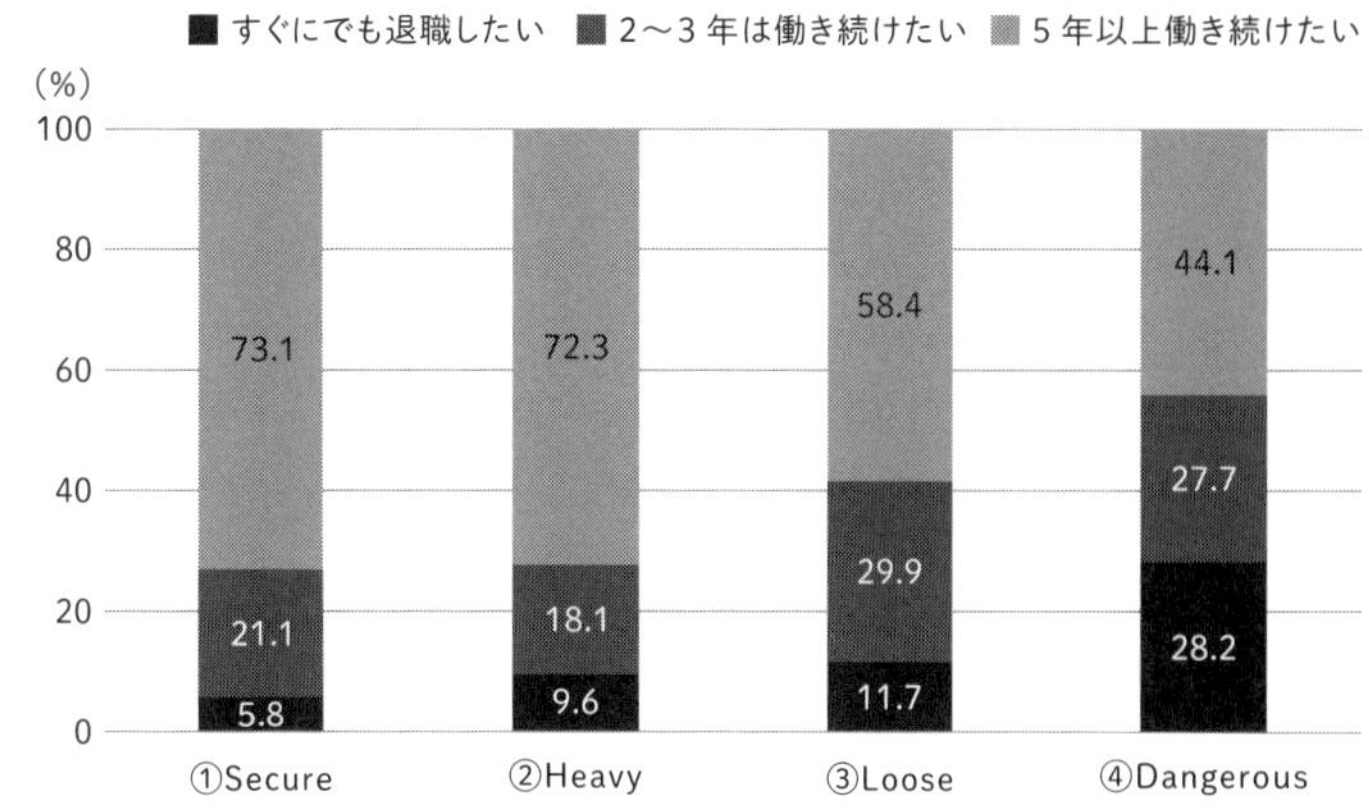

が、こちらも②と③は同水準であると言えよう。②と③は心理的安全性・キャリア安全性の面で対極の関係にあるが、似た傾向を示していることは興味深い。

図表4－6には「いつまでその会社で働き続けたいか」の結果を示した。もちろん、④Dangerous な状態の職場にいる若手が最も短期の離職意向が強い（「すぐにでも」および「2～3年」の回答の合計が多い）が、次に高かったのは心理的安全性のみが高い③Loose な状態の職場にいる若手であった。そして最も短期の離職意向が低く、就業継続意向が強いのは①Secure な職場であった。

5年以上の就労継続意向率で言えば、①は73・1%、②は72・3%、③は58・4%、④は44・1%である。

今回提示したとおり、「ゆるい職場」の時代には心理的安全性が高いだけでは若手が成長し活躍する職場が形成できない状況にある。

心理的安全性に加えて、その職場で自分がどんな社会人になっていけるのかの予感や予期、つまりそこにはもうひとつのピースである「キャリア安全性」が必要であった。

筆者は過去に、約50名の若者へのインタビューを整理し、若者のキャリア観を「ありのままでありたい」と「なにものかになりたい」という2つの欲求に整理している。[12]

今回提示した職場に必要な2要素の、**心理的安全性が「ありのまま」であることを受容し、キャリア安全性が「なにもの」かになることを促すファクター**であると感じている。

しかし、心理的安全性とキャリア安全性は正の相関を持たず、単に片方を上げるだけではもう片方は上がらず、全く異なる方法を思案しなくては上がらない厄介な関係にある。

「キャリア安全性」はどんな職場で高くなるか

■現代の職場の〝ファクターX〟

ハーバードビジネススクールのエイミー・C・エドモンドソン教授が体系化した心理的安全性は、人材が活躍しイノベーションが起こる職場の条件として広く知られている、「チームの他のメンバーが自らの発言を拒絶したり罰したりしない、と確信できる状態」である。

今回の研究で、現代日本の若手においては、心理的安全性が高いだけの職場ではエンゲージメントが最大となっていないことが明らかになった。そこで筆者は、現代の若手が活躍する職場における〝ファクターX〟とも言える「職場のキャリア安全性」が存在するのではないかと提起した。この「キャリア安全性」と（暫定的に）呼んでいる要素とは何なのか。

まず、確認としてキャリア安全性は統計的には以下のような性質を持つ。

① 時間視座、市場視座、比較視座の3つの俯瞰的な視点で、〝自身の現在・今後のキャリアがいまの職場でどの程度持続的で安全な状態でいられると認識しているか〟を示す。

② 「このまま所属する会社の仕事をしていても成長できないと感じる」（時間視座）、「自分は別の会社や部署で通用しなくなるのではないかと感じる」（市場視座）、「学生時代の友人・知人と比べて、差をつけられているように感じる」（比較視座）の3項目の逆数を用いて把握する。

③ 若手社員におけるワーク・エンゲージメントに対して、正の影響を有する。

④ 若手社員における職場の心理的安全性とは無相関である。[13]

総合すると職場のキャリア安全性とは、**「その職場で働き続けた場合に、自分がキャリアの選択権を保持し続けられるという認識」**と言えるかもしれない。

または、今後どんな職業生活上のアクシデントが生起しても安定的に職業生活を営んでいける、という気持ちがその職場の仕事でどの程度高まるか、とも表現しうるだろう。所属する職場が与えてくれる安全性として「心理的安全性」と同時に「キャリア安全性」が、現代日本の若手社員の活躍において重要な役割を果たしている可能性があるということだ。

■キャリア安全性が影響を与えると考えられるもの
――エンゲージメント・コミットメント・離職意向

その性質について、まずはキャリア安全性が影響を与えると考えられるものを見ていこう。[14]

例えば、自己のキャリアへの満足感や、いきいき働いている度合いをスコア化[15]し、現在の職場でのキャリア安全性の高低ごとに整理した。キャリア安全性については上位群・中位群・下位群として分類している。[16] なお、大手企業に在籍する大卒以上29歳以下の若手社員におけるそれぞれの出現率は、上位20・3％、中位55・9％、下位23・9％であった(俗に言われる、2：6：2の法則の数値と近似しているのは興味深い)。

図表4－7のとおり、キャリア安全性の状況は若手のキャリアの満足感やいきいき働く

図表4-7　キャリア進捗満足といきいき働くスコア（キャリア安全性上位・中位・下位別）

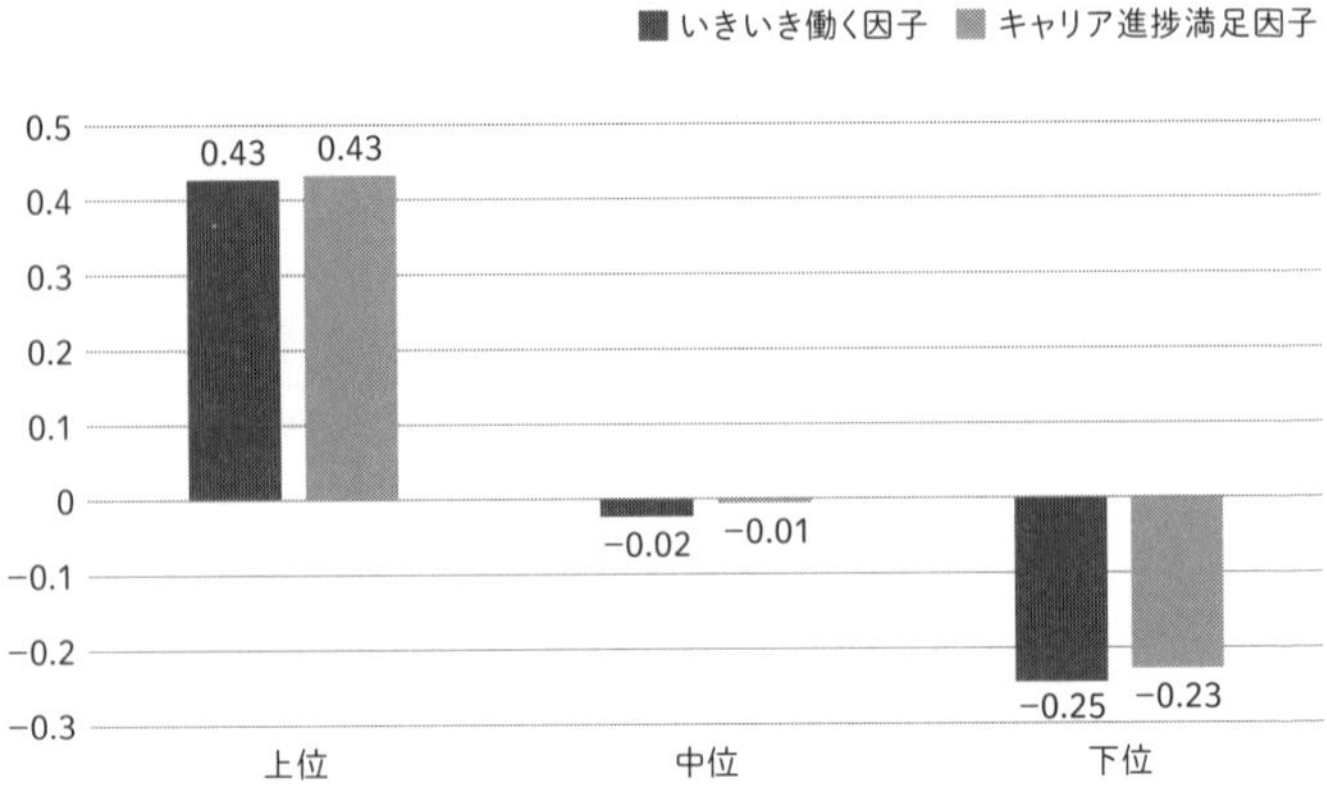

ことにポジティブな影響を及ぼす可能性が高い。

　また、図表4－8においてワーク・エンゲージメントについても集計しているが、同様の関係がありそうである。所属する企業・組織への共感や定着度合いを意味する、組織コミットメント[17]に対しても、当然ながらと言うべきか、正の関係があることがわかっている（図表4－9）。

　そのほかにも、その会社での就業継続意識（つまり短期離職意向の逆）に対しても少なからず影響を与える可能性が示唆されている。図表4－10に、現在の会社でいつまで働き続けたいかを尋ねた結果をキャリア安全性別に集計した。

「すぐにでも退職したい」は、上位では7・

図表4-8　ワーク・エンゲージメントの諸スコア（キャリア安全性上位・中位・下位別）

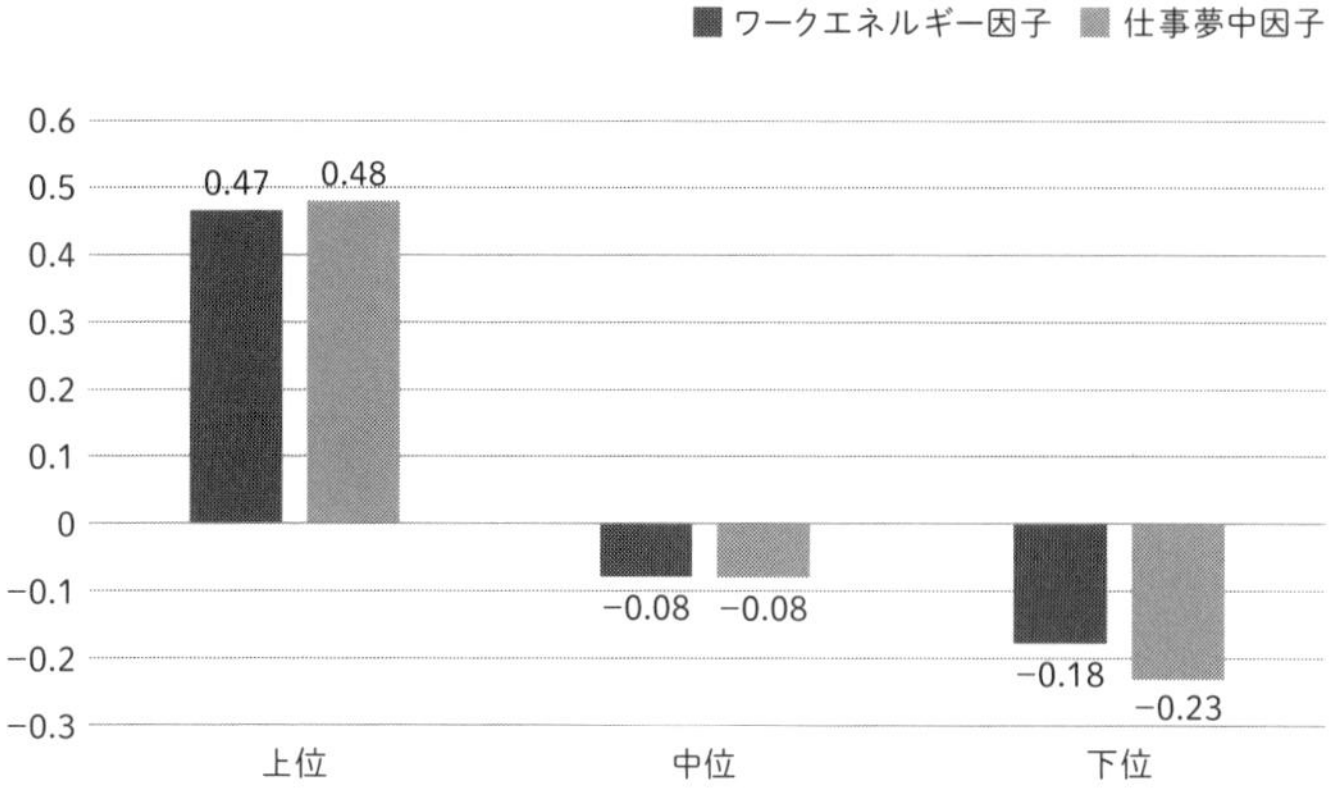

図表4-9　組織コミットメントスコア（キャリア安全性上位・中位・下位別）

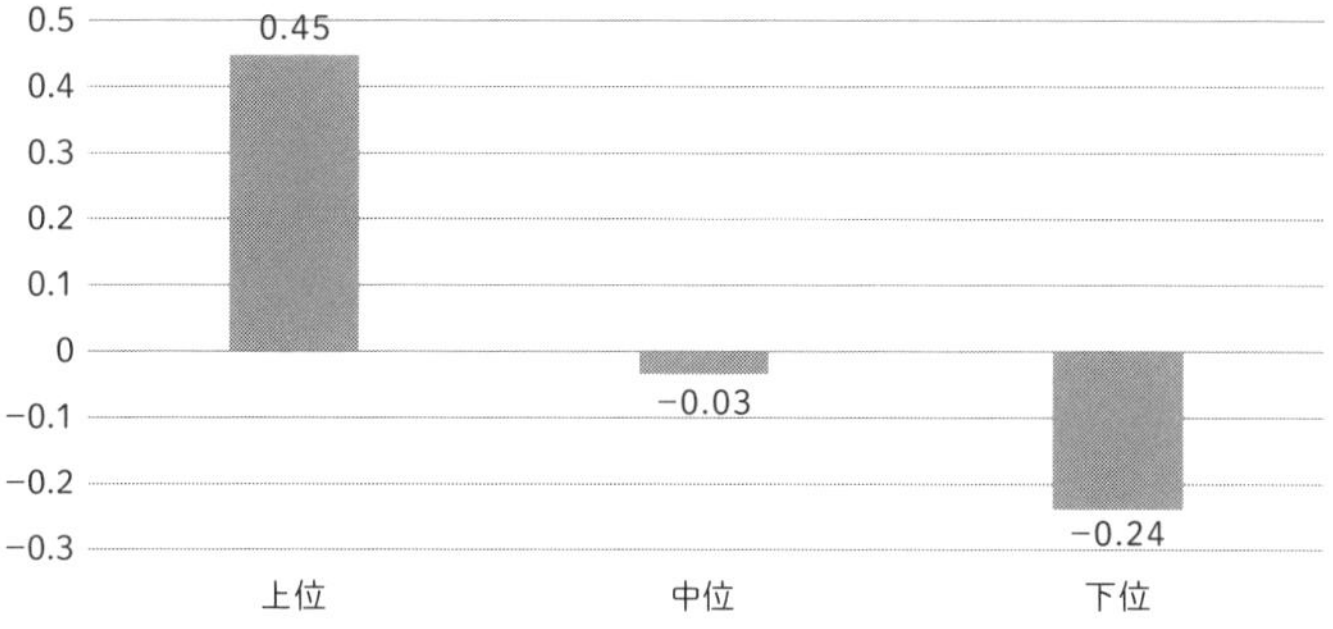

図表4-10 現在の会社でいつまで働き続けたいか（キャリア安全性上位・中位・下位別）

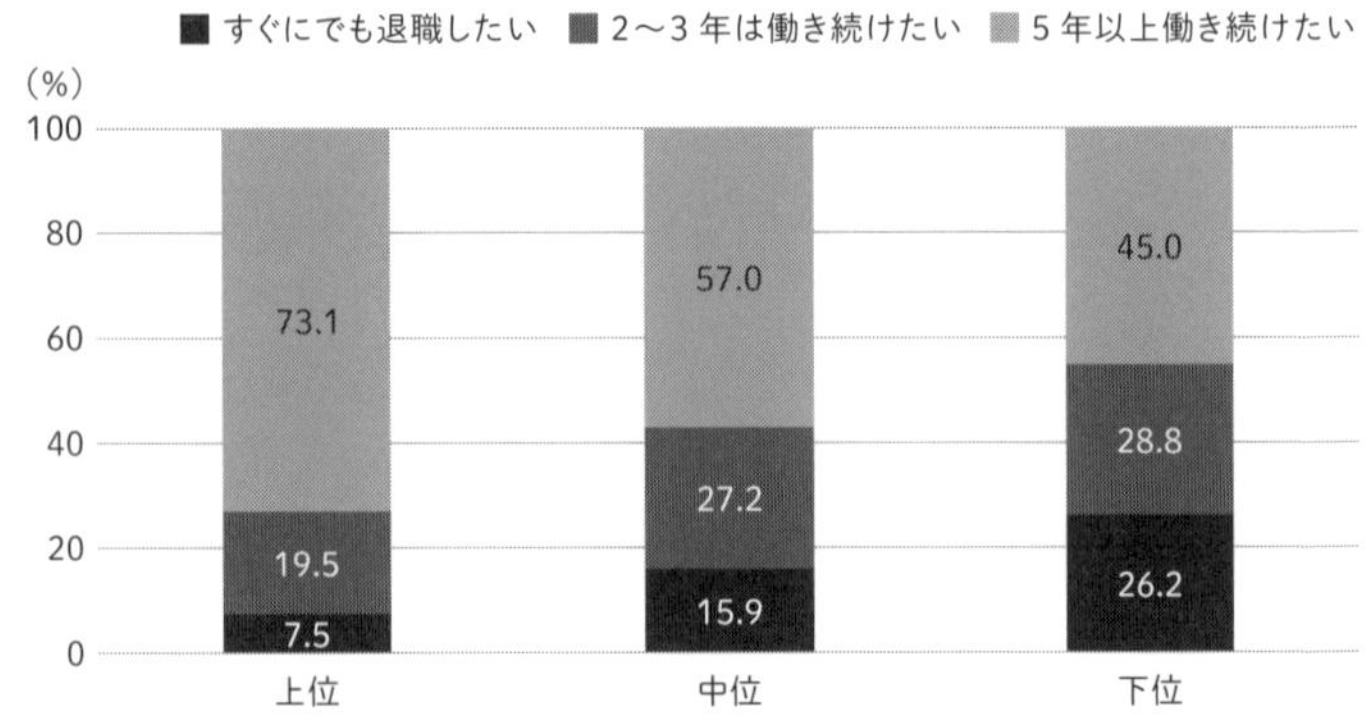

5％であったが、中位で15・9％、下位では26・2％に達していた。「すぐにでも退職したい」と「少なくとも2〜3年は働き続けたい」を足し合わせた短期的な離職意向者は、上位では26・9％に留まっているが、中位では43・0％、下位では実に約6割（55・0％）と跳ね上がった。

心理的安全性にももちろん同様の関係性が存在する（図表4−11）が、キャリア安全性の低さによる〝不安〟も、離職を誘発する十分すぎるほどの効果があると考えられるだろう。心理的安全性とキャリア安全性の〝掛け算〟で、職場と若手の関係が形成されているのだ。

なお、キャリア安全性別に見た年収[18]にはほとんど差がなく、また中位と下位が逆転するなどしており明確な関係がない。その差も割合にして、1〜4％の差異であり、年収水準とは関係性は乏し

図表4-11 現在の会社でいつまで働き続けたいか（心理的安全性上位・中位・下位別）

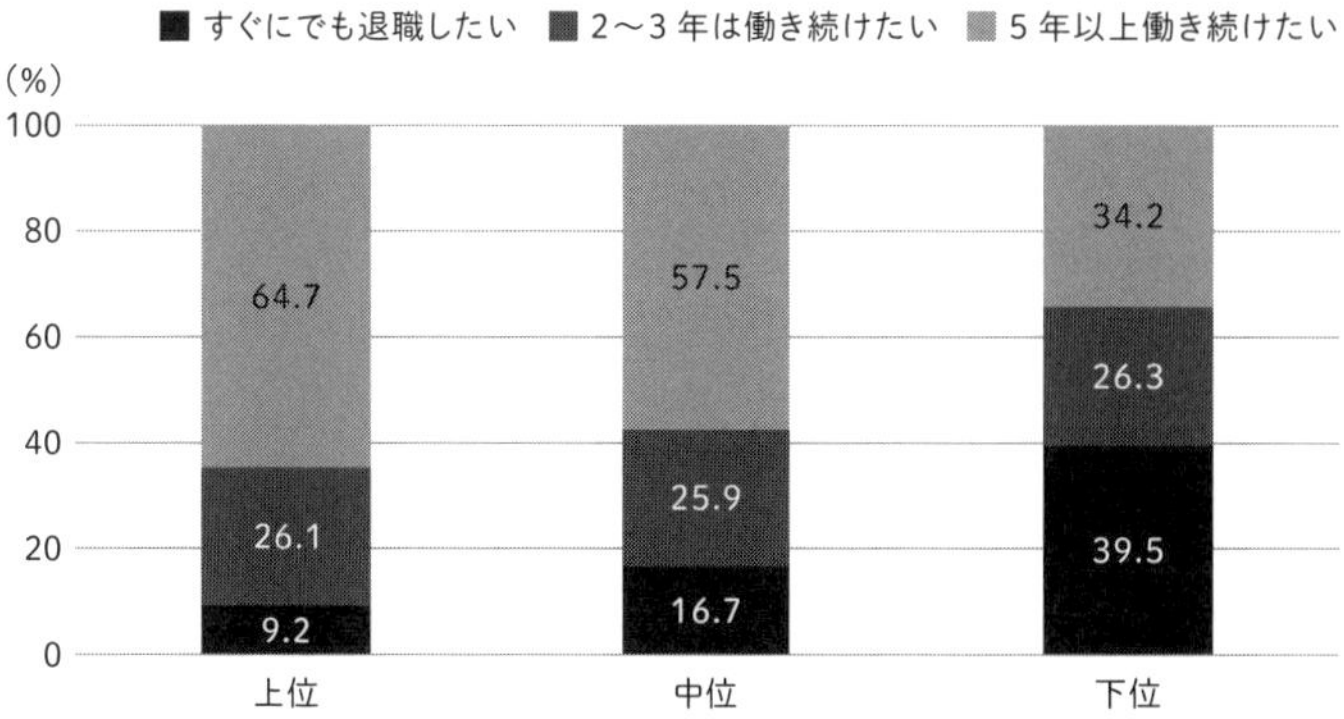

いと考えられる。

また、キャリア安全性スコアと年収の相関係数は0・043とほとんど無関係であった（心理的安全性スコアと年収では0・059とこちらも明確な関係はない）。

年収が高ければただちにキャリア安全性が高い、ということではないようだ（上位：431・6万円、中位：413・5万円、下位：417・2万円）。

■「ゆるい職場」ではキャリア安全性が低くなりがち

もうひとつ、キャリア安全性が高い職場にいる若手の状態について検証しておこう[19]。例えば、労働時間[20]の長短については、上位〜下位においてほとんど差が見られず、また関係性も明確ではない（上位：44・1時間、中位：43・5時間、下位：44・2時間）。

この結果から明らかなように、**職場における仕事の時間の長さや仕事の量的な多寡と、キャリア安全性は直結していない**。両者の相関係数も0・053に過ぎず、完全に無関係であると言い切れる状況にあるようだ。つまり、労働時間が長いか短いかは職場のキャリア安全性とは全く関係がない。

職場に対する認識について、「現在の職場を『ゆるい』と感じるか」という質問との関係では、密接な関係が見られ、下位では実に59・0％が「ゆるい」と答えている[21]（上位：32・2％、中位：31・7％、下位：59・0％）。

次に、現在の心理状況について、ストレスチェックでよく使われる項目を見てみると、例えば図表4－12「自分の技能や知識を仕事で使うことが少ない」という項目に対する回

図表4-12　自分の技能や知識を仕事で使うことが少ない（キャリア安全性上位・中位・下位別）

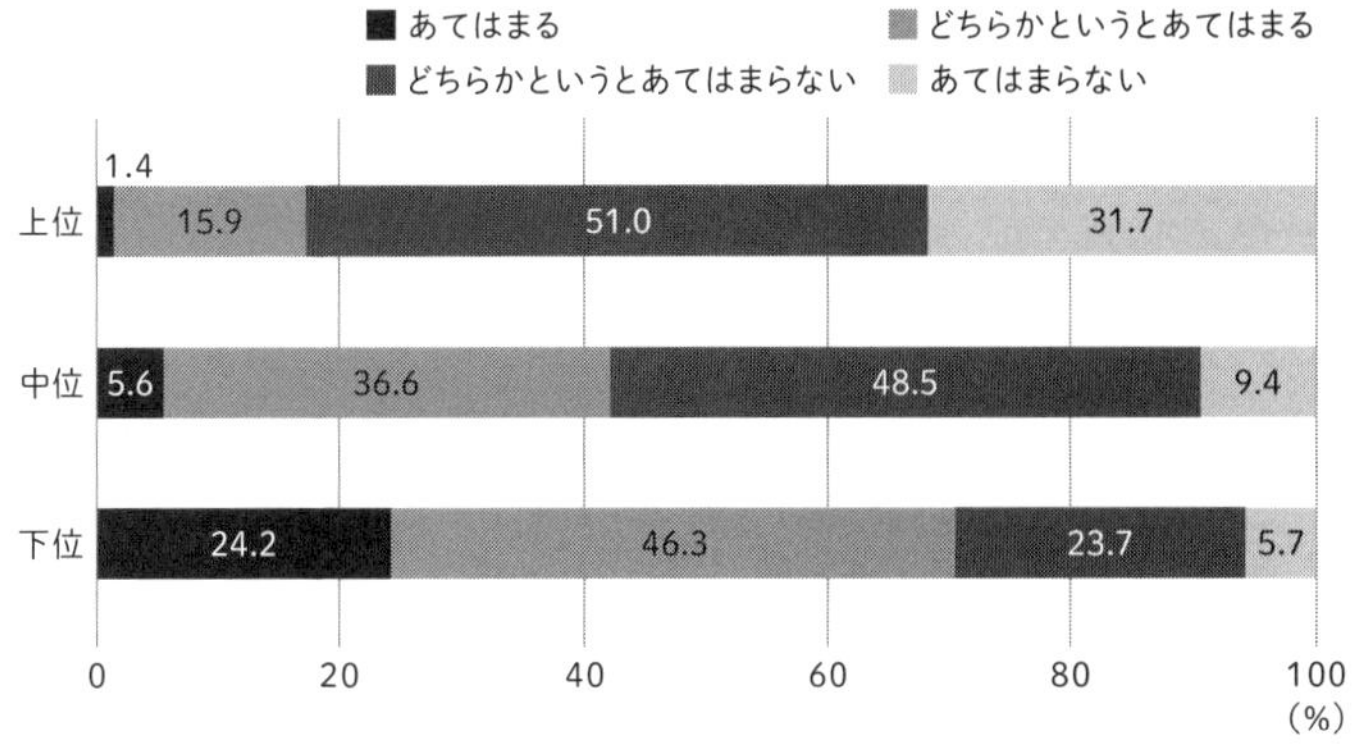

答では、上位から中位、中位から下位にかけて「あてはまる」「どちらかというとあてはまる」の割合が著しく増えていることがわかるだろう。

仕事で自分が求められている感覚が乏しいということであり、それは「なぜ自分がこの仕事をしなくてはいけないのか……」という気持ちである。それはストレスにもつながるし、「物足りなさ」のような感情が生じているとも考えられる。

図表4－13「不安だ」についても、キャリア安全性の上位～下位に著しい差が生まれていることがわかるだろう。職場のキャリア安全性が乏しいことは、若手の「不安」と強く関係しているのは明白だ。これが離職意向を喚起しているのだ。

職場のキャリア安全性が高い職場・低い職場のイメージを摑んだうえで、最後に少し視点を変えて、回答した若手が〝就職活動の際に重要視して

図表4-13　不安だ（キャリア安全性上位・中位・下位別）

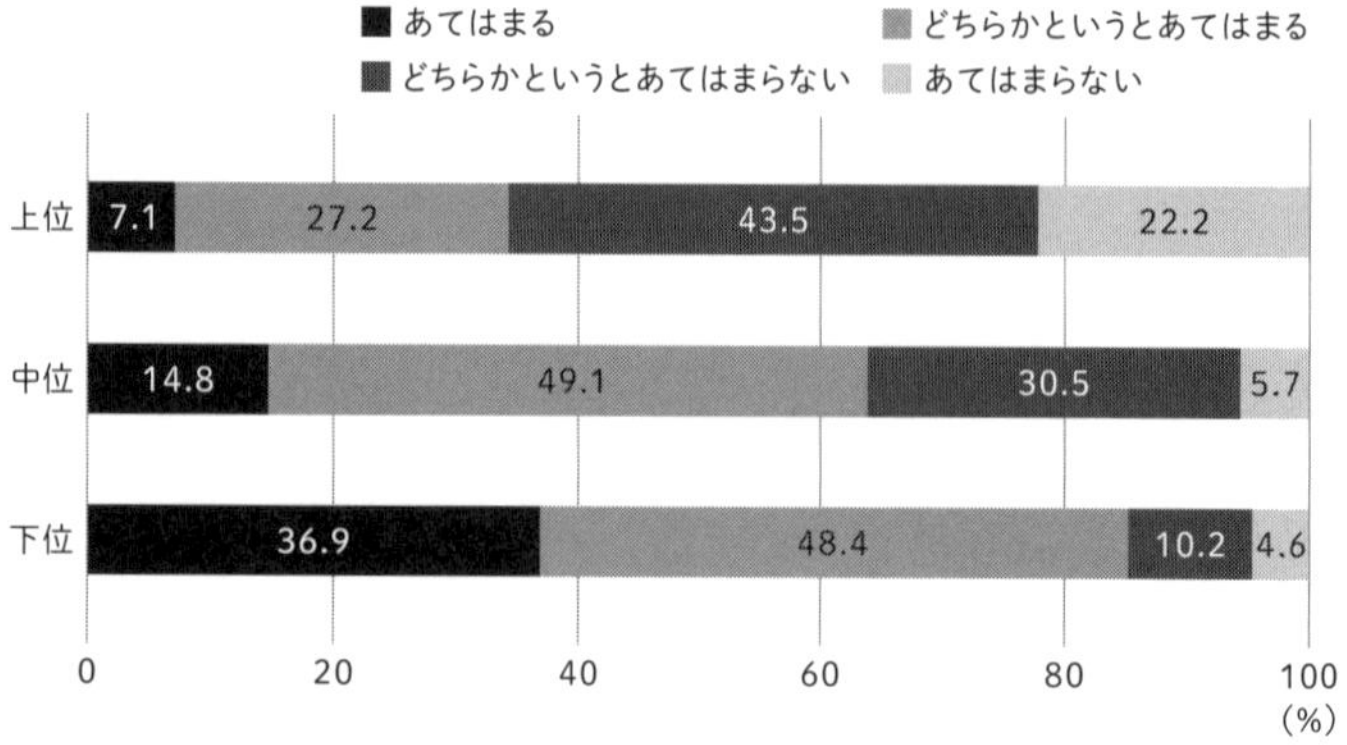

いた点〝の回答結果を確認する。それはつまり、〝入社時点での職業生活への志向と、キャリア安全性の高い職場に所属できる可能性に関係はあるのか〝という疑問を検証するものだ。

図表4－14に、就職活動時の職業生活への志向性を聞いた3項目についての結果を整理している。入社前の時点で、例えば「入った会社で専門分野をつくりたい」か「入った会社でいろいろな仕事をしたい」かについては、現在のキャリア安全性別に見てほとんど差が見られない結果となっており、「専門分野をつくりたい」との回答者が4割前後となっていた。

「仕事をメインに生活したい」か「プライベートを大事に生活したい」かについても大きな差は見られず、多少下位の者が「プライベートを大事に」の割合が高いが、「仕事をメイン」との回答

図表4-14 就職活動時の職業生活志向（キャリア安全性上位・中位・下位別）
※質問項目の後に（）書きで記載した項目との比較で、質問項目に近いと回答した者の割合

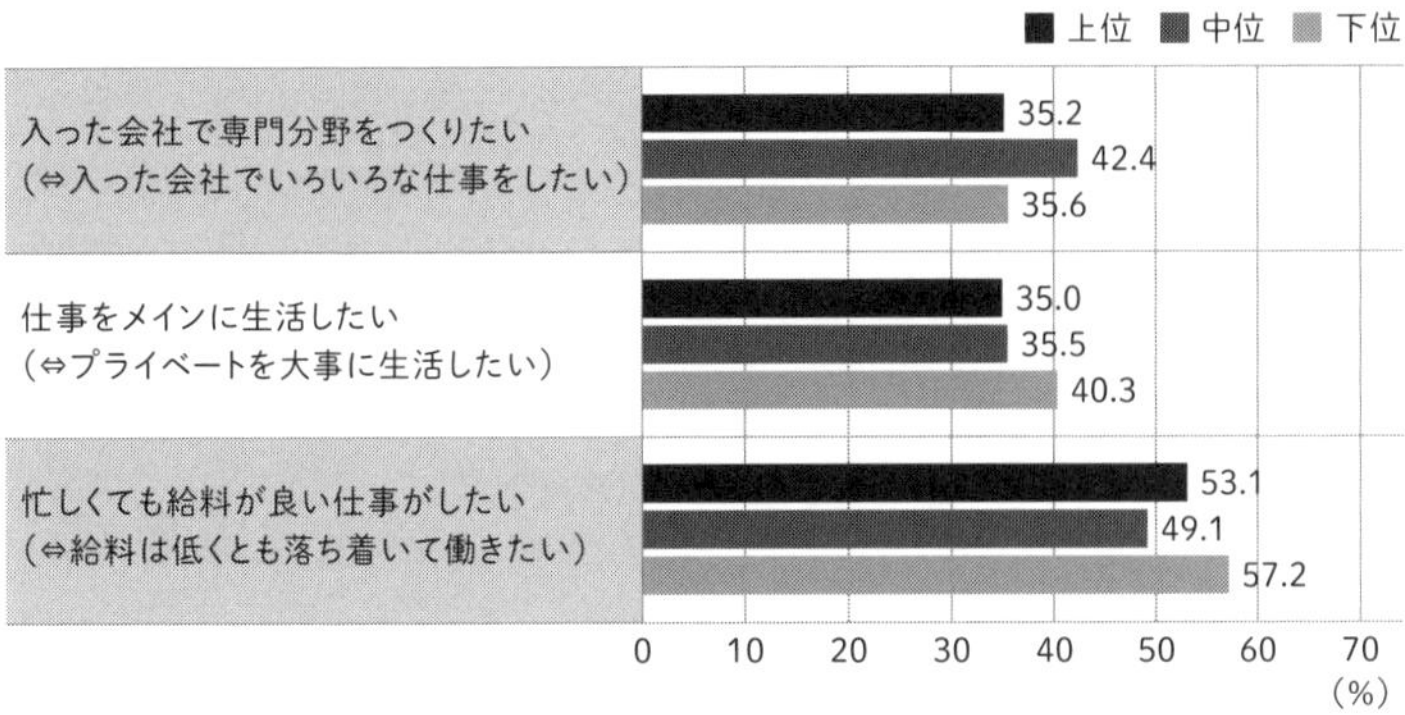

者が4割前後となっていた。
「忙しくても給料が良い仕事がしたい」についても、上位～下位において49～57%がそういう志向であったと回答しており中位が低いが、上位から下位にかけた全体の傾向差は見られない。

つまり、就活時の職業生活志向がどうあったかは、その後の職場のキャリア安全性の状況とわかりやすい関係を持っているわけではないということだ[22]。

以上から、**入社時点の本人の志向性とは独立したところで、入社後のキャリア安全性が高い職場と巡り合うかどうかが決定している**と考えていいだろう。

若手本人のマインドセットがどうなのか、という問題ではない。**どんな職場環境と巡り合う**

図表4-15 職場のキャリア安全性とは?

定義	●自身の今後のキャリアがいまの職場で働くことで、どの程度持続的で安全な状態でいられると認識しているか ●その職場で働き続けた場合に、自分がキャリアの選択権を保持し続けられるという認識
測定指標の視点	時間視座、市場視座、比較視座
「職場のキャリア安全性」がプラスの影響を与えるもの(仮説)	ワーク・エンゲージメント、組織コミットメント、キャリア満足
「職場のキャリア安全性」がマイナスの影響を与えるもの(仮説)	離職意向(離職意向を減少させる)
相関関係(マイナス)があるもの	不安感、ストレス実感
関係がないもの	年収水準、労働時間、入社前の職業生活志向
その他の特徴	心理的安全性スコアと無相関

のかの問題なのだ。

ここまでを整理すると、現代日本の若手が活躍する職場における、ファクターX「職場のキャリア安全性」は、図表4－15に整理した性質を持つと予想される。

職場のキャリア安全性はどのように高めていくことが可能だろうか。

第5章

若手を育成できる管理職、できない管理職

——育成に成功しているマネジャーを科学する

思い込み

自分の過去の「仕事の武勇伝」を
話してしまわないように…
気をつけなくては。

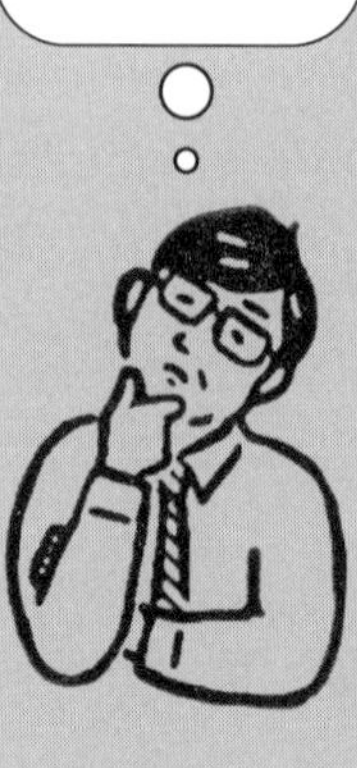

データが教えてくれること

話す内容は何でもよく、
コミュニケーションの頻度が高い上司の方が、
育成成功の実感をもっている。

「ゆるい職場」時代の管理職が抱えるジレンマ

■大手企業マネジャーの75％が抱えている悩み

多様化・多極化する若手と急速に変わる職場環境。ここ数年で顕在化した「ゆるい職場でどう育てるのか」という新しい課題。2010年代後半以降、急速に変化した日本の職場において、若手をどう育成していくべきか。その方向性を探るべく、筆者は様々な調査を実施したり参画したりしてきた。

第5章では、職場環境変化の影響をいち早く受けた大手企業で20代社員のマネジメントを直接行っている課長級管理職を対象とする調査[1]を中心に、現代の若手育成とマネジャーの介在についてわかってきたことを紹介する。現代日本に現れた新しい「若手と職場の関係性」について、若手を育てる者たちの目線から検証する。

後に詳しく触れるが、いま若手育成は構造的に困難な状況にある。それは若者の多様化・多極化と職場環境の激変に端を発して、具体的に言えば育てる側のマネジャーたちが**「自分たちが育ったやり方と全く違う方法論で若手を育てなくてはならない」**という難しさである。筆者は、若手育成における、もう一方の忘れてはならない〝当事者〟としてマネジャーに注目している。

調査については、管理職の若手育成に関する定量調査として、1000人以上の従業員規模の課長級管理職（正規の社員・従業員である者）、29歳以下・正規社員の部下を1名以上持つ者を対象として実施した。[2] 実施時期は2023年3月17日〜20日、無効な回答を除外しサンプルサイズは1083であった。

調査対象の属性を整理する（図表5－1）。回答者は年齢では50代が最も多く54・6%、次いで40代が35・8%であった。性別では男性がほとんどで95・3%である。

筆者もさすがに男性が多すぎると感じたが、近年の類似調査でも大企業の女性管理職割合は同様の値としている調査が多くあり（例えば、2022年の帝国データバンクの調査

図表5-1　調査対象者（大手企業で29歳以下の社員を部下に持つ課長級管理職）の属性

		度数	%
TOTAL		1083	100.0
年齢	20-29 歳	0	0.0
	30-39 歳	29	2.7
	40-49 歳	388	35.8
	50-59 歳	591	54.6
	60-69 歳	75	6.9
性別	男性	1032	95.3
	女性	50	4.6
	上記以外	1	0.1
業種	農林漁業	0	0.0
	鉱業	3	0.3
	建設業	74	6.8
	製造業	298	27.5
	電気機械器具製造業	19	1.8
	電気・ガス・熱供給・水道業	29	2.7
	情報通信業	131	12.1
	運輸業	73	6.7
	卸売・小売業	70	6.5
	飲食料品小売業	10	0.9
	金融・保険業	200	18.5
	不動産業	17	1.6
	飲食店、宿泊業	7	0.6
	医療・福祉	29	2.7
	教育・学習支援	5	0.5
	サービス業	94	8.7
	公務	3	0.3
	他に分類されないもの	21	1.9
従業員規模	1000～1999 人	238	22.0
	2000～4999 人	269	24.8
	5000 人以上	576	53.2

図表5-2　部下の人事評価を行う「課長」を務めている年数（のべ年数）

		度数	%
TOTAL		1083	100.0
課長経験年数	1年未満	27	2.5
	1年～2年未満	51	4.7
	2年～3年未満	94	8.7
	3年～5年未満	182	16.8
	5年～7年未満	161	14.9
	7年～10年未満	184	17.0
	10年～15年未満	220	20.3
	15年以上	164	15.1

（注）「あなたはおよそ何年、部下の人事評価を行う『課長』を務めていますか。途中で中断がある場合には、合計の年数を答えてください」と質問して得た回答である。

では大企業の女性管理職割合は6・8％であった）、現在の大手日本企業の回答割合として妥当な数字と判断できる。[3] 業種、従業員規模については図表5－1を参照いただきたい。

また、部下のマネジメントをする「課長」の経験年数についても掲載しておく（図表5－2）。最も多いのは10年～15年未満で20・3％、続いて7年～10年未満が17・0％、3年～5年未満が16・8％であった。ベテラン管理職から比較的年数が浅い管理職まで回答を得ている。

■「褒めて褒めて褒めまくる」スタイルの確立

さて、調査対象者の若手マネジメントの状況を描写するために、いくつか結果を紹介する。

「現在何名の若手をマネジメントしているか」という質問に対しては、「2～3名程度」が34・9％と最も多く、次いで「1名程度」が24・5%であった（図表5－3）。マネジメント対象となる若手は3名以下、という管理職が合わせて6割近くであった。

また、「マネジメント対象の部下の何%くらいが若手か」という質問に対する結果は図表5－4に示している。「25%未満」が36・2%と最も多く、次いで「25%」が29・3%であった。

これらの結果から調査対象の管理職の平均像としては、「数名程度の20代の若手がいる、10名前後のチームを率いる立場」にあると考えられる。[4]

それでは、若手とのコミュニケーションスタイルなどを見ていこう。調査では様々な項目に回答を得ているが、図表5－5にその一部を整理した。

「職場の部下を褒めたり、たたえたりする機会」については、11・7%

図表5-3　「現在、何名くらいの若手（29歳以下）の人事評価を行っていますか」質問への回答

	度数	%
TOTAL	1083	100.0
1名程度	265	24.5
2～3名程度	378	34.9
4～6名程度	228	21.1
7～10名程度	119	11.0
11名以上	93	8.5

図表5-4　「現在、あなたが人事評価を行っている部下のうち何%くらいが若手（29歳以下）ですか」質問への回答

	度数	%
TOTAL	1083	100.0
100%	53	4.9
75%	82	7.6
50%	239	22.1
25%	317	29.3
25%未満	392	36.2

図表5-5　若手とのコミュニケーションスタイルとその頻度

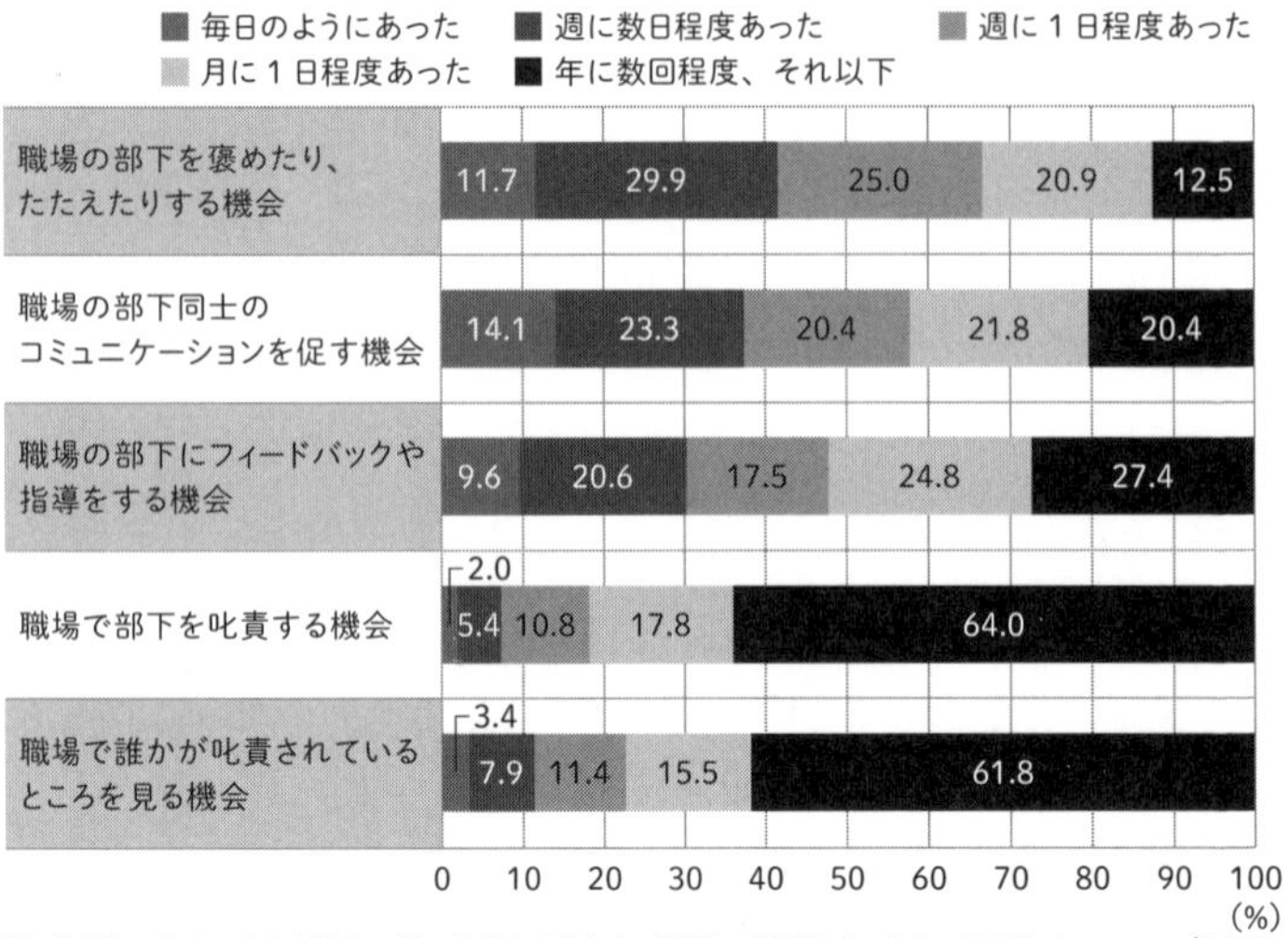

（注）「現在、以下のような機会はどの程度ありますか（対面の会話だけでなく、電話やメール、アプリを使ったオンラインでのやりとりも含みます）」と質問した回答。当該質問も含めて、質問における「部下」については「29歳以下の若手社員を想定して」回答するよう指示文を表記している。

が「毎日のように」、29・9％が「週に数日程度」、25・0％が「週に1日程度」あったと回答している。およそ9人に1人のマネジャーが毎日のように20代の部下を〝褒めたり、たたえたり〟しているし、合わせて66・6％、3人に2人のマネジャーは週に1回以上は〝褒めたり、たたえたり〟しているということだ。

　十数年前の筆者の新入社員時代と比べても、良い時代になったものだ・思えば遠くに来たものだと感慨を感じざるを得ない。しかし、これは現在の肌感覚にも合う結果だという方が多いのではないか。

　また、「職場の部下にフィードバックや指導をする機会」では、頻度はそれぞれ、9・6%、20・6%、17・5%であった。合わせて47・7%が週に1回以上フィードバックや指導をしているが、合わせて66・6%だった〝褒めたり、たたえたりする〟よりもフィードバックや指導の頻度は相対的に低い。差し引きマネジャーの2割近くが〝たくさん褒めているがそれほどフィードバックはしていない〟という状況にある。

　他方で、「職場で部下を叱責する機会」については同様に頻度の高いほうから、2・0%、5・4%、10・8%となっており、週に1回以上あった回答者は合わせても2割未満（18・2%）に過ぎない。

　こうした結果はいまの感覚とは合致する方が多いと思うが、ここで立ち止まって考えていただきたい。読者諸氏が若手だった頃と比べてどうだろうか。よく褒める上司が約7割で、よく叱る上司が約2割なのだ。

　10数年前までは逆だったのでは？　とも感じてしまうが、お伝えしたいのは日本のマネジャー──若手のコミュニケーションスタイルは、〝叱責型〟から〝褒める型〟に移行しつつあることが調査結果からも示されていることである。その結果、若手はどんどん育つようになるのだろうか。

■56・7%の管理職は若手とほぼ飲みに行っていない

若手への具体的な働きかけについても調査で聞いている（図表5－6）。

筆者が率直に驚いたのは、「終業後などに、若手と飲食店・居酒屋等に行く」という項目に対して、「全く行わなかった」が29・0%に達し、「あまり行わなかった（1年で1〜2回）」27・7%と合わせて、実に56・7%が若手との飲み会を年に1〜2回以下しか実施していなかったことである。

調査実施時期は2023年3月であり、コロナショックが冷めやらぬ時期であったため[5]に仕方のないことかもしれないが、新型コロナウイルス感染症の影響の大小にかかわらず、若手との関係性が大きく変わりつつあることを改めて実感する方が多いのではないか。職場によっては、かつて上司・先輩と終業後に週に2〜3回は飲みに行った、という職場もあっただろうが、いまやほぼ一掃されたと言っていい。

また、「自分の成功体験を部下に話す」も頻度が高くないのは、飲み会の頻度が低いことと関係があるだろうか。〝武勇伝を若手に話す〟というシチュエーションは広く「かっこ悪い上司像」として捉えられており、マネジャー側が自制的になっているのかもしれない。

図表5-6　若手への具体的な働きかけの頻度

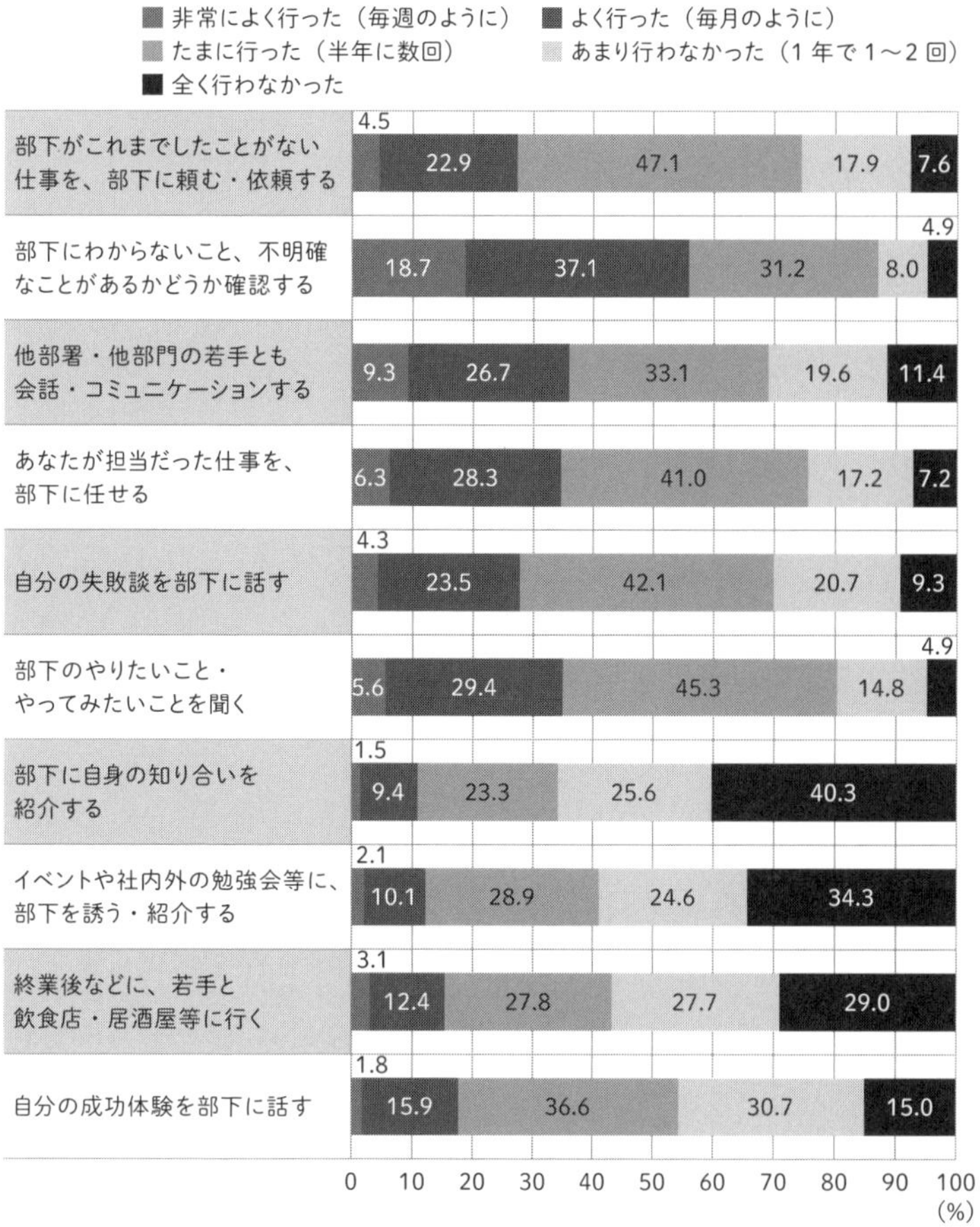
非常によく行った（毎週のように）
よく行った（毎月のように）
たまに行った（半年に数回）
あまり行わなかった（1年で1～2回）
全く行わなかった
部下がこれまでしたことがない仕事を、部下に頼む・依頼する
4.5
22.9
47.1
17.9
7.6
部下にわからないこと、不明確なことがあるかどうか確認する
18.7
37.1
31.2
8.0
4.9
他部署・他部門の若手とも会話・コミュニケーションする
9.3
26.7
33.1
19.6
11.4
あなたが担当だった仕事を、部下に任せる
6.3
28.3
41.0
17.2
7.2
自分の失敗談を部下に話す
4.3
23.5
42.1
20.7
9.3
部下のやりたいこと・やってみたいことを聞く
5.6
29.4
45.3
14.8
4.9
部下に自身の知り合いを紹介する
1.5
9.4
23.3
25.6
40.3
イベントや社内外の勉強会等に、部下を誘う・紹介する
2.1
10.1
28.9
24.6
34.3
終業後などに、若手と飲食店・居酒屋等に行く
3.1
12.4
27.8
27.7
29.0
自分の成功体験を部下に話す
1.8
15.9
36.6
30.7
15.0
0
10
20
30
40
50
60
70
80
90
100
(%)

また、「自分の失敗談を部下に話す」よりも、成功体験を話す頻度がかなり低い点も興味深く、サーバントリーダーシップなどリーダーシップ論も異なる展開を見せてきたこともあり、日本のマネジャー像が変容していることがよくわかる。

頻度が高い回答が多かったのは、「部下にわからないこと、不明確なことがあるかどうか確認する」や「部下のやりたいこと・やってみたいことを聞く」などであった。20代の部下に「わからないことはある?」と確認したり、「やりたいことはある?」と聞いてみる。若手の部下に〝心配り〟〝気遣い〟をするような働きかけの頻度が高い状況のようだ。

他方で、「部下に自身の知り合いを紹介する」や「イベントや社内外の勉強会等に、部下を誘う・紹介する」は頻度が最も低く、若手に機会を提供するような働きかけがほとんどされていないこともわかる。心配りや気遣いはしているが、機会は提供していないのだ。

以上のような働きかけの効果の検証結果は後ほど示す。

■若手社員を「さん」づけするマネジャーが8割

ここで、マネジャーと若手のいまの関係性が一目でよくわかる結果をお見せしたい。若

図表5-7　部下の若手の呼び方（複数回答）

	度数	%
「さん」づけ（苗字や名前にさんをつけて呼ぶ）	859	79.3
呼び捨て	199	18.4
「ちゃん」「くん」づけ（苗字や名前にちゃん・くんをつけて呼ぶ）	273	25.2
ニックネーム	96	8.9
役職名（役職名のみ、もしくは苗字・名前に役職名をつけて呼ぶ）	107	9.9
その他	4	0.4

手への〝呼び方〟だ。

マネジャーが20代の部下をなんと呼んでいるのか、その結果は図表5―7のとおり。「さん」づけが79・3％に上っており、次いで「ちゃん」「くん」づけが25・2％であった。呼称がハラスメントの土壌にもなりうると認識されていること、また上司にも役職呼びでなく「さん」呼びを呼び掛ける企業もあるなどの背景から、「さん」づけが圧倒的な多数派となっている。

ちなみに、こちらは当事者側（大手企業の若手社員）にも、同様の調査をしており、その調査では「さん」づけが77・4％であった。「ちゃん」「くん」づけなど他項目含め、ほとんど同じ結果となっており、[6]呼称に関する実態がよくわかるだろう（なお蛇足だが、筆者が新入社員時は「くん」づけおよび「ニックネーム」呼びであった。上司に「古屋さん、ちょっと来てくれる？」などと呼ばれたら、何かとんでもないことをやらかしてしまったのでは……と戦々恐々だっただろう）。

■ 大多数のマネジャーが「ゆるい職場」化を実感している

職場観についてはどうだろうか。「現在の職場をゆるいと感じる」かどうかについては、「あてはまる」8・3%、「どちらかと言えばあてはまる」31・9%で合計40・2%が〝ゆるい〟と感じると回答している。これは当事者側への調査における36・4%と比較してほぼ同水準かやや高い割合であった[7]（図表5−8）。

「ゆるい職場」には複層的な意味があると考えられるが、マネジャーへの調査ではより掘り下げた質問をした。例えば、「現在の職場は自分が若手の頃と比べると、ゆるくなったと感じる」か、管理職自身の過去を想起させたうえで聞くと、「あてはまる」は21・9%、「どちらかと言えばあてはまる」は41・0%で合計62・9%に及ぶ。逆に「あてはまらない」は3・7%、「どちらかと言えばあてはまらない」は7・2%で合わせても10・9%と1割程度に過ぎない。

大多数のマネジャーが自分の若手の頃と比べると職場が「ゆるく」なっていると答えていた。現在の管理職が若手だった頃と比べれば、若手を取り巻く職場の状況には大きな変化があると多くの人が感じているのは偽らざる実感と言えよう。

図表5-8　マネジャーの職場観

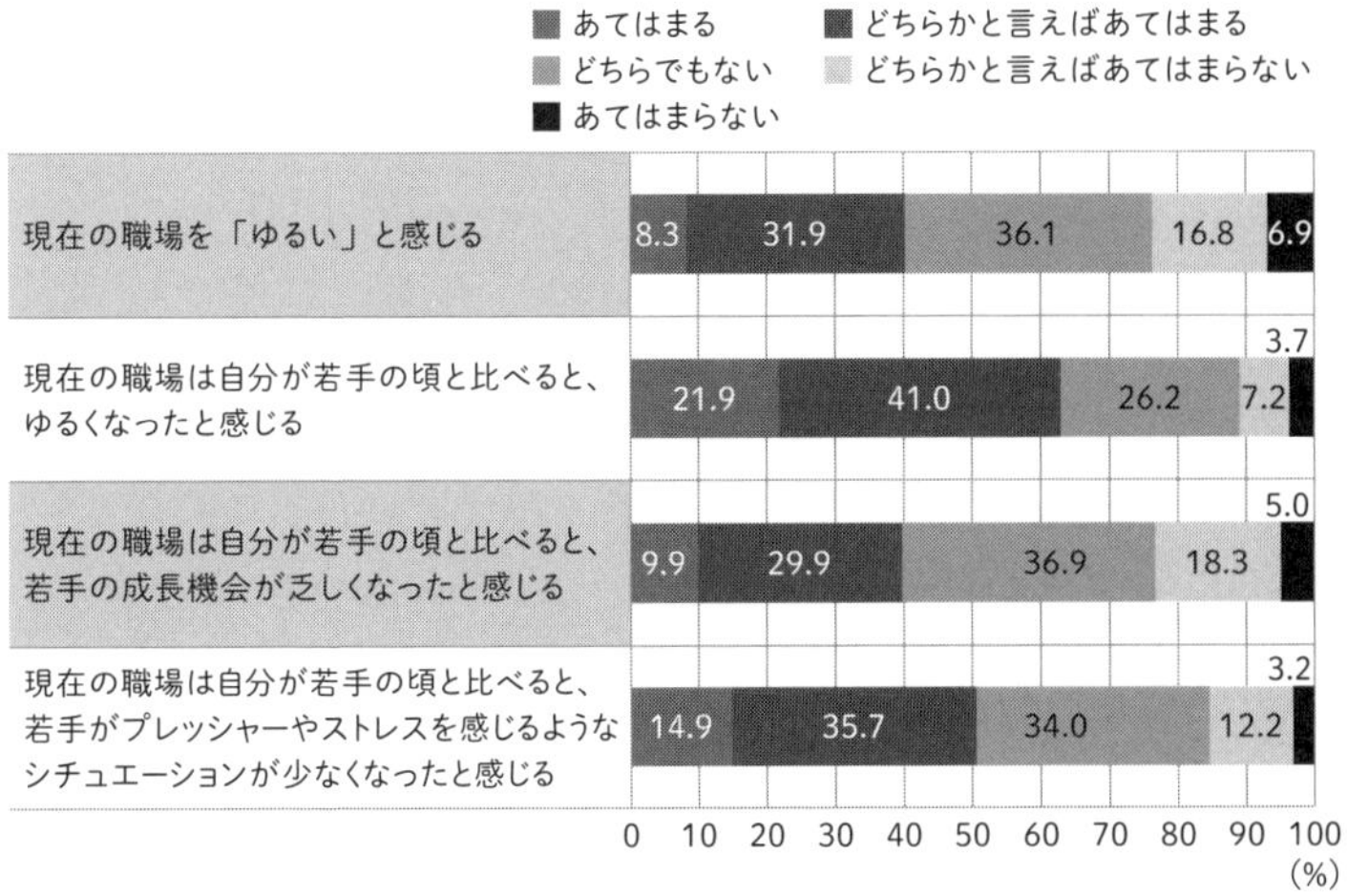

「現在の職場は自分が若手の頃と比べると、若手がプレッシャーやストレスを感じるようなシチュエーションが少なくなったと感じる」では、「あてはまる」「どちらかと言うとあてはまる」を合わせて50・6％であった。

■ 20代部下が離職した経験のある管理職は67・3％

管理職としての若手育成・マネジメントに関する悩みや課題感について、いくつか取り上げる。図表5－9に、管理職に、これまで直面した若手の離職やその人数を尋ねた結果を示した。

「少数だがある（2～4名）」が36・4％と最も多く、「ない」32・8％がこれに続

図表5-9　「これまで自身の部下である若手の離職に直面したことがありますか」質問への回答

	度数	%
TOTAL	1083	100.0
多数ある（10名以上）	78	7.2
複数ある（5〜9名）	134	12.4
少数だがある（2〜4名）	394	36.4
1人だけある	122	11.3
ない	355	32.8

く。なかには、「多数ある（10名以上）」という回答者も7・2％存在していた。集計すると、実に全体の3人に2人以上、67・3％の管理職が20代部下の離職に直面した経験があった。

また、若手のマネジメントに関する日々の課題感について複数回答で聞いた（図表5－10）。最も多かったのは「自分の頃と同じように育てられない」（34・4％）、次いで「若手育成と労働環境改善の両立が難しい」（31・4％）、「若手の成長にとって十分な業務経験や機会が提供されていない」（29・1％）であった。

若手を取り巻く職場環境が変わるなか、自分の頃の成功体験が通用せず、かつ労働環境改善が大前提となったなかで、自身は果たして十分な成長機会を提供できるのか、という日々の課題感が浮かび上がる。

この章の冒頭で、現在の若手育成を難しくしている背景として、若手の多様化・多極化と職場環境変化により「自分が育ったように、若手を育てることができない」という点を指摘した。

どんな動物であっても、自分が育てられたやり方で子どもや若い世代を育てる。それは

図表5-10 若手社員の育成・マネジメントについて感じている点（複数回答）

	度数	%
TOTAL	1083	100.0
自分の頃と同じように育てられない	373	34.4
若手育成と労働環境改善の両立が難しい	340	31.4
若手の成長にとって十分な業務経験や機会が提供されていない	315	29.1
部下が職場やいまの仕事に対して何を考えているのかわからない	266	24.6
育てようと指導したことがハラスメントと思われないか不安	257	23.7
育った部下が離職してしまう	232	21.4
有効な育成方法がわからない	206	19.0
部下が自分に対してどう思っているのかわからない	199	18.4
部下と日ごろのコミュニケーションがとりづらい	130	12.0
若手育成について相談できる相手がいない	111	10.2
若手の定着や育成について、自身の上司や人事部からのプレッシャーが強い	103	9.5

過去のどんな人間でもそうだったのではないか。自分の若い頃の経験で「良かった」と感じた経験をもとに子どもたちや若者を育ててきたのだ。その当たり前ができなくなっているのだ。

その当たり前の代表はOJTで得られた経験だろうし、尊敬できる上司・先輩をロールモデルとして育てる方法や、はたまた同じ釜の飯を食って育てるとか、石の上にも三年いれば暖まる式の育成ということかもしれない。

こうした日々の課題感は若手育成上の直接的な悩みとなって浮上している（図表5－11、第3章で掲示したデータ再掲）。

「若手が十分に育っていないと感じる」管理職は、「いつも感じた（毎日のように）」12・7％、「しばしば感じた（週に1～2回程度）」24・9％、「たまに感じた（月に1～2回程度）」38・3％であり、感じた合計では75・

図表5-11 若手育成上の悩み

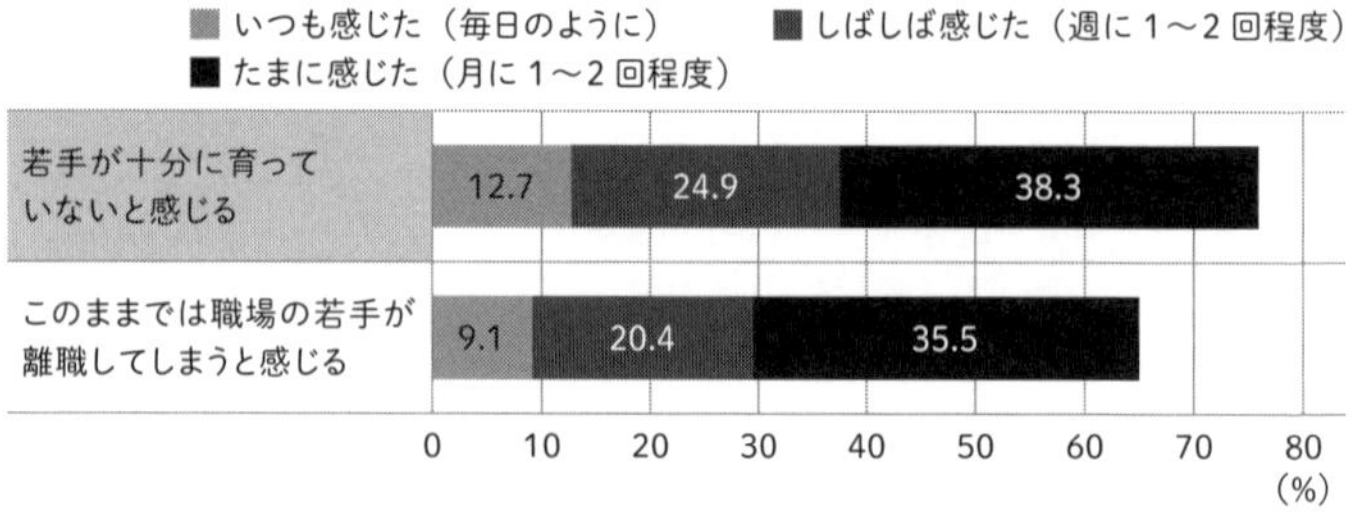

9%に達した。

さらに切迫した悩みとして「このままでは職場の若手が離職してしまうと感じる」についても、感じた合計では65・0%とほぼ3人に2人が悩んでいる状況にあることがわかる。

さらに、早期離職率の上昇など大手企業をはじめ企業の若手育成が極めて難しい状況に直面していることを背景に本章では以下の検証を行っていく。

・管理職自身のワーク・エンゲージメントと若手育成状況に強い関係性が見られる点
・育成成功実感が高い管理職の特徴
・「キャリア安全性」を高めるマネジメント・コミュニケーションのあり方

こうした点の検証から、現代の職場環境（ゆるい職場）におけるマネジャーの若手への介在のあり方を考えよう。

■若手育成問題の二重のインパクト

マネジャーの若手育成の現状把握に続いて、〝マネジャー自身の仕事〟との関係で若手育成実感がどう機能しているか検討する。

例えば、ワーク・エンゲージメントは若手育成上の重要な論点となっているが、職場で若手と向き合うことが育成のミッションを帯びている管理職のエンゲージメントをどう左右しているかにも注目すべきと考える。

働き方改革以降の日本の職場において、相対的に多くの負担を強いられているのは現場のマネジャーであると言われる。例えば、日本経済新聞2023年5月3日付「中外時評」では「ジョブ型が迫る管理職改革」と題して半沢二喜論説委員の論が掲載されており、この点について鋭く論点を書き出している。以下に引用する。

「管理職はつらい」という声を以前にも増して聞くようになった。働き方改革などへの対応で仕事は増え、パワハラを恐れて若手との接し方も難しくなっているという。ストレスを抱え、悩む管理職は少なくない。

リクルートマネジメントソリューションズが2022年6月に実施した調査では、組織の課題として「ミドルマネジメント層の負担が過重になっている」と答えた人が、管理職と人事担当者の双方で約6割にのぼった。背景には役割が曖昧な日本独特の管理職像がある。

産業能率大学総合研究所が21年に行った上場企業の部長・課長へのアンケートによると、9割超が営業などの実務をこなしながら労務管理も手がける「プレーイングマネジャー」だった。部下の育成が主体の欧米企業とは異なる。

（日本経済新聞朝刊2023年5月3日付「ジョブ型が迫る管理職改革」）

先ほどから言及している通り、筆者は若手育成の当事者はもちろん若手自身、そしてマネジャーだと考えている。マネジャーの働き方、ワーク・エンゲージメント。働き方改革後の職場における若手育成を、これまであまり言及されてこなかった視点から捉えよう。

■「若手育成実感」の低い人ほど「エンゲージメント」も低い

若手育成がうまくいっている・いっていない実感が、管理職のワーク・エンゲージメント[8]とどう関係しているのか。次ページの図表5－12に示したとおり、この点については明確な正の関係が存在していた。

ここでは「育成実感」として、部下の若手のこの数カ月の変化への認識として、「できる業務が増えている」「スキルや技能が高まっている」「仕事における人脈やネットワークが広がっている」「仕事におけるパフォーマンスや成果が上がっている」「業務経験が豊かになっている」といった項目[9]を聞き、そのスコアの合計（「あてはまる」5点〜「あてはまらない」1点の合計値）により、管理職の若手育成実感を3つのグループに分類している。高位群は21点以上、中位群は16〜20点、低位群は15点以下である。[10]

ワーク・エンゲージメントについて分析を行った結果、「仕事をしていると、活力がみなぎるように感じる」「職場では、元気が出て精力的になるように感じる」などの項目により構成[11]される活力獲得因子、「仕事に熱心である」「私は仕事にのめり込んでいる」などの項目により構成される仕事夢中因子としてスコア化した。スコアが高いほうが、それぞれの

図表5-12 管理職のワーク・エンゲージメント（若手育成実感別）

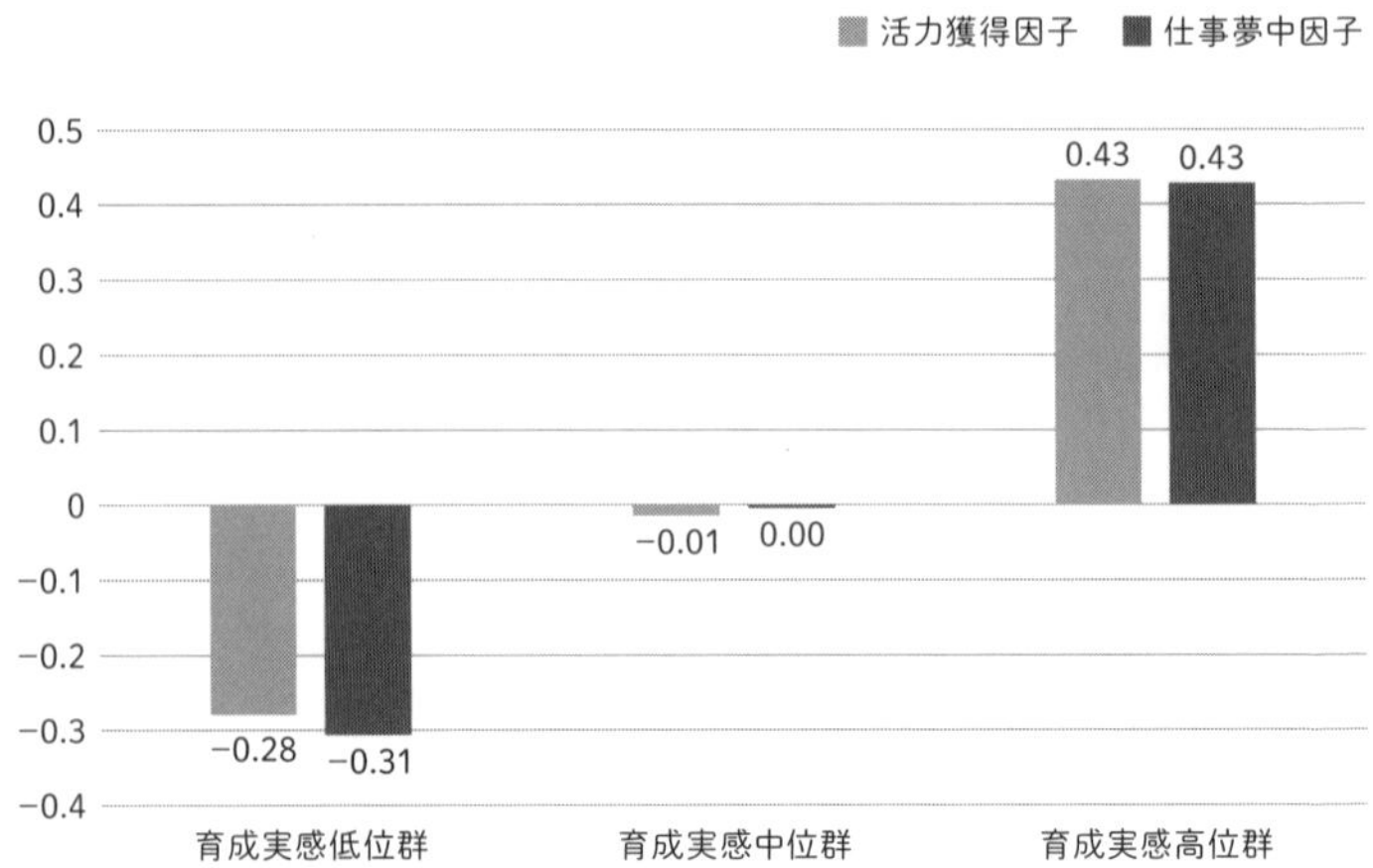

項目で「あてはまる」度合いが高い。

図表5－12では、管理職のワーク・エンゲージメントに関する両因子について、同様の傾向が見られる。すなわち、**育成実感高位群はワーク・エンゲージメントが高く、同低位群はワーク・エンゲージメントが低い**。

これは、管理職における若手の育成実感とワーク・エンゲージメントのシンプルな関係性を示唆している。この関係性からは、「育成がうまくいっているから、エンゲージメントが高まった」ということと、「エンゲージメントが高いから、育成がうまくいっている」という効果ともに考えられうるだろう。

いずれにせよ、現代の大手管理職層において顕在化しているのは、若手育成の成否感がすなわち、管理職当人のワーク・エンゲージメントの〝代理指標〟になりうるほど明確な関係性を有しているということだ。

つまり、育成できずに諦めてしまっていることが、管理職のエンゲージメントを大きく下げてしまう可能性すらある。

■管理職層のワーク・エンゲージメントと若手育成を構造化する

さらに構造的に捉えるべく、簡単な統計分析を行った[12]（図表5－13）。以下に分析の詳細を述べるが、結果だけ知りたい方は「若手育成実感の高い管理職の傾向とは」という見出しからご覧いただきたい。

分析にあたり、被説明変数としてワーク・エンゲージメントの活力獲得因子スコア、説明変数として以下の変数を用いた。

【モデル(1)に含む：若手育成状況】

・若手育成実感スコア：先述の尺度。部下の若手のこの数カ月の変化への認識として、「できる業務が増えている」「スキルや技能が高まっている」「仕事における人脈やネッ

図表5-13 ワーク・エンゲージメント（活力獲得因子スコア）を被説明変数とする管理職層の重回帰分析結果

	(1)	(2)	(3)
若手育成実感スコア	0.065*** (6.771)	0.057*** (6.184)	0.056*** (6.078)
部下の若手人数	0.010*** (3.528)	0.009*** (3.465)	0.009*** (3.337)
部下の若手割合	0.043 (0.347)	0.033 (0.282)	0.066 (0.564)
労働時間（週）	− 0.007 (− 1.740)	− 0.006 (− 1.637)	
仕事の質的負荷		0.145*** (2.787)	0.163*** (3.158)
仕事の関係負荷		− 0.355*** (− 7.191)	− 0.371*** (− 7.572)
リモートワーク頻度多ダミー		− 0.037 (− 0.539)	− 0.043 (− 0.641)
課長職 10 年以上ダミー			0.237*** (3.606)
転職なしダミー			− 0.202*** (− 3.215)
50 歳以上ダミー			0.022 (0.343)
Constant	− 1.252*** (− 6.931)	− 0.790*** (− 3.042)	− 0.741*** (− 2.705)
Observations	989	989	989
R-squared	0.058	0.128	0.151
Adj R-squared	0.0552	0.122	0.143
F-stat	20.23	20.57	17.45

（注1）t-statistics in parentheses
（注2）*** : p<0.01, ** : p<0.05

トワークが広がっている」などの項目を聞き、そのスコアを合計したもの（「あてはまる」5点～「あてはまらない」1点の合計値）

・部下の若手人数：現在人事評価を行っている若手の人数[13]

・部下の若手割合：現在人事評価を行っている若手が部下に占める割合[14]

【モデル⑵に含む：⑴の変数に加え、管理職自身の仕事状況】

・労働時間（週）：平均的な1週間の労働時間[15]

・仕事の質的負荷：回答者の仕事の負荷において「自分が行う業務が難しいと感じる」「新しく覚えることが多いと感じる」質問への回答を因子としたもの。高いほうがこうした質問に「あてはまる」と答えていることを示す。

・仕事の関係負荷：回答者の仕事の負荷において「人間関係によるストレスを感じる」「理不尽なことが多いと感じる」「上司の指示が納得いかないと感じる」質問への回答を因子としたもの。高いほうがこうした質問に「あてはまる」と答えていることを示す。

【モデル⑶に含む：⑴⑵の変数に加え、統制変数として回答者の個人属性等】

・リモートワーク頻度多ダミー：現在のリモートワークの頻度について、「毎日のように」「週に2～3回程度」「週1回程度」あると答えた回答者を1とするダミー変数

・課長職10年以上ダミー：部下の人事評価を行う課長職経験が10年以上ある回答者を1とするダミー変数
・転職なしダミー：転職経験がない回答者を1とするダミー変数
・50歳以上ダミー：年齢が50歳以上の回答者を1とするダミー変数
※ダミー変数とは、該当者を1、非該当者を0とする変数

結果を考察していこう。階層的重回帰分析により上記の説明変数を3つのモデルに分けて投入しているが、モデルの適合度指標（修正R２等）が最も高いモデル(3)結果を見ていくこととする。

・マネジャーのワーク・エンゲージメントに対して正に有意な結果となったのは、若手育成実感スコア、部下の若手人数、仕事の質的負荷。また統制変数では、課長職10年以上ダミー
・負に有意な結果となったのは、仕事の関係負荷。統制変数では転職なしダミー
・有意な結果とならなかったのは、部下の若手割合、労働時間（週）。統制変数ではリモートワーク頻度多ダミー、50歳以上ダミー

■ 若手育成実感の高い管理職の傾向とは

以上から、現代の大手管理職層のワーク・エンゲージメント構造を分析すると、**「若手育成実感が高い人ほど高い。また部下の若手の人数が多い人ほど高い」「仕事の質的負荷が高い人ほど高いが、仕事の関係負荷が高い人ほど低い」**ということがわかった。もちろん、このモデルからは因果推論はできないが、管理職自身の仕事状況を変数として投入してもなお、その若手育成状況が管理職のワーク・エンゲージメントにつながっていることが示されている。

「仕事の質的負荷が高い人ほど高いが、仕事の関係負荷が高い人ほど低い」という点については、質的負荷はストレッチな仕事内容があることが管理職のエンゲージメントを高めていることを示している。

いつもしている仕事、ルーティンワークの繰り返しではなく、仕事のやりがい・達成感が大事という点ではマネジャーも若手も変わらない。関係負荷は人間関係のストレスなどに起因する負荷であり、上からの理不尽な指示などがワーク・エンゲージメントを低下させる構造も、マネジャーも若手も変わらないようだ[16]。

図表5-14 管理職のワーク・エンゲージメントに関係する要素の整理

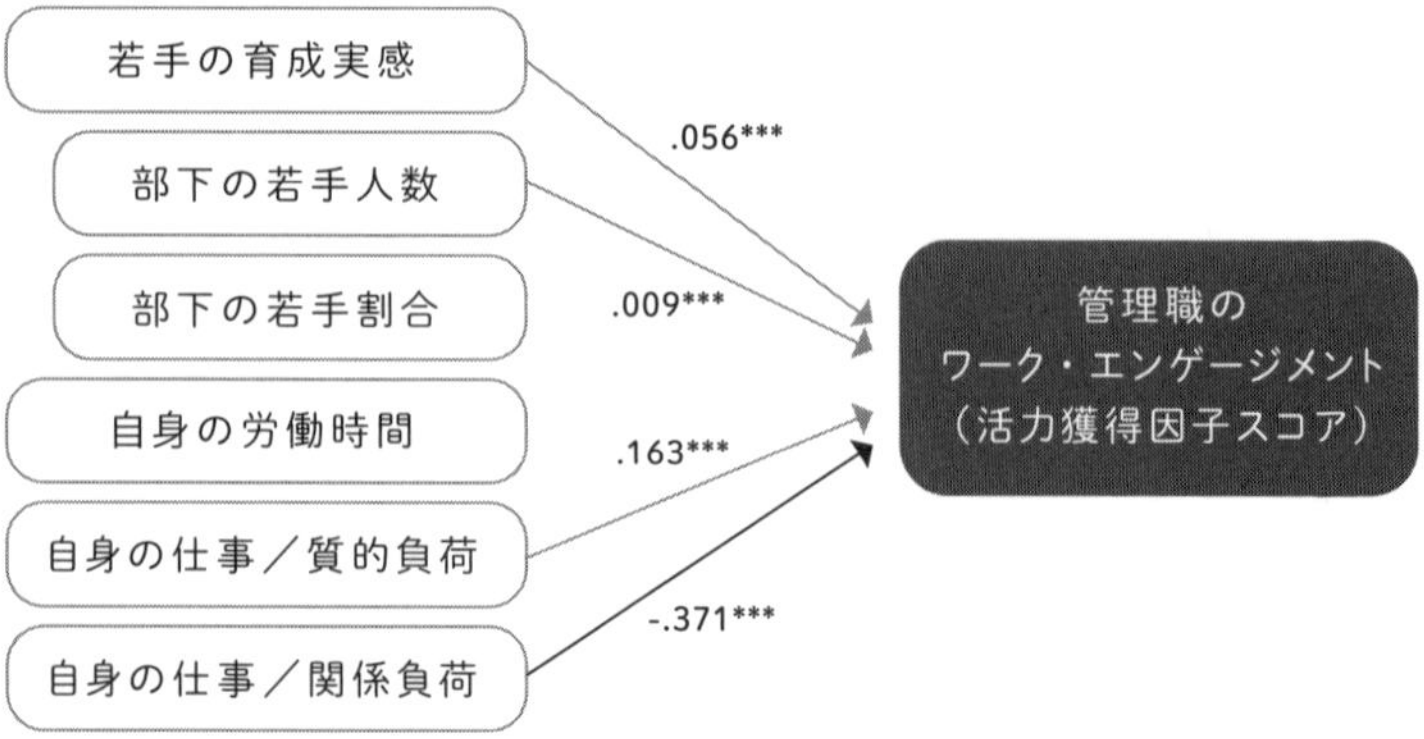

（注）係数については尺度のスケール（例えば、若手育成実感スコアは離散変数で5〜25、仕事/質的負荷・関係負荷は因子スコアである）が異なるため、単純に比較はできない。

なお、部下の若手の人数がワーク・エンゲージメントと関係しているのは、例えば枢要なポストで若手をたくさん任される管理職のほうが〝エリートコース〟である可能性なども想定できる。ただ、ここで重要なのは「若手をマネジメントしているマネジャー」と一口で言っても様々な抱えるチーム・若手の形があり、その形が若手のマネジメントのあり方を変える可能性があることだ。

なお、統制変数の結果も興味深い。簡単に結果だけ触れれば、**課長歴が長い人ほどエンゲージメントは高く、転職なし層で低い。リモートワークの有無や年齢は無関係**であった。

以上を整理したのが図表5－14である。

現代の大手管理職層におけるワーク・エンゲージメント構造を図示している。若手育成状況が管理職の仕事状況と並んでワーク・エンゲージメントに関係していることが示唆された結果であり、現代の若手育成問題は管理職の仕事の充実度合いに直結するファクターとなっている。

もう一度繰り返すが、この結果は若手育成実感を高めることは管理職のワーク・エンゲージメントの代理指標とすら言いうることを示す。組織としては若手育成問題の解消は、若手が育つかどうかを決定することはもちろん管理職層の仕事への熱意の高低をも左右する、「二重写しの問題」と認識すべきなのだ。

「若手育成実感が高い管理職」を科学する

以上のとおり、経営課題として、二重の意味（つまり次世代の人材輩出の成否と管理職層のエンゲージメントの高低を左右する）を持ち始めている若手育成だが、若手育成実感が高い管理職の特徴を分析していく。つまり、現在の職場環境において、若手を育てられていると実感できているマネジャーの検討である。

■ 育成に手ごたえのある管理職とそうでない管理職

まずはシンプルに概況を示すために、マネジャーのうち若手育成実感が高い群と低い群を分けた[17]。

これを〝育成成功実感群〟／〝非実感群〟とする。つまり、大手企業において、若手育成に手ごたえを感じているマネジャー／そうでないマネジャーである。もちろん、この非実感群のなかにもグラデーションはあるが、ここでは全体像をシンプルに検討するためにこうした形で整理したことに留意いただきたい。

この育成成功実感群の割合を、〝育成成功実感率〟（以下、単に成功実感率とも）と表記する。

育成成功実感率について、回答者の属性との関係を整理する。どんなマネジャーが若手育成の成功を感じやすいのだろうか。

図表5-15 管理職の年齢階層別 育成成功実感率

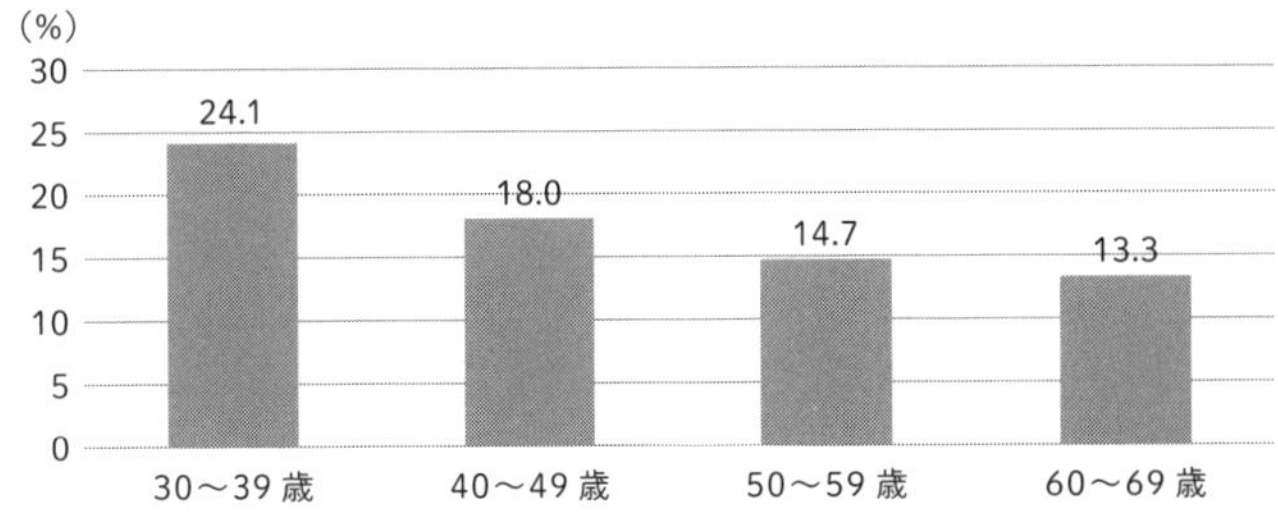

まず管理職の年齢層別の成功実感率を図表5－15に示した。より年齢層が若年の管理職ほど成功実感率が高い傾向が見られる。

30～39歳では24・1％に達しているが、40～49歳では18・0％、50代以上では13～14％台となっている。なお、30～39歳階層はサンプルサイズが小さいため、この点については留意が必要[18]であるが、**若年管理職ほど育成成功実感が高い者が多い**ことはひとつの傾向の可能性がある。

様々な解釈があると思うが、筆者としては、これは単に「若いほど良い」ということではなく、**「29歳以下の若手の部下との年齢の近さ」が大きな要因となり〝水平的関係〟での育成がしやすい**からなのではないかと考える。

現代の若手育成において、関係負荷（人間関係のストレスや理不尽さによる負荷）がマイナス要因になっていることがわかっている。年齢が近いことで、過剰な上下関係による「理不尽さ」や「なぜその指示を受けたのかわからな

図表5-16 転職有無や経験年数別 育成成功実感率

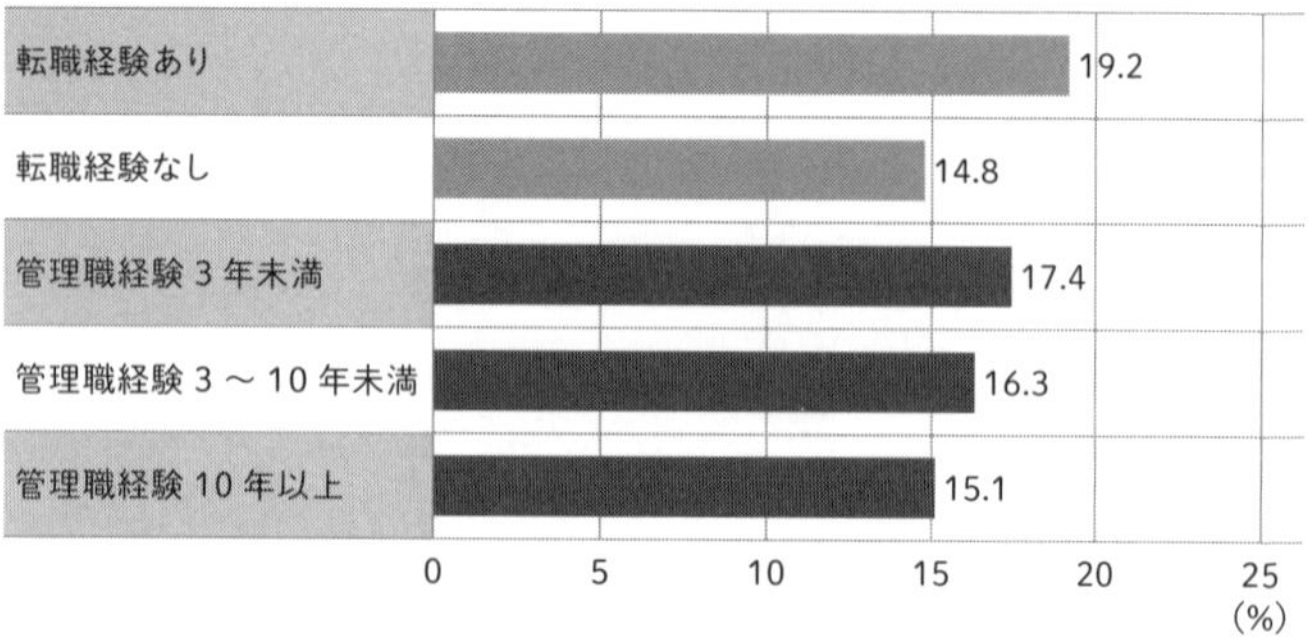

い」という関係負荷の上昇を回避しやすいことが、若手と年齢の近い管理職の〝育てやすさ〟なのではないか。

■ 転職経験のある管理職の方が育成実感が高い

また、管理職のキャリアとの関係も示す（図表5－16）。転職経験有無については、転職経験のある管理職が成功実感率19・2％、ない管理職は14・8％であった。管理職経験年数では「3年未満」17・4％、「3～10年未満」16・3％、「10年以上」15・1％であったが差は5％水準で有意ではなく、全体像を見るための参考値として提示する。

図表5－17には管理職自身の週労働時間別の結果を示した。「週39時間以下」が19・7％、「週40～49時間」が15・8％、「週50時間以上」が15・3％であった。

なお、週50時間以上の回答者がなんと全体の48・6％

図表5-17 管理職の労働時間別 育成成功実感率

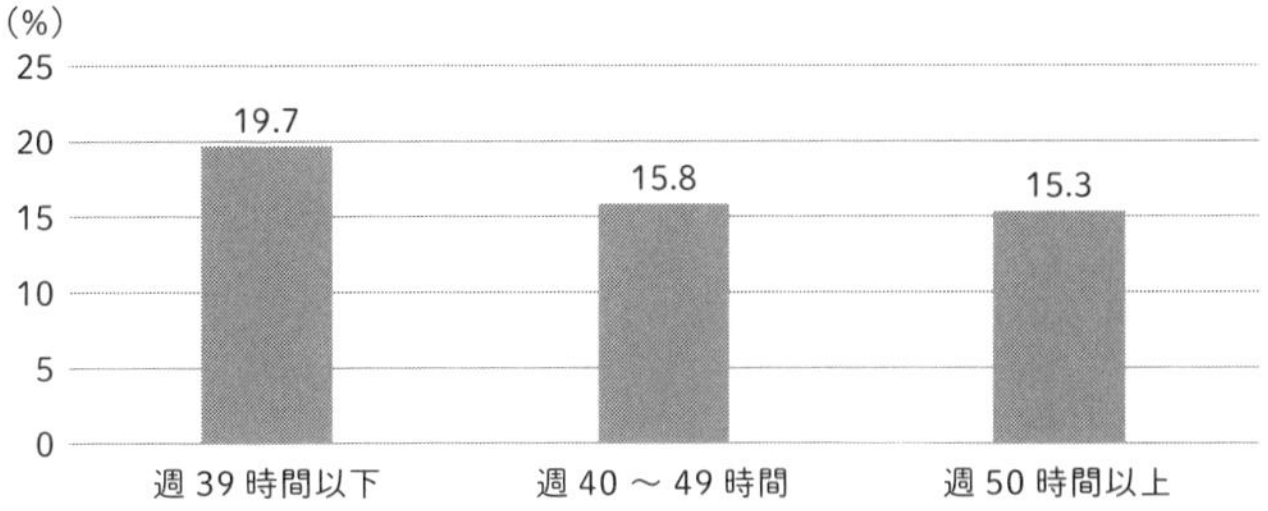

に達していた。

週50時間以上は概ね残業時間で月45時間以上相当と比定される。多くの大手企業が実態として残業時間月45時間を一般社員の上限と定めて運用していることを鑑みると、管理職自身の労働時間が非常に長いという状況にあることがわかる（なお大手企業・大卒以上・24歳以下・正規社員では、週50時間以上就業の割合は2022年で16・1％であった。比べていただきたい）。

■見えてきた有効な打ち手

若手育成成功を実感している管理職の全体像を整理したうえで、具体的な打ち手についてその有効性を検証する。

まず、「配属ガチャ」「異動ガチャ」という言葉もあり、若手のキャリアに対して大きな影響を与える〝異

図表5-18　配属・異動前後のコミュニケーションの実施有無と育成成功実感率（%）

	行っている場合	行っていない場合	有意検定
事前に、異動先について希望を聞く機会を設けている	18.8	12.6	***
決定した異動の意図や理由について説明をしている	17.0	15.0	
異動決定後に面談等の場で会話をする機会をつくっている	20.1	12.6	***
人事担当者が異動の意図や理由について説明している	18.1	15.7	

（注）有意水準　***：1%

図表5-19　職場における若手との日々のコミュニケーション頻度と育成成功実感率（%）

	高頻度の場合	低頻度の場合	有意検定
部下がこれまでしたことがない仕事を、部下に頼む・依頼する	24.6	12.9	***
部下にわからないこと、不明確なことがあるかどうか確認する	21.3	9.4	***
他部署・他部門の若手とも会話・コミュニケーションする	20.8	13.4	***
あなたが担当だった仕事を、部下に任せる	22.1	12.9	***
自分の失敗談を部下に話す	22.9	13.4	***
部下のやりたいこと・やってみたいことを聞く	24.0	11.8	***
部下に自身の知り合いを紹介する	30.5	14.3	***
イベントや社内外の勉強会等に、部下を誘う・紹介する	25.8	14.7	***
終業後などに、若手と飲食店・居酒屋等に行く	25.0	14.4	***
自分の成功体験を部下に話す	25.0	14.1	***

（注）有意水準　***：1%

動″前後のコミュニケーションについて整理する（図表5－18）。

「行っている」管理職と「行っていない」管理職との間で、有意に育成成功実感率が高かったコミュニケーションが2つ存在していた。ひとつは「事前に、異動先について希望を聞く機会を設けている」、もうひとつは「異動決定後に面談等の場で会話をする機会をつくっている」であった。

　配属・異動の前後で、管理職が事前に希望を聞くこと、決定

図表5-20　職場における若手との日々のコミュニケーション別 効果と稀少性（散布図）

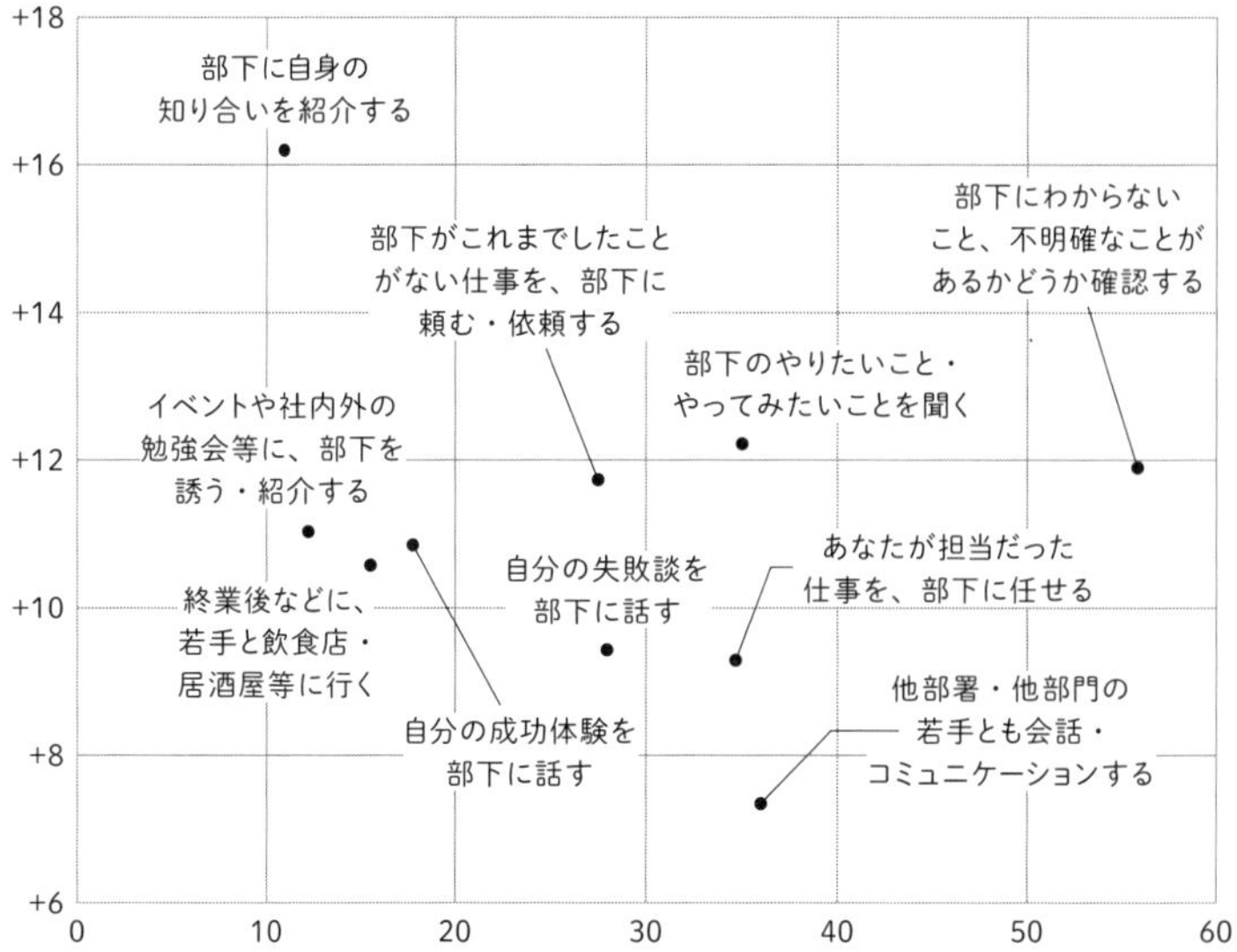

後に個別の場でコミュニケーションをとること、こうした実践には手間がかかるが、それに見合うリターンがある可能性が示されている。

次に、職場での若手との日々のコミュニケーションについて、有効な手の検証を図表5－19に掲載した。高頻度（「毎週のように」「毎月のように」）で行っている管理職と低頻度（「半年に数回」「1年で1～2回」「全く行わなかった」）の者を比較する形で示している。

示した項目すべてで高頻度の管理職が、低頻度の管理職よりも育成成功実感率が高い。個々の手立てについてというよりは、シンプルに若手育成についてコミュニケーションの密度が一定程度必要であるという結果と考える。現在、上司、若手ともに忌避されつつある〝飲み会〟等についても、他のコミュニケーションと同様の肯定的な結果が出ていることは留意すべきだろう。

ただ、図表5−19の項目については、実施度合いと効果にかなりの差があったため、図表5−20にそれを含めて整理しておく。

整理のうえ、明確に特殊なポジションなのは図の左上に位置する「部下に自身の知り合いを紹介する」、さらに視界を広げれば「イベントや社内外の勉強会等に、部下を誘う・紹介する」であり、高頻度で行っている管理職は少数派だがその効果は高い。若手にある種の「セレンディピティ」の提示、本人の視界の外にある機会を提供する手立てであり、新たな打ち手群として注目すべきかもしれない。

■会社による支援――Ｏｆｆ−ＪＴ機会が多いほど育成実感が高い

さて、会社による若手育成支援・制度が管理職の育成成功実感率とどう関係しているかを見る。図表5−21には、会社による若手へのＯｆｆ−ＪＴ機会の量との関係を示した。

図表5-21 会社による若手Off-JT機会と管理職の育成成功実感率

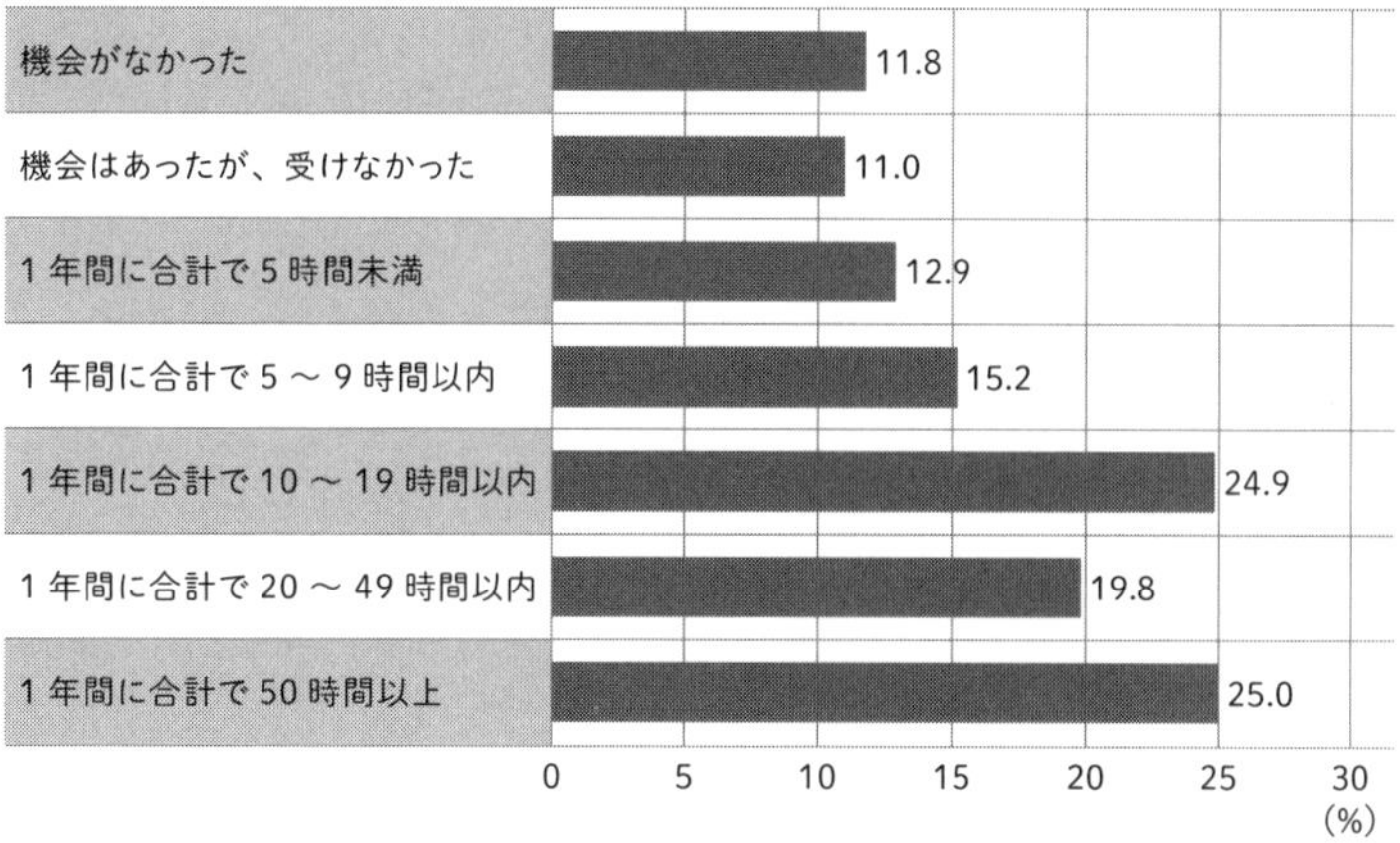

（注）「会社の若手育成体制について伺います」と記したうえで、「あなたの部下の若手は、昨年1年間（2022年）に通常の業務を一時的に離れて、社内外で、教育・研修などを受ける機会はありましたか。あなたの部下における29歳以下の社員の平均的な教育・研修機会についてお答えください」と聞いた。

この両者には明確な関係があると見られる結果となっている。つまり、〝ない〟よりは〝ある〟、あるならその量（時間）が多いほうが、管理職の育成成功実感率は高い。しかし、昨今大手企業においても若手のＯｆｆ－ＪＴ機会が急減していることがわかっている[19]。

ここからは企業による若手育成投資が若手のためだけでなく、管理職の育成への成功実感を高める（＝ひいては管理職自身のワーク・エンゲージメントを高める）という二重のインパクトを持つ可能性が強く示されている。

つまり若手への教育投資は、早期離職率の上昇による短期的リターンの低

図表5-22 自社の制度と管理職の育成成功実感率（%）

	あり	なし	有意検定
社内で配属・異動先のポストを公募する制度	18.6	13.5	**
社内での複数の部署の兼務（社内副業制度等）	22.1	13.8	***
リモートワーク（在宅勤務）制度	17.2	13.5	
メンターなどによる教育制度	18.7	14.5	
1対1で行う定期的な面談（1on1）	17.4	13.0	
社内キャリアアドバイザーやキャリアコンサルタントへの相談体制	23.2	14.9	***
仕事に関わる学びへの支援制度 （資格取得の費用補助、社外セミナー参加・書籍購入補助等）	18.8	13.3	**
副業・兼業を可能とする規定	20.0	15.0	
ベンチャー企業や中小企業などへの出向（留職制度）	23.2	15.5	
管理職などへのハラスメント研修	17.2	13.3	
管理職などへの部下とのコミュニケーションや指導方法の研修	18.8	11.1	***
大学・大学院などでの学び直しを支援する制度	21.8	15.0	**
社内旅行や社員レクリエーションなどの社員が参加するイベント	22.0	14.3	***
部活動やサークルなど社員間の交流を促す制度	17.3	15.7	
職場を横断する社内勉強会やコミュニティ	20.9	13.8	***
社長や役員など経営幹部層と若手が直接意見交換する機会	19.6	14.3	**
若手だけで行う企画・プロジェクトの実施	25.0	13.6	***
社外での活動を会社に共有・表彰される機会	17.1	15.8	
あてはまるものはない	4.9	16.7	**

（注）有意水準　**：5%　***：1%

下の議論とは切り離しても、回収できるのかもしれない。職場における若手〜管理職層のエンゲージメントを高める投資としてその価値を捉え直すことができるということだ。そう考えたときに、決して割の悪い投資ではないはずだ。

さらに掘り下げて、図表5－22には会社の各種制度の有無との関係を示した。

調査では若手のキャリア形成を支援すると考えられる代表的な人事施策を対象にしており、全項目で「あり」が「なし」を上回っているが、有意検定（最後の結果とともにご覧いただきたい）の「あてはまるものはない」の「あり」は全項目に対してひとつも「あり」がない回答者である)。

1%水準で有意だった制度・取り組みを挙げる。

「社内での複数の部署の兼務(社内副業制度等)」
「社内キャリアアドバイザーやキャリアコンサルタントへの相談体制」
「管理職などへの部下とのコミュニケーションや指導方法の研修」
「社内旅行や社員レクリエーションなどの社員が参加するイベント」
「職場を横断する社内勉強会やコミュニティ」
「若手だけで行う企画・プロジェクトの実施」

1%水準で有意だったほぼすべてが、管理職が抱えるひとつの職場という単位を超えた「横断的なつながりを生み出す」ような会社の制度であったことは、興味深い共通点だ。越境学習研究に「日常の越境場[20]」という概念があるが、管理職が若手育成を丸抱えしなくてもよくなるような「日常の越境場」を形成する制度が有効である可能性がある。

なお、「あり」と「なし」の%ポイントの差が最も大きかったのは、「若手だけで行う企画・プロジェクトの実施」であった。

この点については、当事者調査の分析で発見された現代の有効な育成メソッドである「横の関係で育てる」として筆者が提唱している。若手だけのチームをつくって、特定の期間、数字等で明確に進捗や成否が確認できる職務を担わせる新たな育成手法である。

例えば、飲食チェーンの新入社員研修店舗に端を発する育成メソッドで、新入社員だけがいる店舗をつくりそこに普通にお客さんを入れる。すると、様々な日々のトラブル対応などが若手だけのチームで行わざるを得ず、また店舗運営では売上の増減など数字で具体的に〝自分たちがうまくいっているかどうか〟を確認できる。上司・先輩が持つ経験知がその場にはないため、自分たちで考え・試行錯誤せざるを得ず、またその努力の方向性が短期的に数字等で確認できる。

こうした若手だけで行う職務を担わせることで、良質な質的負荷のもと上下関係による理不尽な人間関係で煩わせず、超高速で成功・失敗経験を体得させていくものだ。

こうした結果を見れば、若手育成の主体はマネジャーではあるが、企業が制度的に上司―部下の関係性を支援できることは明らかであり、特に「日常の越境場」を形成するような制度の企画を進めていくことが有効であると考えられよう。

企業は制度面から、マネジャーは自身の行動面からアプローチしていくことで、若手がいきいきと躍動しかつマネジャー自身も豊かな仕事ができる、新しい職場にしていくことが可能なのだ。

■マネジャーは若手社員のロールモデルになりうるか

若手社会人と話をすると「ロールモデルになりそうな人が社内にいない」「職場の上司の様子を見ていて目指したいと思わない」という声をよく耳にする。

そして、人事の皆さんからは「マネジャーになりたい若者が減った」「マネジャーがかっこ悪いと思われている」という悲鳴のような現状を耳にする。

かつては、自身の10年後、20年後はその職場の10歳上、20歳上の先輩を見れば概ね把握でき、その姿を自分に重ねたものだが、そのシンプルな関係が薄れているのだ。

この点について、データからわかってきたことで興味深いのが、マネジャー自身が様々な経験をしていることによって、若手育成成功実感率が大きく向上する傾向が見られたことだ（図表5－23）。

図表5-23 管理職が取り組んでいること別 育成成功実感率

	育成成功実感率
株式会社やNPO、法人等の設立・運営	38.5%
所属する企業・組織外の人との勉強会の主催	38.4%
所属する企業・組織外の人との勉強会への参加	25.7%
大学、大学院、専門学校等への通学（学び直し）	24.2%
オンラインによる学習（リスキリングなど）	20.7%
ボランティア活動（社会福祉・文化振興・災害復興など）	21.6%
プロボノ活動（職業上保有する知識・スキルを活かしたボランティア）	33.3%
収入を伴う副業・兼業	29.8%
（上記にひとつも）あてはまるものはない	12.6%

例えば、マネジャー自身が「所属する企業・組織外の人との勉強会の主催」を実施している場合、育成成功実感率は38・4％、単にそうした勉強会に「参加」しているだけでも25・7％であった。これはこうした活動を全くしていない場合の育成成功実感率が12・6％であることを鑑みると、非常に高い数値であると言える。

ほかにも、大学院等での学び直しやプロボノ活動、副業・兼業など、社外の空間で経験を積んでいるマネジャーは育成成功実感率が高い。

これには2つの見方があるだろう。ひとつには、若手にとって、こういったアクションを起こすマネジャー自体がまさに新たなロールモデルになっているケースだ。この場合に、マネジャー自身がロールモデルになることで若手との関係性が転換し、育成の効率が上昇している可能性がある。

ものすごくわかりやすく言ってしまえば、若手から見てその上司が「(キャリア的に) かっこよく」なっているということだ。職場の仕事でも職場外でも活躍できている、そんな感覚を与えていることがその職場のキャリア安全性を高めているのだろう。もうひとつには、社外での経験が結果としてそのマネジャーの育成能力を高めている場合だ。

いずれにせよ、現代の職場環境(ゆるい職場)において、これまでのような育成方法[21]は通用しない(「自分の頃と同じように育てられない」はマネジャーの若手育成上の課題で最も回答者の多い項目であった)。若手と向き合うことのできるマネジャーの新しい像が求められているように考える。

■ 呼び捨てと「さん」づけ、どちらが育成成功実感が高いか

管理職と若手の関係について、もうひとつ提示する。

〝呼び方〟と管理職の育成成功実感の関係性である。呼び方については、若手当事者においても管理職においてもほぼ同じ結果が出ており、大手企業では8割方が「〇〇さん」呼びになっていることを先に示した。

確かに、10年ほど前までの職場において、「呼び捨て」、もしくは「〇〇くん」「〇〇ちゃ

図表5-24　若手の呼び方と育成成功実感

	育成成功実感率
「さん」づけ（苗字や名前にさんをつけて呼ぶ）	16.3%
呼び捨て	17.6%
「ちゃん」「くん」づけ（苗字や名前にちゃん・くんをつけて呼ぶ）	15.4%
ニックネーム	15.6%
役職名（役職名のみ、もしくは苗字・名前に役職名をつけて呼ぶ）	15.0%

ん」が当たり前だったことを思い起こすと、上司―若手の関係性に外形的に大きな影響を与えている要素のひとつだ。この傾向は、若手育成の成功実感と何らかの関係を持つのか検証したのが図表5－24だ。少しお遊びのような分析だが、「さん」呼びといった外形的な取り組みが影響を与えているのか知りたい人も多いのではないか。

結果としては、若手をどう呼ぼうがほとんど差はなかった（統計的に有意な差はない）。つまり、**呼び方は育成成功実感には無関係**である。

「古屋、ちょっと来て」を「古屋さん、ちょっと来てもらえますか」にしたからといって、育成実感が高まることはない。確かに外形的な関係は変わったように見えるが、どちらかと言えばハラスメント防止のための予防的な打ち手に留まっていると言えるかもしれない。

図表5-25　若手に求める学生時代の経験（複数回答、%）

	度数	%
TOTAL	1083	100.0
大学での部活・サークル活動	453	41.8
長期間の旅行やレクリエーション	235	21.7
大学での専門的知識の学習	392	36.2
大学での教養的知識の学習	381	35.2
その他の「大学生らしい」経験	337	31.1
期間が１カ月以上など長期のインターンシップ経験	136	12.6
起業や法人設立の経験	31	2.9
ビジネスプランコンテストやハッカソンへの参加	69	6.4
知人ではない多人数の前でのプレゼン・スピーチ	314	29.0
営業のアルバイトなど、企業に商品・サービスを売る経験	240	22.2
ゼミ・研究室で行う企業と連携して行う研究・プロジェクト	188	17.4
社会人と一緒のチームで成果を出すプロジェクト・活動	191	17.6
あてはまるものはない	163	15.1

（注）「学校卒業まで（就職するまで）に、自社へ入社してくる若手に経験しておいてほしいことをすべて選んでください」と質問した結果

〝ガクチカ〟軽視のマネジャーは危険？

〝若手がどう見ているか〟の逆の視点として〝（管理職が）若手をどう見ているか〟についてはどうだろうか。

図表５−25に、回答した管理職が自社へ入社してくる若手に経験しておいてほしいことを聞いた結果を掲載した。最も多いのは「大学での部活・サークル活動」（41・8％）で、次に「大学での専門的知識の学習」（36・2％）、「大学での教養的知識の学習」（35・2％）と続いている。

どの項目の回答者が多かった・少なかったについてはこの際それほど重要でないが、ざっくりまとめれば「〝大学生らしい経験〟を

図表5-26 若手に求める学生時代の経験への回答と、育成成功実感

	求める	求めない	差分
大学での部活・サークル活動	19.2%	13.8%	5.4%
長期間の旅行やレクリエーション	23.0%	14.2%	8.8%
大学での専門的知識の学習	15.3%	16.5%	－1.2%
大学での教養的知識の学習	18.6%	14.7%	4.0%
その他の「大学生らしい」経験	19.3%	14.6%	4.7%
期間が１カ月以上など長期のインターンシップ経験	19.1%	15.6%	3.5%
起業や法人設立の経験	22.6%	15.9%	6.7%
ビジネスプランコンテストやハッカソンへの参加	23.2%	15.6%	7.6%
知人ではない多人数の前でのプレゼン・スピーチ	23.2%	13.1%	10.1%
営業のアルバイトなど、企業に商品・サービスを売る経験	19.6%	15.1%	4.5%
ゼミ・研究室で行う企業と連携して行う研究・プロジェクト	22.3%	14.7%	7.6%
社会人と一緒のチームで成果を出すプロジェクト・活動	24.6%	14.2%	10.4%
	該当	非該当	
（上記にひとつも）あてはまるものはない	9.2%	17.3%	－8.1%

しておいてほしい」管理職が相対的には多いということだろう。

さて、この若手に求める学生時代の経験と育成成功実感に興味深い関係が見られることを示したい（図表５－26）。その経験を若手に求める管理職・求めない管理職ごとの育成成功実感率を提示し、その差（「求める」－「求めない」の差分の％ポイント）を一番右の列に示した。

注目すべきは「あてはまるものはない」、つまり〝何の経験も求めていない〟という管理職の育成成功実感率が著しく低い（９・２％）ことだ。

これは、**「変に色がついているより、会社の色に染まってくれる白紙がいい」「大学での経験など社会に入ってからは何の役にも立たない」というような認識を持っている管理職だと、若手の育**

成がうまくいっていないということだ。

また、項目別で差分が最も大きい、すなわちその経験を若手に求めている管理職の育成成功実感が高いのは、「社会人と一緒のチームで成果を出すプロジェクト・活動」（＋10・4％ポイント）、「知人ではない多人数の前でのプレゼン・スピーチ」（＋10・1％ポイント）、そして「長期間の旅行やレクリエーション」（＋8・8％ポイント）であった。大学生・大学院生の本分とも言える学業やサークル活動というよりは、学生でありながら学校の外の世界とつながるような経験を求めている管理職の育成成功実感が高い。

これには様々な解釈がありうるだろうが、少なくとも「何の経験もしてこなくていい（＝そんな経験には意味がない）」という学生時代の経験を軽視する管理職の育成実感が低いことは重要だろう。

この結果は、たとえ**自社での経験がまだ白紙の新入社員であっても、そのバックグラウンドに期待し、ひいては何をしてきたのか知ろうとすることが現代の育成の第一歩として重要**であることを示唆する。特に、若手にも、学校を超えた社会での経験を求めている管理職の育成成功実感が高いことは、先述の管理職自身のキャリア形成の幅の議論ともつながるかもしれない。

「大学での専門的知識の学習」が唯一、求めている管理職が求めていない管理職よりも育成成功実感率が低いが、これは職場において大学での専門的知識を使いこなせていない状況が背景にあるかもしれず、管理職としても若手の専門性を活かせず悶々とした心情が表れているのかもしれない。[22]

■ 小手先の「形式改善」ではフィードバックはうまくいかない

管理職―若手関係を整理するうえで、筆者が欠かせないファクターと考えているのが「フィードバック方法」である。

先に日本の大手企業の管理職のフィードバック手法が完全に「褒める型」となっていることを指摘したが、具体的にどのようなフィードバックを心掛ける管理職が、若手の育成実感が高い傾向があるのだろうか。簡単な分析モデルを構築し検証した（分析モデルは被説明変数を育成成功実感ダミー[23]とするプロビット分析で実施した。説明変数として、指導・フィードバックする際の姿勢[24]、統制変数として管理職の属性をコントロールすべくリモートワーク頻度、マネジメント経験、転職経験、年齢[25]を投入している）。

指導・フィードバック姿勢に関する回答を図表5－27に示した。「ハラスメントにならないように」や「多くの人の目に触れないように」といった点について、多くの管理職が気

図表5-27 指導・フィードバック姿勢に関する回答

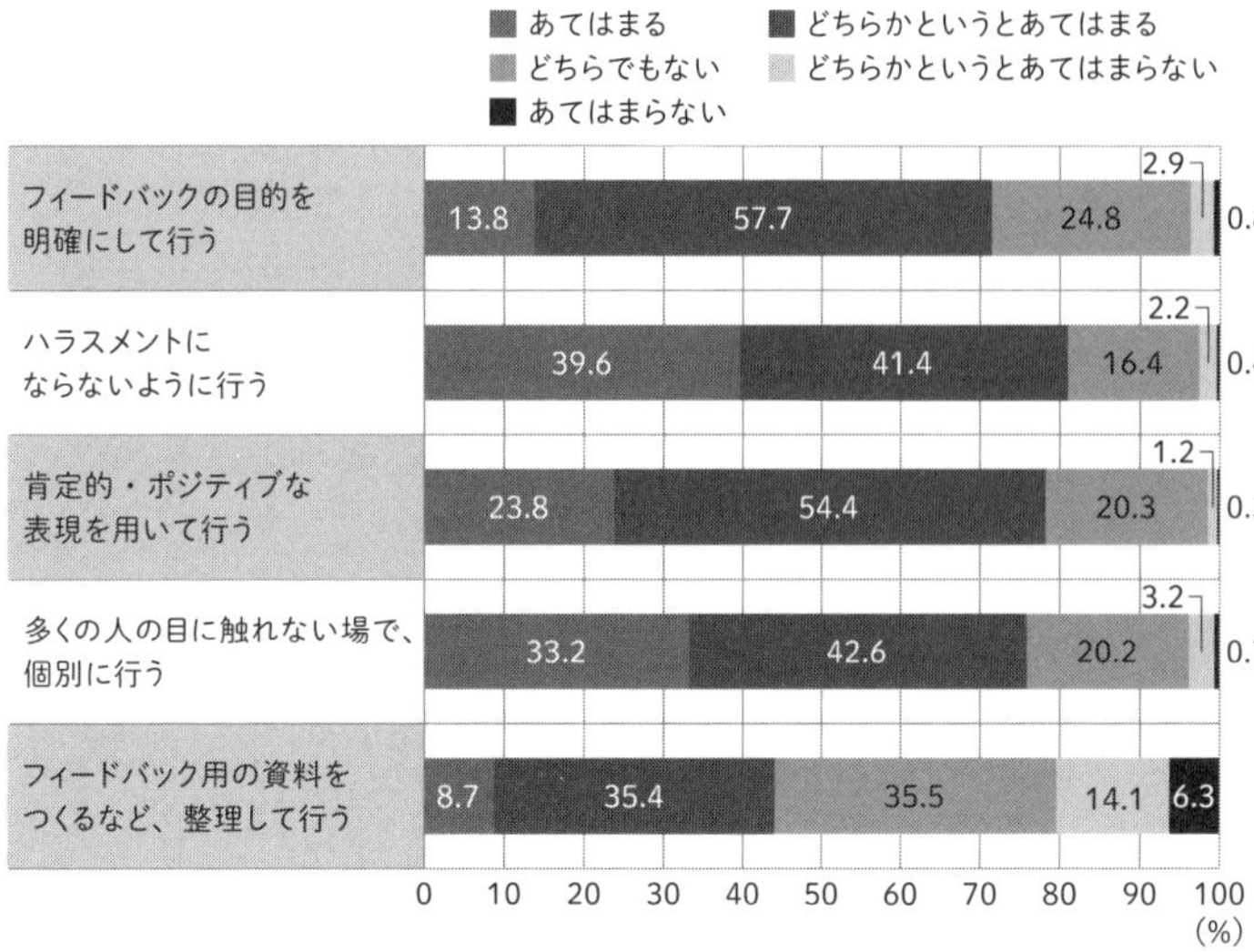

を使っていることがわかる結果となっている。こうした結果を説明変数として、先述の分析の結果を簡易的に示したのが図表5－28である。

結果の有意水準や係数をふまえると、図表5－28からは、以下のことがわかる。

・「フィードバックの目的を明確にして行う」「肯定的・ポジティブな表現を用いて行う」は1％水準で有意であり、また回帰係数が相対的に大きい。特に効果が見込まれる若手へのフィードバックのキーポイントであると言える。

〝このフィードバックはどうい

図表5-28　どのような指導・フィードバックの姿勢が育成成功実感をもたらすか（イメージ）

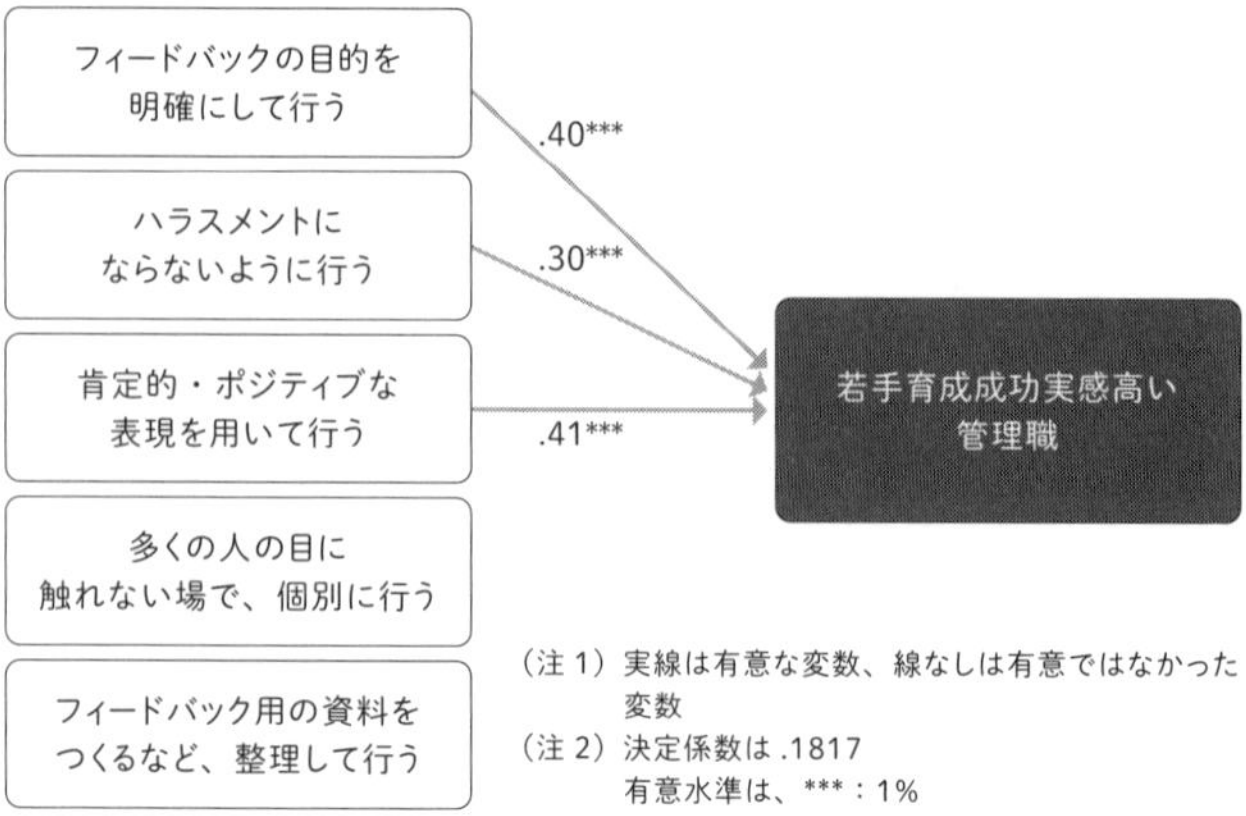

（注1）実線は有意な変数、線なしは有意ではなかった変数

（注2）決定係数は.1817
有意水準は、***：1%

った目的なのか〟を冒頭などのタイミングで明示し、そして直接的に指導をする場合にも肯定的な言葉を選択する、この2点は必ず気を付けたい点である。

・「ハラスメントにならないように行う」は1%水準で有意であり、回帰係数は相対的には先述の2項目ほどは高くない結果である。指導・フィードバックの大前提としてほとんどの大企業では管理職向けにハラスメント研修が実施されていることと思うが、個々人の心掛けとしては改めて〝押さえなくてはならないし、押さえておくと得をする〟部分と言えよう。

・「多くの人の目に触れない場で、個別に行う」「フィードバック用の資料をつくるなど、整理して行う」については有意な結果ではなかった。

褒める・叱るも個別に行うよう心掛けている管理職は図表5－27を見る限り多数派であるし、ハラスメント研修などで強調される部分だろうが、育成成功実感への影響は見られない。また、資料をつくるなどのフィードバックも有効性は見られず、コストをかければかけるほど効果があるというものでもないことが示唆される。
・なお、統制変数については、いずれも有意な結果は得られていない。

■「育成専門職」という職務の必要性

フィードバック手法全体を考察すれば、「人の目に触れないように」や「資料をつくって手厚く」という、伝えるシチュエーションや形式の問題というよりは、むしろ「なぜその指導・フィードバックを行うのかの明確性を高め」「肯定的だが趣旨が明確に伝わるフィードバック技法を身につける」という〝コンテンツ〟の部分こそがポイントになっているのだろう。褒めることとフィードバックは違うのだ。

そう考えると、マネジャーの悩みが深い理由も理解できる。こうしたポイントは、何か形式を変えれば一朝一夕で改善される部分ではなく、一定の経験と習熟が必要な領域だからである。

そう考えたとき、若手を育成するというタスクは、上司や先輩が片手間にできるものではなくなりつつあるのかもしれない。**「育成専門職」「フィードバック専門職」**のような職務の必要性すら感じさせる。

この点について、面白い話がある。『推しの子[26]』という漫画をご存知だろうか。この漫画を原作とするアニメが2023年4月から6月まで放映され、原作の面白さ、アニメの魅力、作画の素晴らしさ[27]などに加えて、オープニング曲[28]がビルボードで日本語楽曲として史上初1位[29]になり世界的な社会現象となったので名前くらいは知っている方も多いのではないか。

もちろんポップカルチャーの話をしたいのではない。このアニメ版に見慣れない「作画育成監督」という役職がクレジットされていた話をしたいのだ。

アニメには主要な役職のひとつに作画監督はあるが、作画育成監督は耳慣れない。気になったのですぐ調べてみると、若手のアニメーターに作画のスキルを伝達する育成担当役職として、制作会社が何名かのベテランアニメーターにアサインしたそうだ。先に作画の素晴らしさが魅力のひとつだと書いたが、その秘密は育成担当職の明確化にあるのかもしれない。

もちろん、作画の現場ではかねてよりベテランが若手を指導するシチュエーションは多々あったと思うが、それを明確にアサインしそしてクレジットに入れる正式な役職として創設したことに新しさがある。若手の育成の難しさ、そして『推しの子』の大成功を鑑みればその重要性を象徴するような話ではないか。

若手―管理職の関係性は急激に転換したが、その新しい関係性における育成の試みはまだ始まったばかりである。職場が変わり、その結果として若手が変わったように、育てる者も変わらざるを得ないのだ。

■ 若手を育成できるマネジャーの9つのポイント

第5章の最後に、分析結果から若手育成とマネジャーについてわかってきたことを整理しよう。

現代の職場で20代の若手育成に成功実感を得ているマネジャーには、以下のような関係が見られる。どう変わればいいのか。実証された主なポイントを9つ整理した。

①　年齢層が比較的若い
②　若手とのコミュニケーション頻度が（その内容を問わず）一定以上ある
③　配属・異動の前後で、管理職が事前に希望を聞くこと、決定後に個別の場でコミュニケーションをする
④　若手へのOff－JTなどの教育訓練機会が充実（基準として、Off－JT年間平均10時間以上）した企業に所属している
⑤　社員同士の職場を越えた「横断的なつながりを生み出す」制度がある企業に所属している（「日常の越境場」がある組織）
⑥　自らも職場の外の越境経験をしている
⑦　若手に対する「呼び方」は無関係
⑧　入社したての若手にも多くの（社会的）経験を求め、また期待をしている
⑨　フィードバックの形式よりも、指導内容の明確性や内容の充実に注力している

第6章

「ゆるい職場」時代の育て方改革 5つのヒント

——質的負荷をいかに高めるか

思い込み

そうは言っても、
「石の上にも三年」は
いまでも成功法則のひとつだろう。

データが教えてくれること

いまの労働環境では、
若手が3年我慢して職場の仕事をこなしても
成長に十分な経験は得られない。
育て方を大きく転換する必要がある。

本書では、若手を取り巻く職場環境が急激に変化したことを様々な角度から明らかにしてきた。日本の労働社会に出現した新しい職場態様。これは2010年代後半以降の働き方改革の動きが普遍的なものとなり、日本における働き方が新しい段階に入ったことを示すもので、決して嘆かわしいものではない。

当然のことながら、働き方改革で起こった職場改革による若者の労働環境改善は良い変化であり、また単なる政府からのトップダウンの法令改正ではない、「若者を使いつぶすような企業を許さない」という社会規範の強力な変化を伴う、いわば「不可逆な変化」である。

これが、筆者が提唱する「ゆるい職場」論の前提である。その影響や課題について、そして育てる側に求められることも併せて述べてきた。

ゆるい職場の定義を改めて明確にすれば、**「若者の期待や能力に対して、著しく仕事の質的な負荷や成長機会が乏しい職場」**である。

このゆるい職場論については非常に多くの反響をいただいた。その反響を拝見しつつ筆者は、**働き方改革だけでは日本の若手を取り巻く職場の改革は未完成だったのだ**と思い至るようになった。

働き方改革に加えて、**「育て方改革」が必要**なのだ。

■置き去りになってきた「育て方改革」

日本企業における若手育成のメソッドはシンプルに言えば、ＯＪＴを中心に入社時や階層別での一斉研修などのＯｆｆ－ＪＴを組み合わせた仕組みであった[1]。

このＯＪＴは日常業務に就きながら行われる教育訓練であり、それは日本企業における働き方と密接にリンクしていた。

いまの40代、50代の企業経営の中核を担っている人々に聞けば、「上司が夜遅くまで企画書の修正に付き合ってくれた」「先輩と一緒に営業をして、終業後はそのまま飲みに行って今日の振り返りをした」、はたまた「事業部対抗ソフトボール大会があり、数カ月前から土日に練習し、そこで当時の部長に社会人としての薫陶を受けた」といった話を多数聞くことができる。若手社員の生活全体に占める仕事や職場の割合はいまと比較にならないほど大きく、こうした「働き方改革以前」の〝同じ釜の飯を食う〟型の仕組みが、職場におけるＯＪＴを中心にした若手育成を効果的に機能させた。

しかし、ワークライフバランスを前提とし、過剰な労働を許さない労働法改正が行われた。若者を採用する企業に対して、労働環境の情報開示が義務付けられた。[2]「働き方改革以降」の労働社会の変化が、従前の職場におけるＯＪＴを中心とした育成に限界をもたらそうとしている。働き方改革は進んだが、それに伴って必要なはずの若者の育て方改革は未着手なのだ。

働き方改革と育て方改革が両方行われて、はじめて若者が成長しいきいきと仕事をし、自社の中核的な人材が輩出されていく企業になりうるのではないか。

■ 若手育成問題の本質はただひとつ

現代の若手育成問題の本質は、**「質的負荷の高い仕事を、いかに量的負荷や関係負荷なく与えるのか」**という言葉に集約される。

図表６－１のとおり、成長実感の高い若手は、仕事の質的負荷が高いが、量的負荷は無関係で、関係負荷とはむしろマイナスの関係である。

ただデータを分析すると、この〝仕事の質的負荷と関係負荷には強い正の相関がある〟こともわかっている。若手の成長実感に対して、「質的負荷は高いほど良い、関係負荷は

図表6-1　成長実感が高い若手社員と職場環境の分析[3]

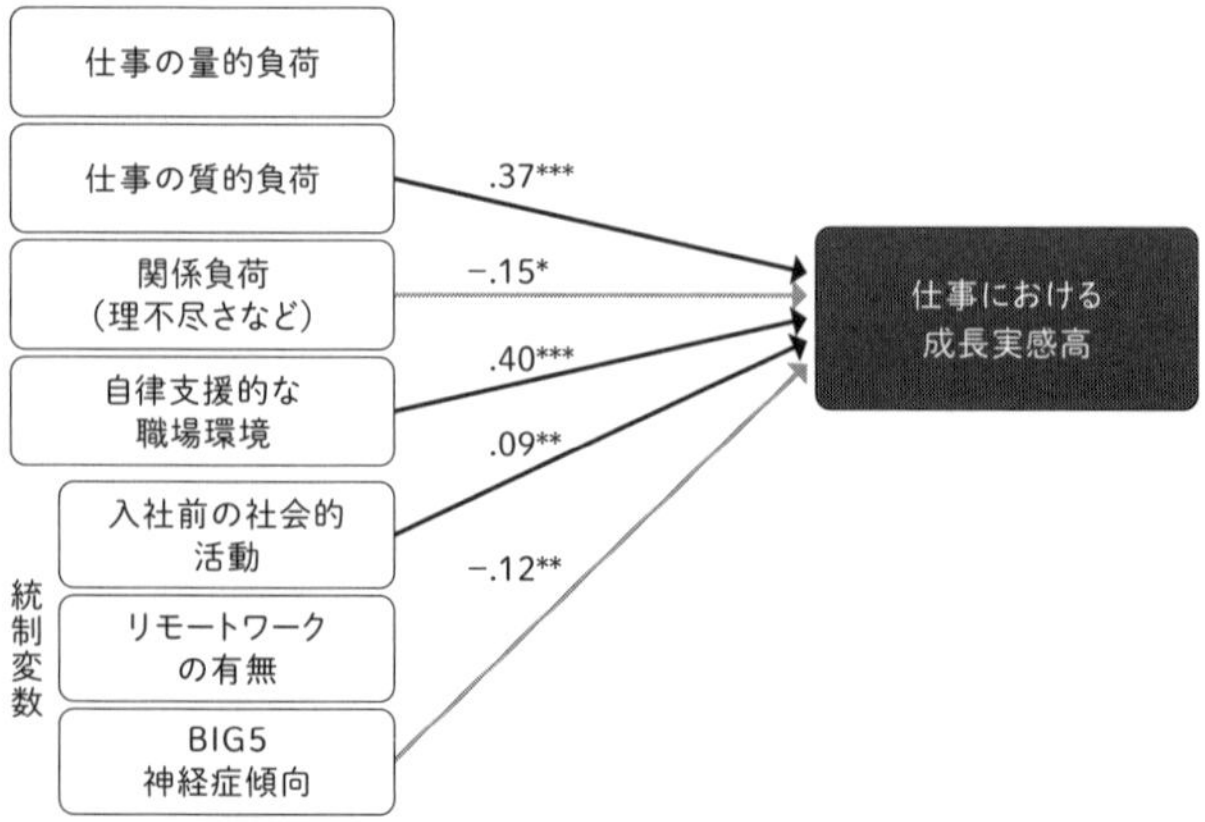

（注）量的負荷は「労働時間が長いと感じる」等、質的負荷は「自分が行う業務が難しいと感じる」等、関係負荷は「理不尽なことが多いと感じる」等の回答をスコア化したもの
※有意水準 ***：0.1% **：1% *：5%

低いほど良い」のだが、「現状は、質的負荷が高いと関係負荷が高い」のだ。

　これはつまり、現在ほとんどの大手企業において、**「質的負荷が高い仕事を、関係負荷なく与える」というまいま必要な育成アプローチが開発されていない**ことを意味している。

　この点については、筆者は「横の関係で育てる」と「職場の外で育てる」という質的負荷と関係負荷を切り離す2つのアプローチを提案している。もちろん、他のアプローチも発見されていくだろう。いずれにせよ、これまでと全く違う発想の育て方が求められている。

■ 現代の職場では「最低必要努力投入量」までが遠い

「育て方改革」の必要性について、もう一点構造的な理由に触れておこう。「上司・マネジャーが自分の育てられてきたやり方で、部下・若者を育てられない」問題をここまでの本書の内容をふまえて深掘りしよう。

ここ5～6年で日本の職場は大きく変わった。その前後で若者の初期キャリア形成における成功法則は徐々に意味を喪失しつつあると言えよう。

「もっといまの仕事に打ち込め」「3年は我慢してやってみろ」。こういった言説は、もちろんかつては間違っていなかった。例えば、「3年は我慢」という〝石の上にも三年いれば暖まる〟言説はいまだに語られることもあるが、これは働き方改革以前の労働社会で企業から自動的に負荷の高い仕事が提供されていた状況が前提にあると考えられる。

神戸大学名誉教授の金井壽宏氏が提唱した「最低必要努力投入量」という概念では、ひとつの分野で優位性を持てる専門性を確立するためには一定の時間・一定の努力量が必要とされている。

労働社会においてはこの最低努力量ルールは普遍的なものだろう（もちろん単に量的な

努力量というよりは、「質×量による努力量」と解される）。スキル・経験・ネットワークの量が不十分な職業人に対して、取引相手がそれが十分な者と同じ対価を払うことはありえないためだ。

ただ、働き方改革以前・以後で、この言説が若者と職場の関係性に与える意味が全く異なることに注目する。

働き方改革以前の職場においては、企業がその仕事をする理由などを明示せずに自動的に、所属する若者に大量の仕事を課すことができた。これを「我慢して」「何年かこなしていれば」最低必要努力投入量をクリアできたという、かつての若者たちの成功体験を生んでいたのではないか（もちろん、クリアした分野が意中の分野かどうかは全くわからないが）。こうした職場環境においては、「石の上にも三年」は社会人の成功法則として説得力があったと言えよう。

ただし、働き方改革以降の職場においては異なる結論となる。その職場で待っていても十分な経験が自動的には提供されないわけだから、**〝我慢をしてこなしていても〟何年たっても最低必要努力投入量に達しない**のだ。

この一点を見るだけでも、働き方改革以前の職場で若手時代を過ごした上司・マネジャーと、初期のキャリア形成における状況が全く異なること、そしてその経験が参考になりづらいことがわかるだろう。

■「育て方改革」の5つの論点

以上をふまえ、育て方改革5つのポイントを挙げる。

❶企業がもたらす機会だけでは育てきれないため、若者の自主性が尊重および要請される

企業だけで育てる内製化した人材育成は限界を迎える。「企業が若者を育てる」から「若者が企業を活かして育つ」へ主語が転換することになる。

つまり、会社以外の経験も会社の経験も両方とも大事な機会として、若者が自身で組み合わせて育っていく観点である。この点で重要となるのは、若者の自己開示をいかに促すかである。

職場側としては外の経験について開示を受けなければ、効果的な支援や外部経験を活かしたアサインメントが不可能だからだ。そのためには「開示するのが義務」と強制するのではなく、開示した者が得をするインセンティブ構造をつくらなければならない。

また、若者が企業を使って育つことになるから、育て方改革ではなく「育〝ち〟方改革」と言ったほうが正しいかもしれない。

企業が育てるのではなく、若者が育つことを企業がいかに支援するかを考える「育ち方改革」の性質が含まれることにも注意したい。

❷ 上司やマネジャーだけに若者育成の責任を押し付けない

上司やマネジャーが「自分が育てられたやり方で育てる」ことができない以上、若者育成の難易度は跳ね上がったと言える。育成を上司やマネジャー、ＯＪＴトレーナーなどだけに任せず、社内横断的な視点や外部のキャリアコンサルタントの意見も取り入れた仕組みに変革する必要がある。

さらには、職場の外で育てる仕組みを導入すべきだろう。副業・兼業といった「会社の外」だけでなく、勉強会や若手コミュニティといった「会社の中だが職場の外」といった空間も活用できる。

さらに重要なのは、育成に前例が通用しづらくなり難易度が上がったことで上司、マネジャーといった直接育成を担う者の負担が増したことだ。日本企業では管理職もプレイング・マネジャーがほとんどであり（部長級で9割以上という調査もある）[4]、働き方改革以降の職場で最も忙しいのが現場のマネジャーであるという声もある。日本経済新聞は総務省の労働力調査を分析した結果として、労働時間が若手ほど減少しており、働き方改革の効果に年代差が生じていることを指摘している。[5]

「支援者支援」という政策用語があるが、若者育成についても、現場で直接育成・支援を担務するマネジャーだけに任せきりにせず、彼ら彼女らをいかに支えるか、組織の課題となっていくだろう。

❸ 若者が何かを始めるためのきっかけが重要になる

若者にキャリア形成への自主性が尊重および要請される結果、「やりたいことや腹落ちした目標がある若者」と「それがない若者」の間で大きな機会格差が生じる可能性が高い。例えば公募型異動が始まったとして、やりたいことが明確でそれに自ら手を挙げて応募できる若者は一握りだろう。この際に留意しなくてはならないのは、「やりたいことを見つけろ」と言うだけでは現状は何も変えられないということだ。ポイントはやりたいことを探すための最初の一歩をどう促すかである。

筆者はスモールステップの重要性を指摘しているが、さらに踏み込めばスモールステップを促すためのきっかけ、「言い訳の提供」がポイントになっていくだろうと考えている。

最初の一歩目から「意識高く」「自分の意志で」実行する必要はないのではないか。同僚に誘われたとか先輩に言われたとか会社の研修項目に入っているから、といった他律的なファーストアクションをもっと周りが仕掛け、そんな「言い訳」を持って一歩踏み出した若手を評価してもいいのではないか。

キャリア自律の重要性が提唱されて久しいが、自律は行動の結果に過ぎない。キャリア形成を当初から自律性に依拠するのではなく、その自律性・自主性を生み出すための実践的な体験・経験支援を議論しなくてはならない。

❹ 若者だけに考えさせない

初期のキャリア形成において若者の自主性が尊重され要請される、「若者が企業を活かして育つ」時代だからこそ、若者だけに考えさせてはならない。これには2つの意味がある。

第一に、単なる「自己責任論」にしてはならないということだ。会社がゆるいと感じる若者に対して、「自分で動かないからだ」「環境が悪いと嘆くだけで環境を変える努力をしていない」という〝叱責〟をする上の世代からの意見が聞かれることがある。

しかし、かつて構造的な上意下達で仕事が自動的に積み上がった環境で、また職場における経験知が明確にあり努力の方向性がはっきりしていたかつての職場と、現代のゆるい職場では、若者が自身のキャリア形成について思考するスタート地点が違いすぎる。

かつてほとんど考えなくてよかった「この仕事をして将来、自分は社会で通用する社会人になれるのか」という根源の問題に、現代の若者はまず取り組まなくてはならないのだ。

確かに、若者側もキャリア形成の主語が変わり「企業が（かつてほど）育ててくれなくなった」ことを認識する必要があるが、それを〝企業に育てて貰えた〟かつての若手が「いまの若者は努力不足だ」と言い放てるのだろうか。

若者だけに考えさせてはならないもうひとつの意味は、「本人の合理性を超えたジョブ・アサインが必要である」ということだ。

現代においては、職種別採用の浸透やジョブ型雇用、公募型異動など制度面の変化からもわかるとおり、組織が若手の希望を聞くようになった。現場でも、「何がしたいのか」やキャリアの見通しを聞くことでジョブ・アサインの参考にしているマネジャーも多い。

企業の強力な配転命令権のもと、上意下達のキャリア形成が一般的であった日本企業も大きく変わったなと思わされるポジティブな変化であるが、しかし留意すべき点がある。

若者個人の希望に沿ったキャリアパスを用意する限り、その個人の想像する以上の機会や経験は得られないということだ。偶発的な出来事がキャリア形成において大きな役割を果たしているという主張はクランボルツ[6]も指摘するところであるが、肌感覚としても納得できるのではないだろうか。

筆者は、かつて日本企業が配転命令によって強制的に起こしていた偶発性には、もちろん転勤による単身赴任など現代社会に全く見合わない前近代的なものも多数あるが、その中身をすべて悪い経験だったと切り捨てるのは難しいと考える。

当事者の合理性には当然ながら主観的な認識の持つ限界があり、これを乗り越える装置を、「ゆるい職場」時代に改めて考えなくてはならない。

そのキーワードが「本人の合理性を超えたジョブ・アサイン」である。これを本人の納得感を調達しながらいかに与えていくか、が最大の育成論題となっていくだろう。詳しくは次の第7章で述べる。

❺「ゆるさ」に対する主観と客観の問題

第5章で見たように現在所属する職場に対して「ゆるい」と感じる新入社員は大手企業（従業員規模1000人以上）において36・4％となっていたが、これは主観的評価であることは言うまでもない。

新入社員に限らず誰しも、自分の現状を認識する際に完全な客観性を保って判断するこ

図表6-2　ゆるい職場論の再整理

（横軸：若手の主観的職場認識　縦軸：職場の質的負荷）

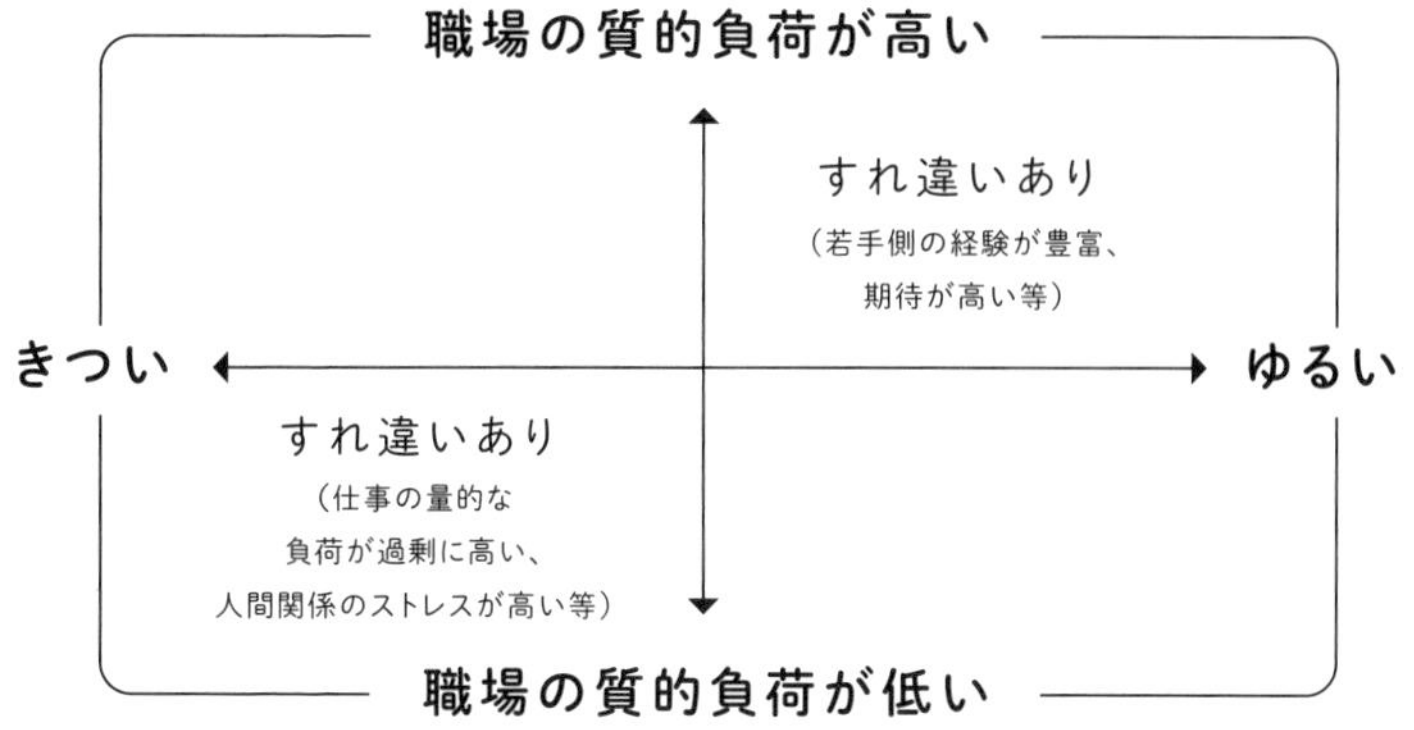

とはできず、個人のそれまでの経験などを参考に評価することになる。この点について、筆者が「学生時代の社会と接する経験」の多寡によって職場への認識が異なることを明らかにするとおり、過去の社会と接する経験（社会的経験）との比較という視座が発生しているのが現代の若手の特徴でもある。具体的には「学生時代に起業したが、そのときの経験と比べるといまの職場は……」といった声を聞くことがあるのだ（詳しくは第7章）。

　主観的視点については全く逆のケースも当然あり、企業で取得している労働時間や有給休暇取得率、各種社員サーベイの結果として、中長期的に働きやすい会社になっていることが明らかであったとしても「きつい」と受け止める若手がいることもありうる。

客観的視点についても触れておくと、各種統計によってここ5～6年で若手を取り巻く労働環境が改善される傾向が見られるのは明らかである（加えて、教育機会も著しく減少しているが[7]）。ただ、繰り返すがそれと主観的に「ゆるい」と感じるかどうかは別の問題である（図表6－2参照）。

質的負荷が高いと企業側は考えているのにその若手社員にとっては「ゆるい」と感じられているケース、また、質的負荷が低いと企業側は考えているのにその若手社員にとっては「きつい」と感じられているケースで、すれ違いが発生する。

新たに職場に加わるニューカマーは過去の自社の職場環境など知る由もない。過去の経緯から考える経営・管理側と、そうではない若手側のすれ違いを前提にしたコミュニケーションが必要となる。

■「ゆるい職場」以降の日本

最後に、改めて「ゆるい職場」は今後の労働社会の大前提であるという点も確認しておく。もはや、「ゆるい職場」の善悪を語る意味はないのだ。

「若者を酷使するような企業を許さない」という社会規範の変化が政府の労働法改正を促し、結果として職場を運営するためのルールが大きく変化した。決して、価値観や雰囲気が変わった、などという曖昧なものではなく構造的な変化なのだ。

「ゆるい職場」は就業者に多くの恩恵をもたらした。余暇時間の増加、プライベートと仕事の両立、多様な経験が活かせる社会、そしてそれを後押ししてくれる組織の支援。筆者はこうしたポジティブな効果に注目している。[8]

同時に、「若者の期待や能力に対して、仕事の質的負荷が著しく低く、成長機会になるようなタスクや経験が乏しく、フィードバックも少ない」こともわかっている。ただ、繰り返すがこれは不可逆な変化で元には戻らない、今後の労働社会の大前提となる変化なのだ。

なお、一部において〝ゆるい職場＝ホワイト企業〟と同一視する言説があったが、全くイコールではない。

「ゆるい職場」のより分析的な定義については、第4章で実施している検証における「Loose」な職場が狭義の「ゆるい職場」であると考えられる。

ホワイト企業には様々なイメージがあるものの同分析で最も良い状態である「Secure」な職場であるケースもあり、単純化して同一視することは現状の理解に大きな誤解を生む。

働き方改革をはじめとする労働法の急速な改善の結果、「ゆるい職場」時代が始まった。今後、育て方改革競争が起こり、２つの改革を合わせてはじめて、日本の人材活用は全く新しい段階に入ることになるだろう。

第7章

「優秀な人材ほど辞める」を食い止めるには

――「二層化した若手」を適切に育てる方法

思い込み

あの若手は、会社を気に入っているようだし、
いまの業務で活躍しているから、
そう簡単に辞めないだろう。

データが教えてくれること

自社を高く評価し、
いきいきと業務に向かっている若手が
必ずしも定着しているわけではない。

若手の入社後の多様化を象徴する「〝入社前〟の社会的経験」

■ 若手のバックグラウンドを掴め

若手のしてきた経験に関する関心や期待がマネジャーの若手育成実感と関係していることを第5章で紹介したが、その若手自身の経験が彼ら彼女らのキャリア形成にどう影響しているのかも紹介する。

筆者が若手社会人と話す際に、学生時代の話として「入社前に地元のコワーキングスペースの運営に携わっていて……」「スタートアップで2年間働いていて……」といった社会で活動した経験を持つ若手が当たり前のような口調で話をするのが不思議だった。

この点について調査で検証したところ、大手企業の若手の多様性が〝入社前の段階から〞予想以上に広がっており、入社前の社会的経験が入社後の企業・職場への認識に強く関係している可能性が発見されている。

そして、これが若手育成の非常に厄介な状況を浮き彫りにしている。

■Z世代の「二層化」をひもとく視点

若手を平均値で捉えることは難しいなかで、企業・職場観に与える影響が大きい要素としてひとつの視点が発見された。[1] それが「入社前の社会的経験量」である。

図表7－1は入社前の社会的経験について尋ねたもので、複数回答で参加した・実施したことがある項目を選択してもらった。質問項目は、高校や大学在学中に行うことができる学校外の社会人や企業等とつながる活動として設計している。

図表7－1の項目について、現在の大手企業の若手社員（ここでは2019－2021年卒）における実施率は以下のとおりであった（図表7－2）。

最も多かったのは、「複数の企業・職場の見学」であり46・2％、最も少なかったのは「起業や法人設立の経験」で2・9％であったが、「ゼミ・研究室で行った学外の社会人と連携して行う活動」が16・0％となっているなど、様々な経験が可能になっていることが

図表7-1　入社前の社会的経験についての質問項目

	あなたが学校卒業まで（就職するまで）に、参加した・実施したことがあるものをすべて選んでください。
1	中学・高校時代に、複数の社会人から仕事の話を聞く経験
2	複数の企業・職場の見学
3	複数の企業や社会人が参加するイベントの主催・運営
4	期間が１カ月以上にわたる長期のインターンシップ
5	起業や法人設立の経験
6	ビジネスプランコンテストやハッカソンへの参加
7	知人ではない多人数の前でのプレゼン・スピーチ
8	営業のアルバイトなど、企業に商品・サービスを売る経験
9	ゼミ・研究室で行った学外の社会人と連携して行う活動
10	地域や会社と連携して行う講義・授業
11	社会人と一緒のチームで成果を出すプロジェクト・活動
12	あてはまるものはない

図表7-2　入社前の社会的活動の実施率（2019-2021年卒）

	実施率
複数の企業・職場の見学	46.2%
中学・高校時代に、複数の社会人から仕事の話を聞く経験	25.5%
複数の企業や社会人が参加するイベントの主催・運営	20.8%
ゼミ・研究室で行った学外の社会人と連携して行う活動	16.0%
知人ではない多人数の前でのプレゼン・スピーチ	15.5%
期間が１カ月以上にわたる長期のインターンシップ	10.5%
地域や会社と連携して行う講義・授業	9.7%
営業のアルバイトなど、企業に商品・サービスを売る経験	7.2%
社会人と一緒のチームで成果を出すプロジェクト・活動	4.2%
ビジネスプランコンテストやハッカソンへの参加	3.7%
起業や法人設立の経験	2.9%

図表7-3　入社前の社会的活動経験（年代別）

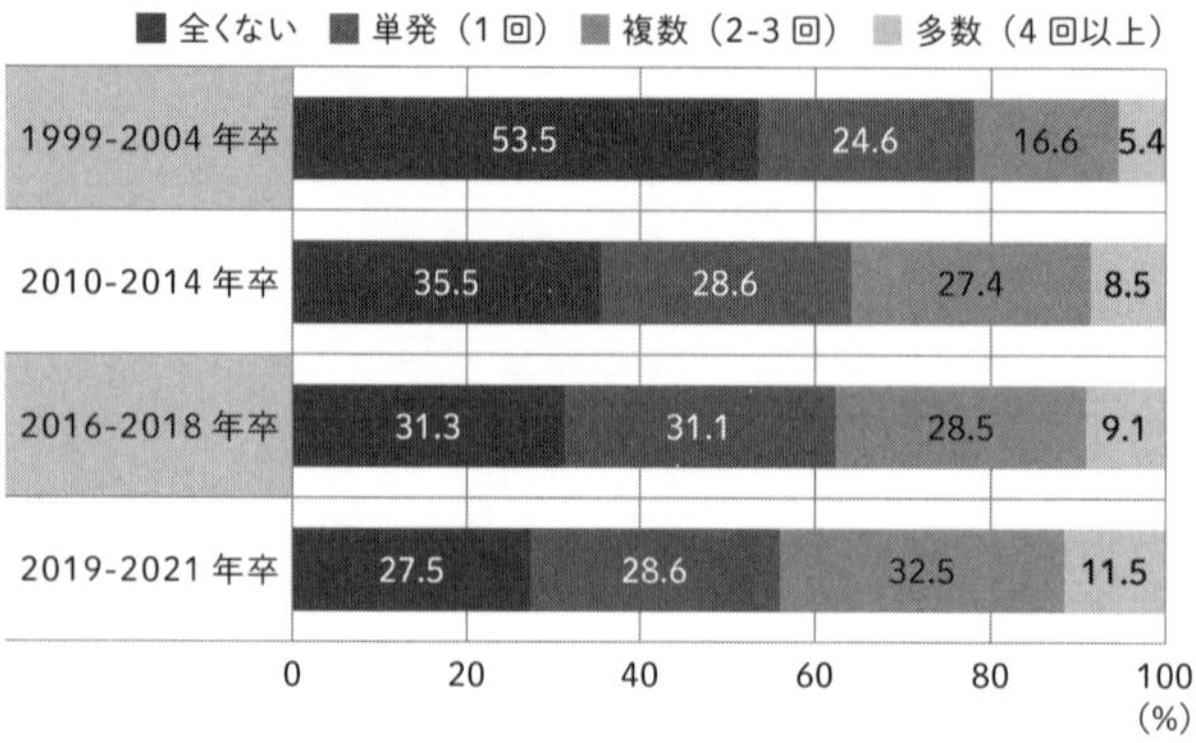

わかる。

　こういった活動について、各年代別に経験量を測定している（図表7―3）。こちらからは、年代を追うごとに、社会的活動経験量が増加しているという傾向を確認できる。「4回以上」であった回答者は、1999―2004年卒の5・4%から直近の若手で11・5%へと倍増しており、同様に2〜3回と複数回経験していた者も32・5%へと増加し、2回以上の複数回経験している者は合わせて44・0%に上っている。

　他方で、経験が「全くない」者は現在の若手社員では27・5%と決して少なくはないが、その割合は若手になるにつれて低下傾向だ。

　つまり、入社前の社会的経験をしている若手が顕在化しており、「豊かに経験した層」と「あまり経験していない層」の二層化が起こっている。

■同じ会社の若手でも職場の見え方が違う

学生時代に社会的経験をすること自体の評価については様々な議論があろうが、ここではその効果を検証することはメインの目的としていない。伝えたいのは、「入社前の社会的経験の多寡から、若手社員の企業・職場観の多様性が見えてくる」という点である。

例えば、初職への評価点については入社前の社会的経験量が多い若手ほど高い傾向がある（図表7－4）。

経験4回以上のグループでは6・93点、2〜3回では6・51点、1回では6・16点、全くないグループでは5・77点と、経験が多いほど評価点が高い傾向がある。

また、自分のキャリアの満足感やパフォーマンス感をスコア化した2尺度（キャリア満足感スコア[2]、いきいき働くスコア[3]）についても、経験が多いグループがより高い傾向となっていた（図表7－5）。

両スコアについて多少の差異はあるが、経験が4回以上のグループが最も高く、全くないグループで最も低い。もちろんこれは自己評価ではあるが、経験の多寡によって職場での仕事認識がかなり異なっているのは間違いない。

図表7-4　初職への評価点（10点満点）（2019−2021年卒）（入社前の社会的経験別）

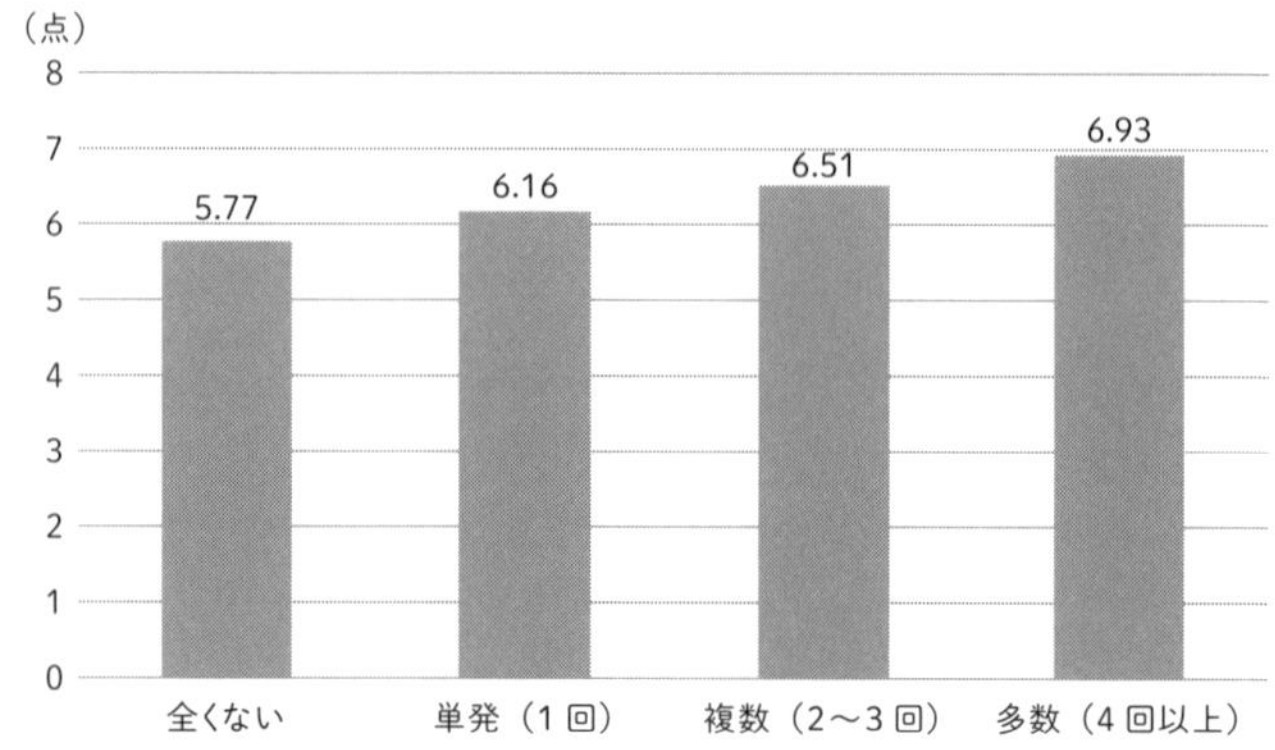

図表7-5　キャリアの現状への認識（2019−2021年卒）（入社前の社会的活動経験別）

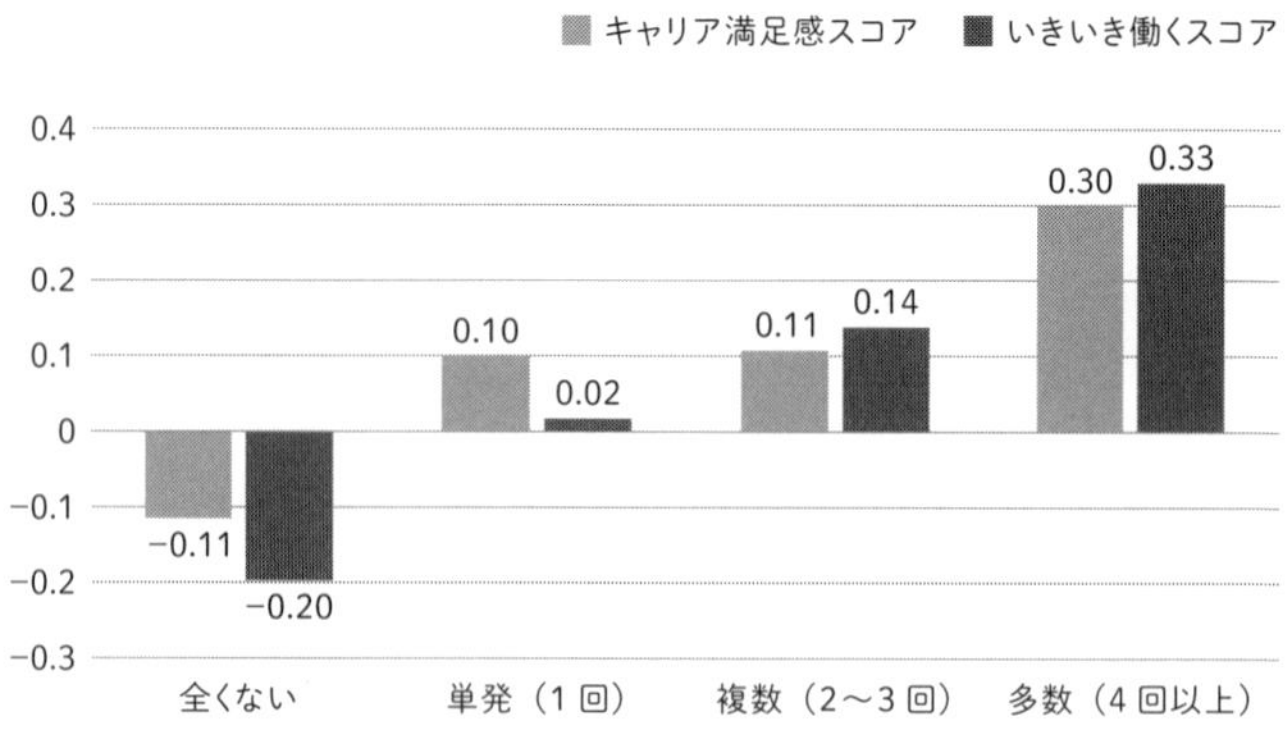

■「不安」を感じやすいのは、社会的経験が多い若手

では単に社会的経験が多い若手は「満足してそしていきいきと働けて、会社のことも好きでハッピーである」という話なのかというと、そうではない。

現在の若手社会人の「不安」感は決して低くないということを示したが、この点についても入社前の社会的経験量と一定の関係が見られている。具体的に「不安だ」という項目に「あてはまる」と回答した割合は経験4回以上で41・9%と、全くないグループの26・2%と比較して高い傾向が見られる（図表7－6）。

さらに掘り下げて、キャリア不安についてはどうだろうか。

現代の若手社会人のほぼ半分（48・9%）が「強くそう思う」または「そう思う」と回答していた、「自分は別の会社や部署で通用しなくなるのではないかと感じる」か、という調査項目を例に挙げて検討する（図表7－7）。

筆者はこの結果を見てはっとさせられた。示唆に富む結果で、3つのポイントを挙げたい。

図表7-6　「不安だ」という項目にあてはまると回答した割合
（2019−2021年卒）（入社前の社会的経験別）

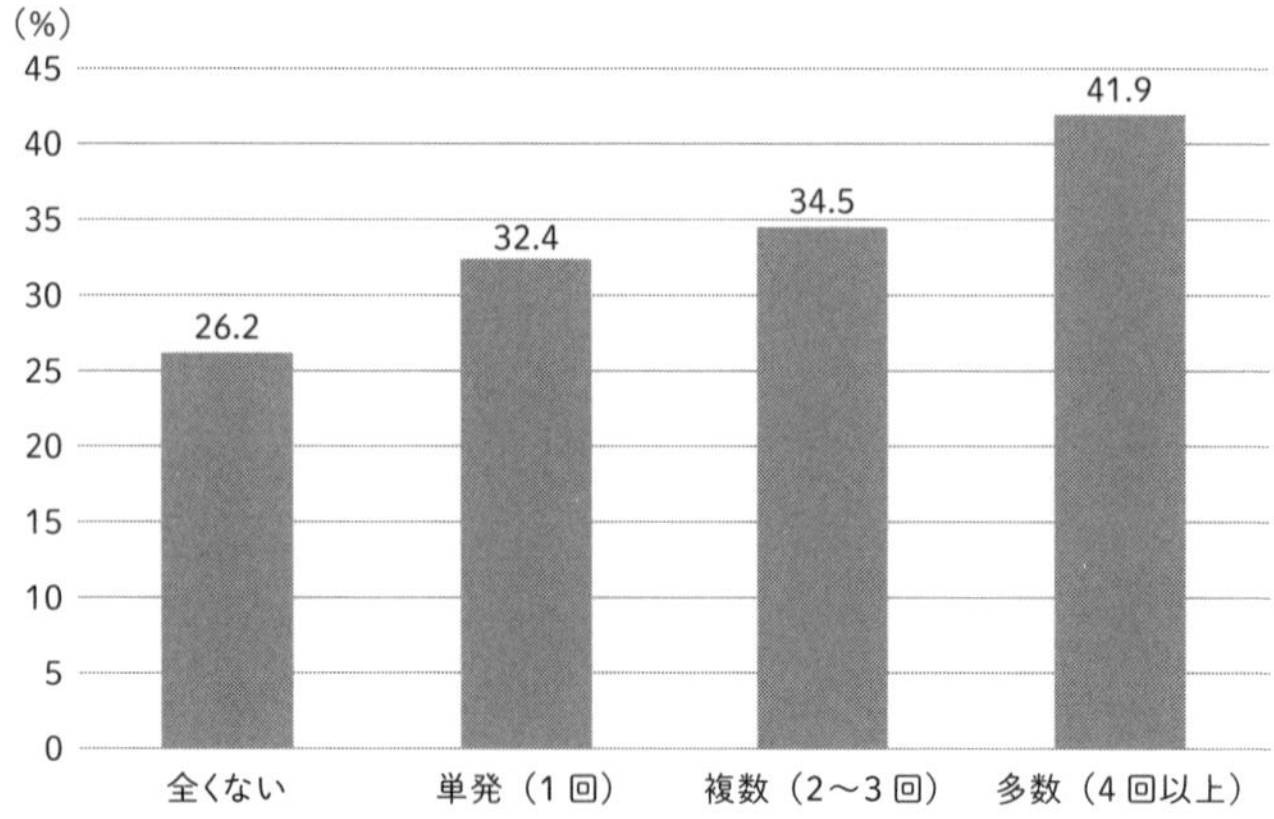

図表7-7　「自分は別の会社や部署で通用しなくなるのではないかと感じる」の回答割合（%）
（2019−2021年卒）（入社前の社会的経験別）

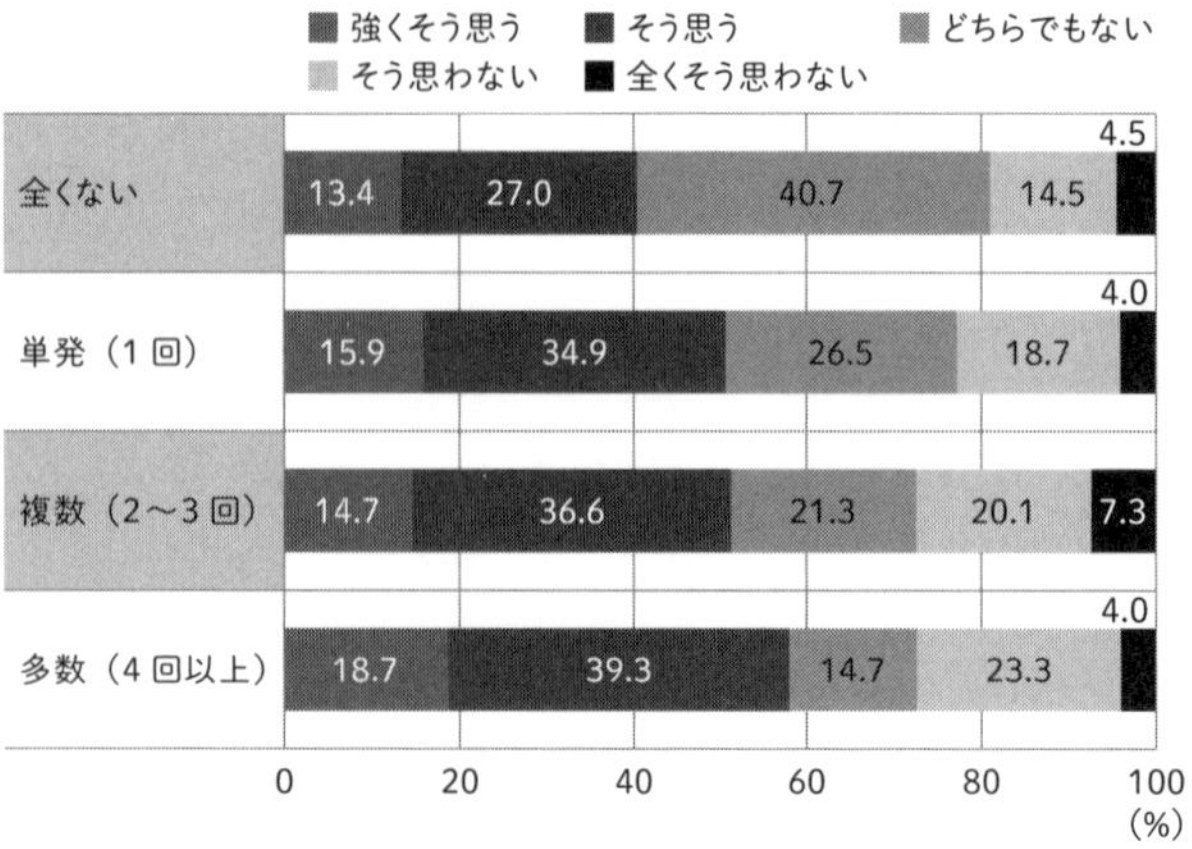

①「強くそう思う」「そう思う」と答えている人の割合が、経験が多くなると増えていることである。経験4回以上では合わせて58・0％となっており、これは全くないグループの合計40・4％と比較して高い。

②「全くそう思わない」「そう思わない」も、経験が多いグループほど多いということである。一点目と矛盾するようだが、実際にそうなのだ。

③一点目・二点目の帰結として、「どちらでもない」という回答割合が経験が多くなると急速に減少する。経験4回以上では14・7％と全くないグループ（40・7％）の半分以下である。

経験量が増えるほどに「どちらでもない」という中間回答の割合が減少する。どこかで見た光景ではないか。

この現象が仕事・キャリア観の面から経験の量、そして経験に起因する不安に至るまで起こっているのが、いまの若者たちなのだ。そんな若者たちを、「Z世代」と一括りにしてしまうことはナンセンスだ。人材育成に「Z世代」は存在しない。

筆者は、〝自分の会社では成長できない〟と思う若手と、〝自分の会社で成長できる〟と

図表7-8　初職離職率（2019－2021年卒）（入社前の社会的経験別）

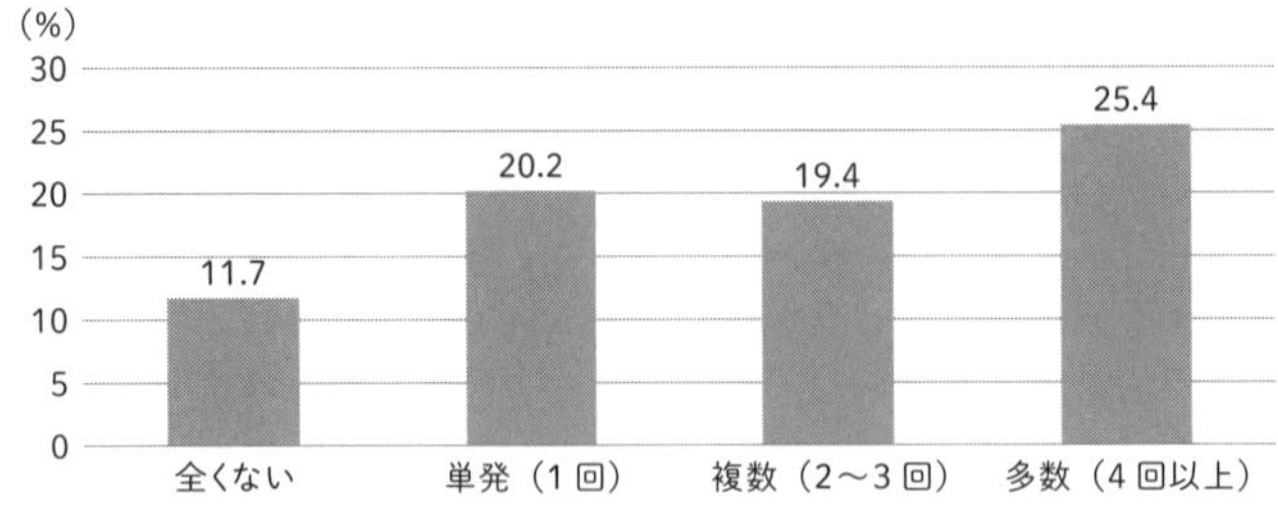

思う若手が分化している状況は、入社前の社会的経験が若手にもたらした会社に対するある種の〝見切りのはやさ〟が顕在化したものと考える。彼ら彼女らが保有する入社前の経験が、早々に自社がどっちなのか〝見切る〟、判断材料を与えたのだ。

その傍証となるデータがある。**若手の離職率だが、経験が多い層ほど高い**（図表7－8）。

初職離職率は、経験4回以上では25・4％に上り、1回や2～3回グループでは20％前後。他方で全くないグループは11・7％と低い。

この結果は、**〝自社のことを高く評価し、いきいきと業務に向かっている若手が必ずしも定着しているわけではない〟**ことを示しており、現代における若手と企業の関係の複雑性を端的に表している。

■〝大人化〟した若手とそうでない若手の混在

かつて多数派だった入社前の社会的経験が「全くない」グループは、すでに現代の若手社会人においては少数派（4分の1程度）である。活動内容も多様化しており、内実はより多彩な若手が存在していると実感している方も多いだろう。

筆者が行ったインタビューでも、「男性でコスメブランドと契約を結ぶなど10代からビジネスをしていた同期がいた。しかし、経験のあったマーケティングでもコスメでもない部署に配属され半年で転職した」[4]といった話があり、正直さもあらんと苦笑したが、一定の若手は新入社員の段階でかつてのように〝白紙の状態〟ではなくなっている。

また、検証でわかったさらに大きなポイントは、**〝大人化〟した若手と[5]、ある種の通過儀礼を通っていない若手が大手企業であっても混在していること**だ。

この〝混在〟が状況を複雑にしている。

つまり、ひとつの企業のなかに、バックグラウンドが全く異なる、効果的な育成アプローチが異なる若手が交じり合っており、そして外形的には（学歴などによっては）その判別がつきづらい状態にある。

そして、「会社が好きでいきいきと仕事をしているハイパフォーマーな若手が、キャリア不安を感じて辞めやすい」という厄介な状況をも顕在化させている。

現代の若者育成、最大の難問がここにある。

「パフォーマンスが高い若手ほど退職する」問題への対応仮説

■ 若手育成に意味がないこと、意味があること

この非常に厄介な問題にマネジャーや企業が向き合うためにどのような対応が有効だろうか。まず、パフォーマンスが高い若手に対する育て方の打ち手として、ここまでの内容から見えてきている事実をもとに、有効な対応の仮説を述べる。

❶ 囲い込み策は無意味

能力もあって意欲もある、そんな優秀な若者がいる場合、自分の手元に残して存分に活躍させたいと思うのは人情だ。

部下の若手が他所《よそ》でその力を尽くしているのを見ると、「そんなことしてないで、こっちでもっと力を出せよ」と思ってしまう経験は筆者にもあるし、その気持ちが本当に全くないというマネジャーはいないだろう。

しかし、外の世界を見せないことは、本当に自分が働く会社への愛着や忠誠心、エンゲージメントを維持し、高めるのか。

実際には真逆である可能性がある。20代の若手社会人2000人以上に対して行った調査[6]結果からは、興味深い事実が浮かび上がっている。

まず、社外の活動が自社への評価にどう作用するのかを調べてみよう。様々な「社外での活動経験の有無」[7]と「会社に対する評価」[8]の関係を整理するべく比較した。

例えば「収入を伴う副業・兼業」を経験した若手（5・8ポイント）は、経験していない若手（5・4ポイント）より自社（現職企業）への評価が高い。無報酬の副業・兼業（プロボノ活動）、学び直し、ボランティア活動、社外勉強会の主催・参加といった社外活動の経験の有無で比べるとすべての活動で、**「社外活動を経験している人の方が、会社へ**

図表7-9 「現職企業の評価点」と「社外での活動の経験」

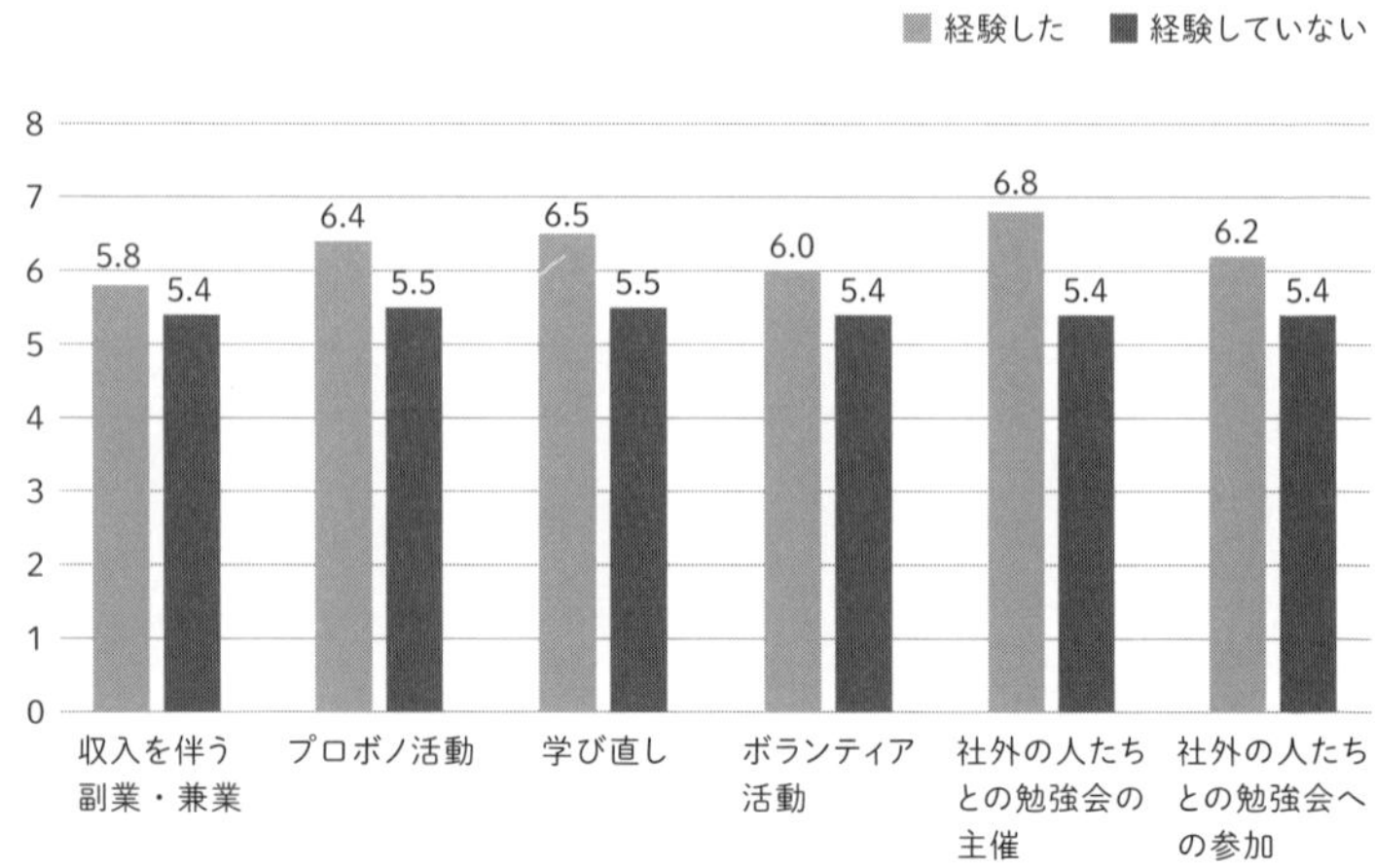

の評価が高い」という傾向が出ている。

さらに、社外活動の頻度と自社への評価点の関係性を見てみよう。

現職企業の評価点が高い若手は、社外活動スコア[9]も高いことがわかるだろう。例えば、自社に対して10点満点をつけている若手は、社外活動スコアが+1・62ポイントと高頻度、6〜9点をつける若手についても+0・30〜1・04ポイントと社外活動の頻度が上昇していく。一方で、0〜3点を自社につけた若手は、社外活動スコアが−0・70〜−0・46ポイントとなっており、低い。

「社外活動をしている人は、自分の会社が好き」という傾向が見られるのである（なお、図表7−10では「社外活動と企業評価の関係」をより明確にするため、〝過去の社外活

図表7-10 「現職企業の評価点」と「社外活動スコア」

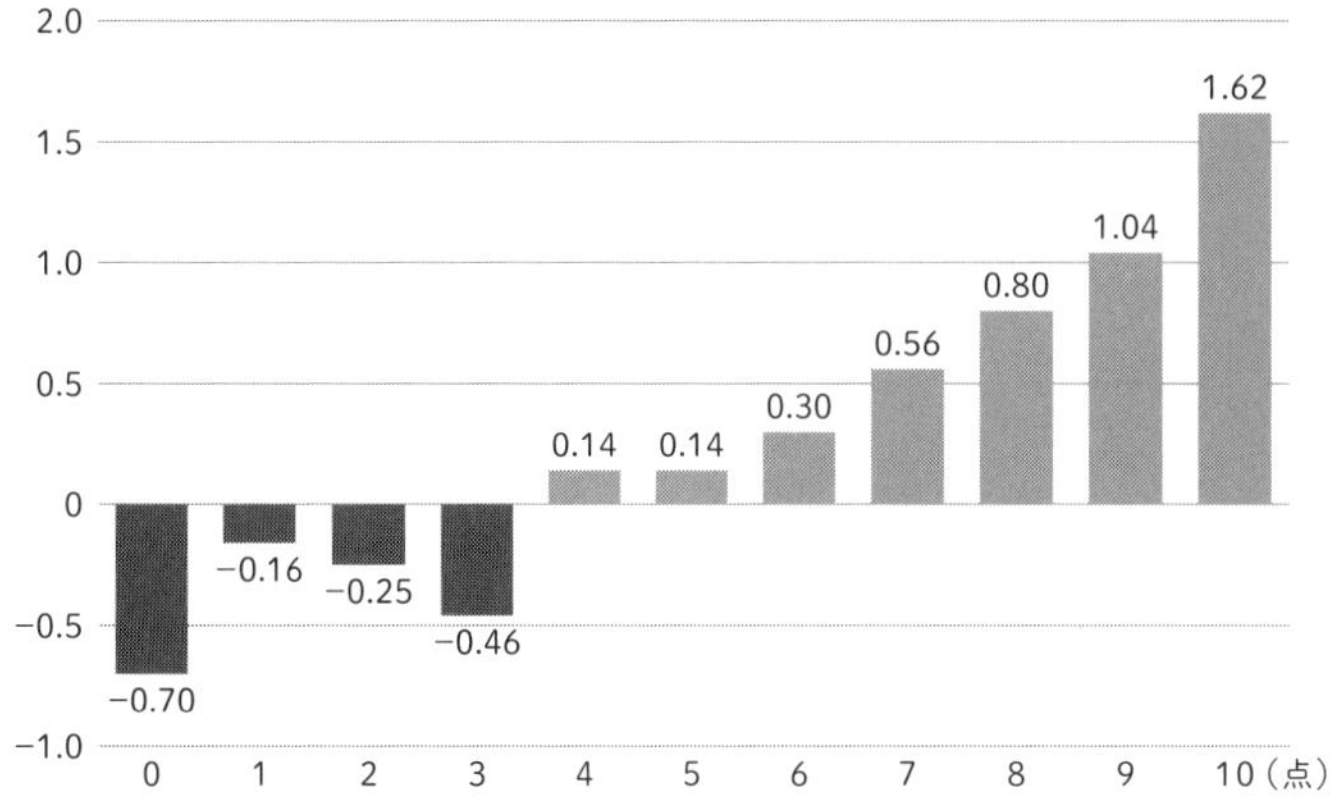

（注）縦軸は社外活動スコア、横軸は現職企業の評価点

動スコア〟と〝現在の企業評価点〟を比較し、転職をしていない若手に限定して集計している（サンプルサイズ１４０７）が、現在の社外活動スコアと現在の企業評価点を比較しても全く同様の傾向となる）。

この結果の意味することはとてもシンプルだ。

「他社と比べてはじめて、自社の良いところがわかる」

比べることではじめて長所を知り、短所を許せるようになることは、ショッピングでも恋愛でも同じ。人間の〝あたりまえ〟だ。

「自分がやりたいと思った社外活動を認めてくれた」こと、会社が自分の挑戦を後押ししてくれた信頼感から、「会社に対して本気で貢献したいと思った」と筆者に語ってくれた若手社会人もいる。

「会社が自分のことを応援してくれている」と感じたことで、個人と会社のギブアンドテイクの循環が回り出す。これこそ、新しい個人と会社の関係の芽吹きではないか。

また、外から自社を客観的に見ることで、自社の強みを再確認することもある。研修の一環として全くの異業種に出向していた若手の話もある（第3章のIさんの話を参照）。外の経験がもたらした視点は、自社の見方をも変える力がある。

日本を代表する超大手企業の花形部門で働き、社内で数々の革新的な取り組みを行ってきたとある20代の社員は、自社のことを「離れ小島」と揶揄していた。外の世界から遮断され、組織の内側の話だけで1日が終わっていく。そんな人材が囲い込まれた様子を、彼は情報が入ってこない孤島、離れ小島に例えていたのだ。予想外の言葉に、思わず何と言ったのか聞き返したほどだ。

あなたの会社はどうだろうか。ほとんどの会社は、社員に自社へ愛着を持ってもらいたい一心だろうし、彼ら彼女らを囲い込んで情報を制限しようとは全く思っていないだろう。ましてや若手から「離れ小島」と思われているなんて考えたこともない会社も多いはずだ。

× 〝離れ小島〟に囲い込む
○ かわいい子には旅をさせよ。早々に外の体験を与え、自社の職場での仕事・キャリアの特徴（長所と短所）を認識させる

❷ 短距離走にする

選択の回数の多い職業人生となり、若手も自分の選択のタイミングが、今後早期にやってくる予感を高めている。

特に、様々な経験をしてきたようなハイパフォーマンス層においてはその予感に起因するだろう、「キャリア不安」が顕著であった。

選択のタイミングが「課長に昇進できなかったとき」とか「親の介護が必要になったとき」だけではなく、20代のうちに来てしまう。第2章で見たように20代後半の社会人の退職経験率は51・5％と半数を超えているし、そのほかにも副業・兼業をするかしないか、リスキリングをするかしないかなど、多種多様な選択のタイミングが来る。

そう考えたときに、仕事がどこが目的地か見えない、ダラダラとしたジョギングであっ

てはならない。

目に見えるところにゴールテープを張った短距離走でないと、ハイパフォーマーな若手の職業人生プランには組み込まれ難いのだ。


とある総合電機メーカーの入社3年目の若手が、地方の中小企業で副業を行っていた際の声が印象的だった。

「いまの仕事でも大きな新規プロジェクトのメンバーとしてアサインされていますが、1年半経ってもリリースすらされていません。でも副業先では3カ月で新たなサービスを開始でき、すでに自分の仕事の何がお客さんに刺さって何がイマイチだったのかわかってきてます」

彼女の職業人生にとっては、大手も中小もそれほど関係がない。職務経歴書に書ける経験という点では、どちらが彼女にとって〝良い経験〟〝本気で取り組みたい経験〟であったかは明白だろう。

短距離走の経験でないと、経験をどんどん積んでいきたい若手にとっては入口から無意味なものに感じられてしまう。繰り返すようだが、それは別に若手のマインドセットの問題ではなく、選択の回数が増えた職業人生という環境変化の問題である。

職場での仕事のもたらす体験のあり方（エンプロイー・エクスペリエンスと呼ばれる）を変える、若手に対してはそのためにまず、どうゴールテープを張るかに知恵を絞るのだ。この際、プロジェクトベースの仕事であればゴールテープを張るのは簡単である（プロジェクトにおけるその若手の役割を明確に言語化すればいい）。

問題はルーティンな仕事だった場合だ。方向性は2つあるだろう。ひとつは**パフォーマンスを定量化する**こと。もうひとつはその**ルーティンの本来職務から少しずらした職務を担わせ、そちらにゴールテープを張ってしまう**ことだ。

前者のポイントは、「自分のしている努力の何が良い努力で、何が無意味だったか」を実感させることだ。そのために〝他の誰かと〟ではなく、〝過去の自分と〟数字で比較できる指標を設定する。それは例えば、決まった職務の対応にかかる日数や時間数でも良いし、対応した相手の満足度でもいい。自分が行ったことが自分の成長にどんな効果があったか、実感させるチャンスをつくるのだ。

後者は「20％ルール」と言われて有名になっているが、社内副業のような企業に制度が必要なたいそうなものでなくとも、例えば若手に「いま行っているルーティン業務の改善策を毎週水曜日の午後は考える時間にして、2カ月後に提案して」とアサインするだけで実行することができる。若手の職業人生設計におけるいまの仕事の持つ意味を高めるために、ゴールテープを張る様々な知恵がありうるのだ。

× ゴールテープが見えない・わからない業務（ダラダラとした目的地のないジョギング）
○ 若手が〝少し前の過去の自分〟と比較できる指標を設定する
○ ゴールテープを張ることができる業務を少し組み合わせる

❸ 褒めるだけでなくフィードバックする

調査では、部下の若手を週に1回以上「褒めたりたたえたり」するマネジャーは67％に達していたが、それと比べて週に1回以上「フィードバックや指導をしている」マネジャーは同48％と限定的であった。

つまり、「たくさん若手を褒めたりたたえたりしているが、フィードバックや指導はあまりしていない」マネジャーが存在している。

図表7－11に整理している。実に、フィードバックや指導が低頻度（月に1回程度以下）で、褒めたりたたえたりが高頻度（週に1回程度以上）のマネジャーが全体の30・4％存在していた。

図表7-11　「褒める」と「フィードバック」の効果

	フィードバックや指導低頻度	フィードバックや指導高頻度
褒めたりたたえたり低頻度	23.7%	9.6%
褒めたりたたえたり高頻度	30.4%	36.3%

	育成成功実感率
フィードバック高×褒める低	16.4%
両方低頻度	9.0%
フィードバック低×褒める高	14.3%
両方高頻度	22.1%

若手の部下とのコミュニケーション量という観点で、多くなれば褒めたりたたえたりもフィードバックや指導も増えるだろうから、両方低頻度（23・7％）、または両方高頻度（36・3％）が比較的多数存在しているだろうというのは予想がつくが、若手に「褒めたりたたえたり」だけが多いマネジャーがこれほど多いのは予想外だった。

逆に、「フィードバックや指導」だけが多いマネジャーは少数派（9・6％）であった。もはや、〝厳しい、師のような上司が最後の最後で褒めてくれたことに、若手がガッツポーズする〟といった、漫画やドラマなどでありがちなシーンは日本の職場では希少なのだろう（正直、少し寂しい気もする）。

そのスタイルの違いが若手育成の成功実感と関係している。

育成成功実感率では、「両方高頻度」が22・1％とやはり最も高く、「両方低頻度」が9・0％と著しく低いが、「フィードバック低×褒める高」では14・3%と、「両方高頻度」と比べると大きな差がついている（1%水準で有意な差）。もちろん、褒めないよりは褒めた方がいいが、それだけでは十分ではない。若手育成の成功率で言えば、褒めるだけのマネジャー（14・3%）より、フィードバックや指導だけ（16・4%）のマネジャーの方が高いのだ[10]。

まず〝褒める〟。さらに、〝褒めるだけ〟から〝フィードバックもしっかりする〟マネジャーになることが若手育成上手のマネジャーになるための黄金ルートなのだ。それは特に、キャリア不安が大きいハイパフォーマー層の若手にとって重要なポイントになる。

褒めるだけのマネジャーになっていないか。褒めることをフィードバックと勘違いしていないか。

これがいま浮上しているポイントなのだ。

なお、若手の部下を褒めることもフィードバックや指導も、両方高頻度でしているマネジャーが具体的にどんな機会を活用して若手を育てているのか、参考になるデータを紹介する。

1位：業務で用いる、技能やスキルについての教育・訓練

両方高頻度のマネジャーの59・5％が週1回以上実施、他方で〝褒めるだけ〟のマネジャーでは同18・2％。業務に関係するスキルで十分でないものがあれば指導のチャンスだ。スキルを獲得し業務で使えるようになれば、しっかり褒める機会にもなる。

2位：業界知識やビジネス教養といった社会人としての基礎知識の提供

両方高頻度のマネジャーの51・9％が週1回以上実施、他方で〝褒めるだけ〟のマネジャーでは同17・0％。業務で用いる技能やスキルと比べれば少ないが、その会社・職場での経験が相対的に乏しいことは若手の共通点でもあり、業界知識が足りないと若手が感じたタイミングにもチャンスがある。

3位：人事評価に基づいた、仕事で改善すべき点についてのコミュニケーション

両方高頻度のマネジャーの50・6％が週1回以上実施、他方で〝褒めるだけ〟のマネジャーでは同15・5％。3番目に活用されていたのが人事評価のタイミングだった。

4位：今後のキャリアづくりに関するアドバイス

両方高頻度のマネジャーの34・1％が週1回以上実施、他方で〝褒めるだけ〟のマネジャーでは同10・6％。業務や評価を超えて、今後のキャリアづくりになるとアドバイスの難度がぐっと上がるのだろう、褒めてフィードバックもするマネジャーでも週1回以上実施率がぐっと下がっていた。

この順位を考えれば、褒めるだけのマネジャーから、褒めてフィードバックもするマネジャーになるルートは、日々の業務に即した技能・スキルのフィードバックから始めて、最終的に今後のキャリアづくりに関するアドバイスまでできたら、かなりの育成力上級のマネジャーであると言えるかもしれない。

いずれにせよ、心理的安全性もキャリア安全性も高い職場をつくるために、褒めるだけのマネジャーをどう脱出するのかがポイントなのだ。

× 褒めたりたたえたりするだけ

○ 褒めることとフィードバックは別物と心得たうえでフィードバックを行う

（業務上のフィードバックから、若手育成上級者は今後のキャリアづくりに関するフィードバックへ）

---

❹ 本人の合理性を超えた機会を提供する

ハイパフォーマー層でキャリア自律的な若者は、自身の職業生活全体における目標が、具体的であれ抽象的であれ何かしら言語化されていることが多い。企業側も若手にそれを求めるようになっている。その代表的な例が、〝ジョブ型採用〟や〝手挙げ制異動〟である。

筆者は、近年多用されるようになってきた「やりたいことは何か」「あなたは何がしたいのか」という言葉が若手におけるキャリアの自律性を問う端的な質問だと考えているが（なお、これの学校バージョンが「なりたい職業は何か」「将来の目標は何か」だろう）、現代の若手社会人は学校にいた頃から何度も何度も「やりたいこと」を聞かれている。

ここではハイパフォーマーでキャリア自律的な若者たちにターゲットを絞って3つの打ち手を紹介してきたが、「やりたいこと」があるという〝恵まれた〟若者たちのある種の弱点に触れておきたい。それは、**「現在地と目標との間にあると本人が認識している機会しか、本人が〝機会〟と認識できない」**ということだ。

もちろん、これは別に若者に限った話ではない。誰しも目標が明確であればあるほど、その延長線上にない機会はムダだと切り捨てられるものだ。目標があるならば、最短距離を行きたいものだからだ。

しかし、目下、若手育成において大きな潮流となっているのは、その具体的な目標の設定が過去の若手たちよりもかなり早いタイミングで若者に求められているということだ。

代表例にジョブ型採用がある。いまや、企業側が一部の学生に対しては入社するタイミングで、〝知的財産専門職採用〟や〝データマーケティング専門職採用〟といったかなり具体的な職種で採用をしている。

筆者も知的財産専門職採用で大手総合電機メーカーに入社した新入社員の女性と話をしたが、彼女は大学院時代まさに欧米における知的財産権の研究を専攻していたそうだ。彼女の場合は、もともと学部生のときにインターンシップで知的財産に関する仕事を行ったことで、大学院の専攻を選ぶ決め手になったそうで、結果としてそれが初職の選択にもつながっている。職業社会と学問を横断したキャリア選択で素晴らしいことだが、いずれにせよ、これまでの新卒採用ではこうした自身の専門選択のタイミングは、遥か将来にその会社で出世できなかった場合か、そうでなければ〝ガチャ〟の結果であった。

職業人生における目標や「やりたいこと」の設定が前倒しされたのだ。

ジョブ型採用だけではなく、企業が若者に「やりたいこと」を聞くタイミングとしては、目下隆盛の兆しを見せている〝手挙げ制異動〟もある。

こうしてハイパフォーマー層でキャリア自律的な若者に「やりたいこと」を聞くと、みな朗々と自身の中長期的なビジョンを語ってくれるようになった。もちろん、早期の段階で明確なキャリアの目標やイメージがあること自体は努力の意味を明らかにするし、学んだり経験したりする動機付けにもなる。内発的動機付けが強いに決まっているわけだから、なんら否定されるべきものではない。企業側が若者の自律性を尊重することも、(その根っこには「離職してしまうから、若者のワガママを聞かざるを得ない」といったネガティブな理由が横たわっていることが多いが)もちろん悪いことではない。

問題は、**企業側が「やりたいこと」を若者に要請することが完全無欠の解決策ではない**ということを、企業側も若者側も、まだ認識できていないことだ。

若者の自律性が尊重され要請される時代だからこそ、若者だけに考えさせてはならない。これには2つの意味があると先に述べた。

第一に、単なる「自己責任論」にしてはならないということ。過去の若者が考えなくてよかった「この仕事をして将来自分は社会で通用する社会人になれるのか」という根源の問題に、現代の若者はまず取り組まなくてはならない。彼ら彼女らはこれまでの日本社会で誰も考えてこなかった難問に直面しているのだ。

もうひとつのより重要な意味は、「本人の合理性を超えたジョブ・アサインが必要である」ということだ。大手企業でマネジャー歴約10年という方が20代の若手部下の育成の課題について、こんな話をしていた。[11]

「『当人の「合理性」を超えた機会提供』をどうしていくか、ですね。その時々では、本人にとって必要でなかったり、合理的でなかったりする選択だとしても、『後々のキャリア形成に効いてくる経験』って結構あるな、と思っていて。私はまったく望んでない転勤を一度して、最初はものすごく嫌だったんですけど、その転勤先で出会った企業や人をきっかけに、キャリアが拓けたと思っているんです。なので、そういう機会をどうやって若手に提供すればいいんだろう、と」

企業のマネジャーたちの試行錯誤や悩みもたくさん伺ってきたが、この言葉はキャリア自律的な若手部下と対峙するマネジャーが抱える課題感を鋭く言葉にしたものだと感じる。

現代においては、職種別採用の浸透やジョブ型雇用、公募型異動など制度面の変化からもわかるとおり、組織や上司が若手の希望を聞くようになった。

しかし、若者個人の希望に沿ったキャリアパスだけを用意する限り、その若者自身が想像する以上の機会や経験は得られない。当事者の合理性には当然ながら主観的な認識の持つ限界性があり、[12] これを乗り越える装置を、新しい職場の時代に改めて考えなくてはならない。

そのキーワードが「**本人の合理性を超えたジョブ・アサイン**」である。これを本人の納得感を調達しながらいかに与えていくか（もちろん、「来週からいきなり単身赴任しろ」とか「いきなり違う事業部へ行け[13]」、ではキャリア安全性が担保されず無意味だ）、が今後大きな育成論題となっていくだろう。

キャリア自律が重要だからこそ、ひとりで考えさせてはいけないのだ。

本人の合理性を超えた機会提供。様々な方法があると考えられるが、マネジャーの行動として効果が明らかになったものとしては例えば、「部下に自身の知り合いを紹介する」や「イベントや社内外の勉強会等に、部下を誘う・紹介する」がある（第5章図表5－19、20）。

本人の視界に入っていない機会というと難易度は高そうだが、若手が体感する機会の全体をまるっと拵える必要はなく、単なる身近なきっかけをマネジャーが提供できるということだろう（最終的にその機会をどう捉えるか決めるのは当然本人であり、押し付けるものではないからだ）。しかもその機会提供はほとんどマネジャーが実施しておらず（実施率

10％程度）、実行すれば若手育成で差をつけることができる。

筆者がちょうどこういった話をした後で、とある若手社会人が私のもとへ来て「そう言えばちょっと前に、直属の上司が、『きみと同年代の面白い若者と知り合ったので、会ってみたら』と言われて会ってみたことがあります」と言いにきたことがある。聞くと、どうやらその上司が実施している読書会に参加していた若者を紹介してもらったようで、その若手社会人はその後の直近数カ月に自分のキャリアに起こったことを雄弁に話してくれた。

〝きっかけ〟から、徐々に体感していくのだ。たぶん、そのきっかけが上司の紹介であったことはほとんど忘却されていたのだと思うが、筆者の話を聞いて思い出したのだろう。

△　本人のやりたいことを尊重するのみ

○　やりたいことは尊重しつつ、加えて本人の視界に入っていない機会の〝きっかけ〟を提供する

若手社員の「2：6：2の法則」とそれを突破する育成法

ハイパフォーマー層でキャリア自律的な若手の育成について有効と考えられるアプローチを述べたが、さらに、社会的経験を十分には持たず職業生活上の目標も具体的ではない中間層的な若手の育成を考えよう。

よく言われる「2：6：2の法則」というものがあるが、いわばこの〝6〟の若手をどう育てるか。現状にモヤモヤした不安は感じており、何か新しいことをやってみたいと思っているが、一歩踏み出すことができないという若手をどう育てていけばいいのか。

この点もよく尋ねられるポイントである。「言われたことはしっかりやるんだけどな……」と部下の若手に感じている諸氏もいるだろう。または、「この若手は口だけは達者だな……」と思っている方もいるだろう。

いずれにせよ、「やりたいことを見つけろ」とか「会社で何を成し遂げたいか」「10年後

図表7-12　行動−情報モデル
（キャリア形成における行動の量と情報の量による若手社会人の分布）

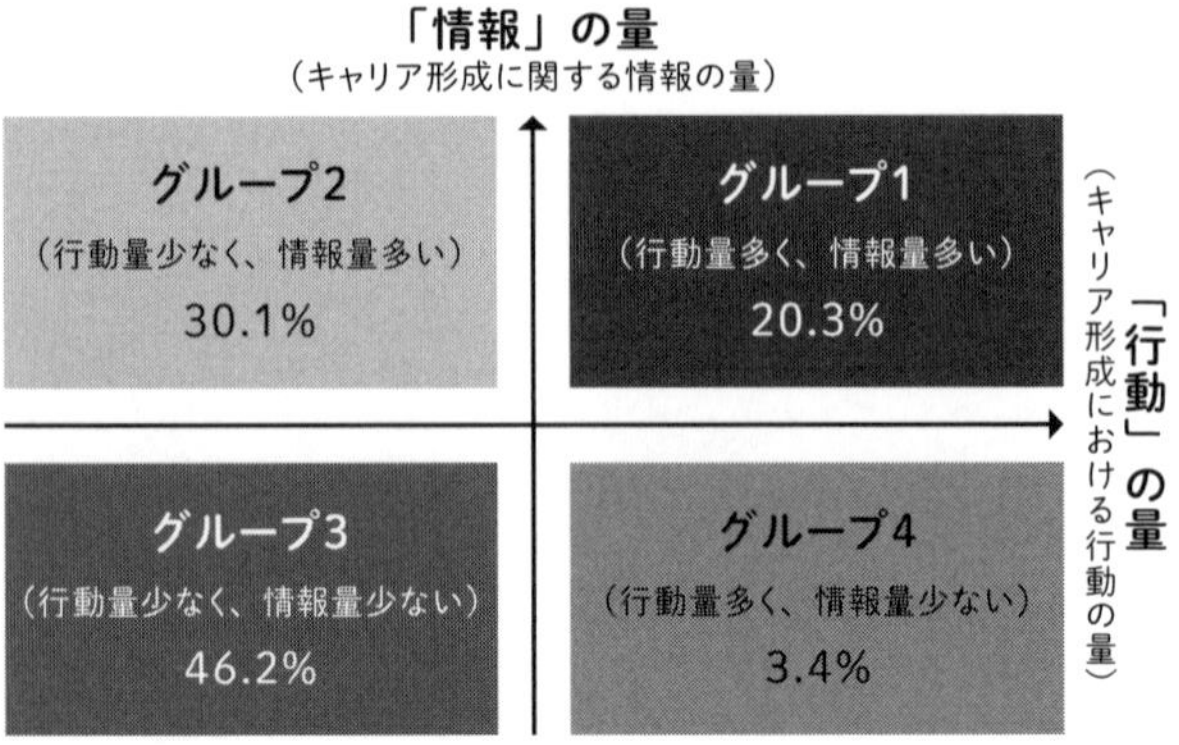

（出所）リクルートワークス研究所「若手社会人のキャリア形成に関する実証調査」（2020年）

のキャリアをイメージして」といった目標を考えさせるアプローチで勝手に目的意識が高まり自律していく若手は一部であり、一歩を踏み出しかねているがモヤモヤとしたキャリア不安を抱えている若手の行動をどう促すかも重要なポイントとなる。

図表7―12に示したような、キャリア形成における「行動の量」とキャリア形成に関する「情報の量」（自分のキャリアを豊かにするための情報をどの程度入手しているか。キャリアに関するアンテナの高さと言い換えられるかもしれない）による若手社会人の分布で言えば、グループ1は2：6：2の法則の最初の〝2〟だと言えよう。

ちなみにキャリア満足スコアやキャリア自律性で比較した際の状況は以下のとおり。

図表7-13 若手の様々な「2：6：2」

	最初の“2”	“6”	最後の“2”
入社前の社会的経験	多数（4回以上）	単発・複数 （経験したことはある）	全くない
行動ー情報モデル	グループ1 （+グループ4）	グループ2＆ グループ3の半数	グループ3の半数 （特に行動量が 乏しい層）
職場のキャリア安全性の状況	上位	中位	下位
若手における2：6：2の法則（仮説）	ハイパフォーマー層でキャリア自律的	モヤモヤした不安はあるが行動に至らない	その職場や仕事にそもそも不満、嫌悪感を持っている

グループ1＞グループ4＞（かなり差があって）＞
グループ2＞グループ3[14]

グループ1・4と、グループ2・3の間に大きなキャズムが存在する。

ここまで、「若手における2：6：2の法則」という言葉を用いて現代の若者のキャリア形成の多様さを簡易的に表現してきたが、本書ではそれを裏付けるような様々な2：6：2となるデータを、①入社前の社会的経験、②行動―情報モデル、③職場のキャリア安全性の状況などなどの観点から見てきたので改めて整理しておく。

もちろん、入社前の社会的経験が多数ある若手が、キャリア安全性が低い職場に所属しているケースなどに出合ったこともある。

ここで言いたいのは、このように「様々な2：6：2の状況」が存在していることだ。Z世代と一括りにせず、いま向き合っている若者に何が有効な打ち手なのか考える際、こうした思考の枠組みが功を奏する。

そして、モヤモヤした不安を抱える、悩める〝6〟の若手に向き合うことを考えよう（なお、最後の〝2〟の若手の問題も存在し、様々な考え方がある。筆者は組織と人の関係において、どうしてもフィットしない・どうしてもうまくいかない、というケースがあると感じており、若手にとっては違う組織に転じてしまったりすることも有効な解決策だと考える。実際に若手で初職がフィットしない場合には早期に退職することでキャリアを好転できていることがわかっており[15]、若手全員を無理に引き留める必要性は企業としても若手本人にとっても乏しい）。

❶ 〝言い訳〟の提供

若手と向き合っていてこんなジレンマを感じたことがないだろうか。

何らかの行動をすることにはコストとリスクが伴う。もちろん、行動にはリターンもあって、本書でも触れてきたとおり「やったもん勝ち」に近いような利益がキャリア形成における行動にはあるのだが、それを実感できるのは行動したことがある人だけなので、最初の一歩目を踏み出したことがない人には何と言っても伝わることはない。

このジレンマだ。やればわかるし、まずはやってみようよと言うのだが伝わらない。なぜ伝わらないのか。それは行動したことがある人から見た視点に過ぎないからだ。

ここで筆者の反省の話をしたい。筆者は若手社会人のキャリア形成の研究も専門にしており、若手に対して「スモールステップ」(小さな行動)の重要性を提唱している[16]。

現在耳目《じもく》を集めるような大きなアクションをしている社会人は、過去にスモールステップと呼ばれる小さな行動の頻度が高かったことがわかっている[17]ためだ。

スモールステップとして観測されているのは、例えば「やりたいことを話す」「友達に誘われたイベント等に行く」「LINE等で目的に合わせたグループをつくる」など。その特徴は、行っても誰かに自慢できない(承認欲求は満たされない)が、特に自律的に行うことは求められず、リスクフリーで行え、目標が明確でないときでも目標が明確になった後に役に立つ準備運動のような行動であった。

スモールステップを検証し提唱した背景には、まさに「『まずやってみようよ』のハードルが、やったことがない人には高い問題」があった。人の行動とはどう起こるのか。皆、マインドセットの話をするがマインドセットを変えることほど難しいことはないわけで、マインドセットを変えるような小さな行動が、第一歩なのではないかと考えたのだ。筆者の論文ではまさにこの小さな行動がマインドセット（専門用語だがポジティブ・フレーミングと呼ばれるもの）に影響を与えていることが示唆される。

しかし、スモールステップの話をしていると、今度は次のような質問が若手からたくさん寄せられるようになった。

「スモールステップはどうやって起こせばいいのですか？」

筆者は、スモールステップは起こすハードルは限界まで低いと考えており、どうやって起こせばいいのかという問い自体を想像していなかった。

誰でもできること、だからこそ多くの人が「やろうと思えばいつでもできるし、そんなことしても意味がない」と馬鹿にして実施していないわけで、重要性を知りさえすれば若手は誰でも起こせるだろうと考えてしまったのだ。ここに筆者の反省点がある。自身のキャリアを変えるビッグアクションに至るためのスモールステップの頻度を上げる最後のピースが足りていなかったのだ。

検証し直すなか、改めて浮上してきたピースはモヤモヤしている若手自身がどうこうするだけでは獲得できない要素だった。それは**「行動するための言い訳」の存在**だ。

言い訳というと言い訳がましいとか失敗の正当化といった使われ方をするので悪いイメ

ージがあるが、キャリア形成における言い訳の価値は決して悪いばかりではない。言い訳があることで人はどんな行動も格段にしやすくなるからだ。

「業務上必要とのことで上司の指示で参加しましたが、自分が想像していた内容と全然違った視点が得られて刺激的でした。……」

若手社会人向けの講演を実施した際に終了後のアンケートで、こういった趣旨の感想を目にする。参加した理由は上司や会社の指示と記載されているが、感想として長文の思いを記す参加者がいる。

筆者は勉強会や講演、イベント等で最も得をしているのは、〝自分の通常の行動的にはその場にいるはずがなかった人〟だと感じている。普通にその場に来られるような習慣がある人はその場でなくても、いつか同様の場に参加しその場で得られるような知見やネットワークを獲得できていた可能性が高い。そうでない人、つまり参加理由が「上司に言われて来ました」とか「会社の都合で来ざるを得ませんでした」「代理で来ました」といった人は、自分の意思だけでは一生出合うことがなかった機会に飛び込んでいる。そのほうが得をしているだろう。

これが「言い訳」の効果だ。キャリア自律が重要だからこそ、最初の一歩目は自律性に依拠しない方策が必要となるのだ。「やりたいこと」や本人の希望を尊重しそれを過剰なほどに求める現代の学校教育に始まる状況は、それが〝ある〟若者にとっては最高の環境になりうるが、それが〝ない〟若者には辛く苦しく、〝ある〟若者との差が広がる一方である。抜き身の本人の意思だけを行動の動機にするのではなく、かつてはそこに本人の力のせいだけにしない仕掛けがあったのだ。それを筆者は「行動のための言い訳」と表現している。

言い訳があることで、人は行動のハードルがぐっと下がる。何か意識が高そうな勉強会があるとして、そこに「自分の意思で行ってきました」と言うのは多くの若者にとって気恥ずかしいかもしれないが「上司に頼まれて行ってきました」と言えればどれだけ楽かわからないし、しかも行った結果得られる行動した事実には差異はない。言い訳を示すことが、モヤモヤした不安を抱えるが行動できていない若手を動かすための処方箋となりうる。言い訳で小さな行動を本人の自発性だけに依拠しない他律的なものにしてしまうのだ。また、それはもしかすると〝他率〟かもしれない。最初の一歩目は他者に率いられて実行することで、行動量を増やすのだ。

かつてそういった一歩目を踏み出した記憶が蘇ってくる諸氏もいるのではないか。

この「行動のための言い訳」を若手にうまくつくっているなと感じた、マネジャーの口癖をいくつか示しておこう。

――それはもう○○がやったことがあるよ。[18]

――まだ社内で誰もやったことがないから、気楽にやってみて。[19]

――自分もわからないので調べてきてくれない？

――こういうオンラインイベントがあるんだけど、誕生日が3の倍数の人いたら行ってみて。

――人事に提出する書類に付け加えるからこの半期で勉強していることがあれば教えてくださいね。

若手の意思を尊重しようとするあまり、聞き分けの良いマネジャーにばかりなろうとしていないだろうか。わがままを聞くだけでは、若手のモヤモヤした不安は解消されない。小さな行動こそが大事だとすれば、マネジャーはそれを「行動のための言い訳」で促すことが可能なのだ。

× 「まずは行動してみたら」「やればわかるよ」と伝える
○ 「行動のための言い訳」を提供する

❷ 一緒に悩み、行動する

上司は若手部下のロールモデルになることは極めて難しい。そもそも「自分の頃と同じように育てられない」とマネジャー自身も悩んでいるわけだし（若手育成の課題感として最も多く〈34・4％〉挙がった項目だった）、マネジャーの若手時代と比べれば「ゆるい職場」以降の職場環境は違いすぎるために当たり前なのだが、マネジャーの育ってきた経験は若手にとって何の参考にもならない。

こうしたなかで、若手育成実感が高いマネジャーが〝自身も越境しているマネジャー〟という特徴を持っていることがわかってきた。

例えば、第5章でみた通り管理職自身が「所属する企業・組織外の人との勉強会の主催」を実施している場合、育成成功実感率は38・4％、単にそうした勉強会に「参加」しているだけでも25・7％であった。これはこうした活動を全くしていない場合の育成成功実感率が12・6％であることを鑑みると、非常に高い数値であると言える。

ほかにも、大学院等での学び直しやプロボノ活動、副業・兼業など、社外の空間で経験を積んでいる管理職は育成成功実感率が高いのだ。

つまり、現代の職場においては**〝職場で仕事をしているだけでは若手のロールモデルにはなれない〟**。どれだけ職場での仕事のパフォーマンスが高かろうとも、「かっこいい」「ああいう人になりたい」とはならないのだ。

第3章のOさんの話ではこういった声が出てきた。

「……10年とかかけて成長した先に自分ができることに疑問がわいてくるんです。『しっかりまずは成長しろ』と言われますが、その成長した先の先輩方の姿になりたいかという疑問もあり、アクセルを踏めなかった。仕事ができる先輩を見て本当にすごいなとは思うんですが」

選択の回数が増え、職場にキャリア安全性を求めざるを得ない現代の職業社会においては致し方ない変化だろう。別に職場で仕事がバリバリできることがすごくなくなったわけではない、ただキャリア形成上、職場だけで仕事ができることの魅力が低下したに過ぎないのだ。

こういったデータや声から見えてきたのは、**若手のロールモデルになりうるのは、自身も越境しているマネジャーである**という仮説だ。選択の回数が多くなったのはどの世代も一緒であり、前例のないキャリアに直面しているのは若手に限らない。であれば、悩み、行動し、試行錯誤しているのは実はマネジャーも一緒のはずだ。その自身のキャリアを豊かにしていこうと行動していること自体が、若手にとって魅力的に感じられているのではないか。

とある若手は、本業と全く関係ない地域活性化を手掛けるＮＰＯで活動を続けている上司に対して「変な人なんですよね。社内にもあんまりいない人材だと思います」と率直な感想を述べていた（そして、そのもとで働けて刺激的でハッピーだと付け加えていた）。

職場の仕事がバリバリできる、単なる〝すごい上司〟から、職場の外でも活躍できる〝変な人〟へ。目指したいキャリアの像が変容してきているのかもしれない。

さて、職場の外への越境活動を行うか行わないかというレベルの話はもちろん大事だが、同時に大事なのが、行っていることを開示しているかという点だ。

行っていてもその内容や、さらにはその事実すらオープンにしていないケースは多々ある。ここでは「職場の外で若手がどんなことをしているのかをオープンにしなさい」といった教条的なことを言っているのではなく、マネジャーがオープンにしないとそもそも若手がモデルにするかしないか以前の状態であるということだ。

共有してはじめて〝変な人〟かどうかわかり刺激を受けるわけで、マネジャーの活動の自己開示が大前提となる。「職場の外で若手が何をしているのか共有されない」と、嘆くマネジャーの声も聞くことがあるが、おそらく順序が逆だ。

ただ若手に「開示せよ」と言うのではなく、マネジャーが開示をすることではじめて開示してもいいんだ、とか開示したほうが得なんだ、という状況をつくることができる（「開示する言い訳」と言えるかもしれない）。

さらにポイントだと考えているのが、そうしたマネジャーが越境活動に至るための〝悩み〟を開示できているかどうかだ。その職場で働き続けることが当たり前で、強い確信をもってエンゲージメントＭＡＸで働いているマネジャーばかりではないことは各種調査でわかっている。[20] もちろん、いまや吹っ切れた人もいるだろうが、昔からそうだっただろうか。悩みながら、キャリアをつくってきたのではないか。その結果として越境して自身のキャリアを太くしているのであればそれはどんな年齢の誰にとっても素晴らしい経験だし、そうでなくとも何に悩みながらキャリアをつくってきたかを共有できる。

かつて上司は強く、若手を教え導く存在であったが、近年リーダーシップ像も変容している。

もし上司がキャリア形成の悩みまで共有できれば、若手側も開示しやすくなるだろうし、そうした関係を構築できるマネジャーは若手育成上級者と言えよう。自己開示は一方通行な形で行われることは難しく、目指すべき姿は自己開示のキャッチボールなのだ。

× **若手に一方的に教える立場**（自分は悩みなくこの仕事をしている姿勢）

○ **自身も同じくキャリアに悩み、試行錯誤していることを若手に開示してしまう**

---

❸ 「伴走」ではなく「ひと手間」かける

ハラスメント研修が導入され、言いたいことを「ぐっと我慢する[21]」シチュエーションも増えているかもしれない。

若手からも「腫れ物に触るように扱われていると感じる」「親戚の子どものようだと思う」「上司がハラスメントを恐れすぎだなって」といった声を本当に多く聞くし、マネジャーからも「何も言わずにとにかく評価だけ落とす」「チャットログが残るので文字でのコミュニケーションには細心の注意を払う」「録音されているかもしれないと注意している」「部下を指導することのコストパフォーマンスが悪くなっている。自分でやってしまったほうが正直早い」といった話を聞く。もちろん、こうしたマネジャーをせめることは誰にもできない。ルールや環境が変わったことで、これが現代の職場環境に最も適応したマネジャーのあり方なのだ。

ただ、その結果として、第2章で見たように職場におけるOJTによって「新しい知識や技術を習得する機会が全くなかった」若手は2015年の14・6%から2022年には20・1%に達しているし、計画的OJTを受けた若手は37・1%から30・9%へと割合にして2割近く減少、〝上司や先輩から指導は受けていないが、他の人の仕事ぶりを観察して身につける〟や、甚だしいものでは〝マニュアルを参考にして学ぶ〟若手[22]が増加しているのだ。

さらに、前年と比べた仕事のレベルアップ程度についても、若手に顕著な変化が生じてしまっている（図表7－14）。「（前年と比べて）大幅にレベルアップした」は2015年調査の12・7%から2022年調査では7・1%へと減少。逆に「同じくらい・レベルダウンした」は47・4%から57・2%へと増加した。**前年と同じようなレベルの仕事をしてい**

図表7-14　若手社員の前年と比べた仕事のレベルアップ程度

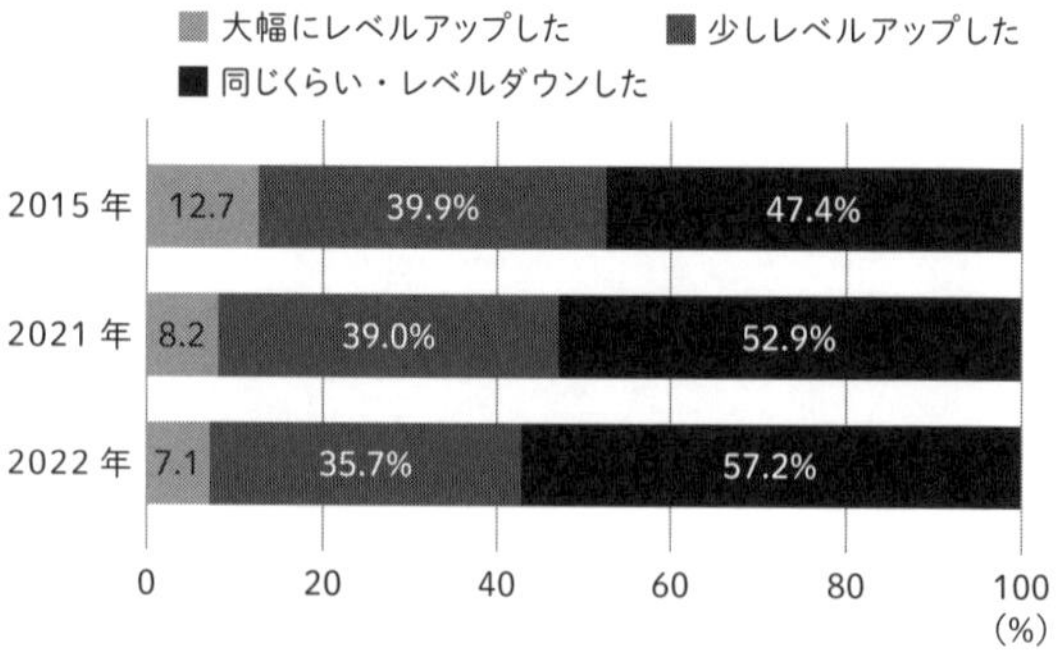

（注）リクルートワークス研究所「全国就業実態パネル調査2016-2023」を筆者分析。大学卒以上、正規社員、1000人以上企業在籍、入職6年以内の者を対象とし、前年に就業していなかった者を除外。それぞれxa16，xa22，xa23ウェイトを用いて比較可能なデータとして集計した。

る若手が増えているのだ。

社会的経験が一定以上あり、キャリア自律的な若手社会人に対しては放置しても適切なタイミングでのフィードバックなど押さえるところを押さえればいいかもしれない。仕事のレベルが変わらなくても職場外で自分のキャリアを豊かにする行動をとれるかもしれない。

しかし、経験量が不足し自律的な行動をとる段階にない若手社会人に対してはそうはいかない。職場で何かきっかけがなければ、その差は開く一方なのだ。

いま環境変化に起因して生じてしまっている**〝若手放置型〟の職場では、「できない若手はできない若手であり続ける」ことになる**。

とある大手企業の30代半ばの中堅社員が、「ふわっとしたことしか言えない30歳が増えている」と言っていたことが筆者の脳裏に刻まれている。それは、理想論は言えるが具体的な仕事の進め方はわからない30歳が増えているのではないかという問題意識だと感じるし、そのための機会が職場になければそうなってしまう若手は今後増え続けていくだろう。それが繰り返されれば、10年後には「ふわっとしたことしか言えない40歳が増えている」と言われているかもしれないのだ。

モヤモヤした不安を抱えているが行動量が乏しい中間層の若手には放置型の職場は危険だ。そのなかで、若手に伴走し続けることはもちろん理想ではあるが、しかしマネジャーも自身の業務で多忙[23]ななかで、**〝伴走型育成〟は掛け声倒れになることがほとんど**ではないか（このため、筆者はマネジャーから育成の職務を切り離す「育成専門職」の設置を提唱している）。

この際に必要な発想は「伴走」ではなく「ひと手間かける」だ。職場でマネジャーや先輩が自身の業務を抱えながらずっと伴走し続けることは現実的でないのだから、「ひと手間かける」部分を明確にすることだ。

筆者がうまいと思った「ひと手間」に、1日5分間のコミュニケーション習慣がある。放置されていると若手が感じる状況を避けるためには、1カ月に1度2時間の1on1をするよりも、1週間に30分話す時間をつくる方が放置感は低いだろう。

会議に置き換えるとわかりやすい。3つの会議の1つだけで30分話す（他2つの会議ではずっと無言）のと、10分ずつ3つの会議でそれぞれ話すのと、どちらがより参画できた感覚になるだろうか。この延長上にある究極のアンチ放置手法が、1日5分間のコミュニケーション習慣である。

マネジャーの月あたりの時間コストは1カ月1回2時間の場合とほとんど変わらない。しかも課長級マネジャーの20代の若手部下の数については、2〜3名程度が最も多く（34・9％）、次いで1名（24・5％）である（第5章図表5－3参照）。3名以内の20代若手が部下であるケースが大手企業であっても6割近いマネジャーの現状であるから、もし3名いた場合でも5分×3名で1日15分で済む計算になる。

目的は「まずは放置していないという姿勢を伝えること」だから、コミュニケーションの内容はなんでもいい（第5章図表5－6参照）。そのコミュニケーションの土台の上に、この若手にはどういう「言い訳」が必要そうかと考え、はたまた自己開示のキャッチボールを積み上げていくのだ。

この例に限らず「ひと手間」どこでかけるか現実的に考えることが、「伴走型で育成しよう」といった聞こえの良いキャッチコピーをつくることよりも大切なのだ。

× 放置、放任（マニュアルを見たり周りを見て学んでおいてね、で放置する）
× マネジャー等による非現実的な伴走型育成
○ ひと手間の工夫をどこでするか考え、実行する
○ 育成専門職をつくり伴走型育成を行う

■ マネジャーだけでは若手を育てられない

以上のとおり、ハイパフォーマー層でキャリア自律的な若手と、モヤモヤした不安を抱えるが行動量に乏しい若手それぞれについて、マネジャーがとりうる具体策の仮説をデータや実例に即して解説してきた。

働き方改革後の新しい職場環境は変わったばかりであり、育て方改革のための試行錯誤は続いていくだろう。

しかし、最後に一点強調したいのは、**育て方改革は現場のマネジャーの努力だけでは完了しないだろう**ということだ。２０１０年代後半以降、日本の職場は法改正を伴う構造的

図表7-15　7章のまとめ

	ハイパフォーマー層でキャリア自律的な若手	ハイパフォーマー層・キャリア自律的でない若手（モヤモヤした不安を抱えるが行動量に乏しい若手）
入社前の社会的経験（バックグラウンド）	多い	少ない・全くない
マネジャーが主に提供すべきもの	**質的負荷**	**一歩目の行動のきっかけ**
↑そのための具体策（例）	外の経験で仕事を意味づける	「言い訳」の提供
	過去の自分と比較させる	自己開示のキャッチボール
	本人の合理性を超えた機会の提供	1日5分のコミュニケーション
キャリアの全体像	把握できない（職場外で多くの活動をしているため把握不可能）	把握できる（比較的職場だけでキャリアをつくるため把握可能）
離職率	比較的高い	比較的低い
仕事のエンゲージメント	比較的高い	比較的低い

な変化点に立っているし、それは結果として〝自分がされてきた育てられ方を若手にする〟という従来の唯一の育成の成功則をなきものとした。

そう考えたとき、その重責を現場で若手と向き合う者だけに課すことができるだろうか。より大きな視点、企業組織と若手の関係性はどう変わるか、という点から若手育成の仕組みを再構築することが必要になる。第8章ではこの点について筆者の提案を紹介する。

第8章

若手がひらく、会社と社員の新しい関係

――「ゆるい職場」時代の組織論

思い込み

若手を育てても辞めてしまうのであれば、育成は結局、ムダでしかない。

データが教えてくれること

むしろ、辞めてしまった人材を、「関係社員」として自社に活かせるような組織のありかたを考えなければ、もはや「人で勝つ」会社にはなれない。

「優秀な若手を辞めさせない」と「人材力向上」をどう両立するか問題

企業と若手の関係性が変わらざるを得ないと筆者が提唱するのは、単純だが厄介な状況が顕在化しているためだ。

本書でも示してきたように、ハイパフォーマー層でキャリア自律的な若手ほど離職率が高い傾向がわかっている。

ハイパフォーマー層の若手は自社を〝見切る〟タイミングが早いのだ。また、職場内外の機会を自律的に獲得していくが、職場外の機会に触れれば転職のきっかけにもなる。しかし職場だけでかつてのように育てることはできないし、自社の職場だけしか知らない若手は自社のことを大して好きではない。以上のことがデータから判明している事実だ。

つまり、「優秀な若手ほど辞める」問題を解決する手段はポータブルスキルにつながる職業経験を与えないことや囲い込むことになるわけだが、それはキャリア安全性を低下させエンゲージメントを低下させる。〝しがみつき社員〟をつくるだけである。それでは自社の人材力向上と両立しないのは言うまでもない。しかし、良い職業経験を提供しても離職されては困る。

非常にシンプルな矛盾だ。シンプルな矛盾――あっちを立てればこっちが立たない式の――だからこそ単純な解答がないこの両立問題について、筆者はひとつの解を提唱している。「ハイパーメンバーシップ型組織」である。

■「ハイパーメンバーシップ型組織」とは何か

メンバーシップ型雇用やジョブ型雇用といった議論が盛んである。この言葉を使う際に政府機関やメディアを含め、話者によって都合の良い意味になってしまっている感もあるが、本書の趣旨を外れるので深入りしない（その概念の本来の意図と課題について知りたい方は、提唱者である濱口桂一郎氏の論を参照いただきたい[1]。人を採用してから仕事を割り振るのがメンバーシップ型雇用、仕事ありきで人を採るのがジョブ型雇用である）。

このメンバーシップ型・ジョブ型の議論とは独立して、そのいずれとも組み合わせられるのがハイパーメンバーシップ型組織であると考えていただきたい。

ハイパーメンバーシップ型組織とは、従来その会社で毎日何時間も仕事をする人だけが持ち合わせていた「その会社のメンバーのひとりだ」という気持ちを拡大して提供できる企業組織だ。

その対象となる新たなメンバーには、副業・兼業で何カ月間かだけジョインした違う会社の社員、その会社のことは好きだが別の道を見つけて退職していった者、外部からその会社のプロジェクトに関わり親近感や興味を持っている者、さらには数カ月インターンシップをしたが入社はしなかった若者……と様々な広がりが生じている。

退職者については〝アルムナイ〟が流行しており、すでにそのコミュニティ化に着手している会社も増えてきた。この例に限らず、自社に何らかのメンバーシップを感じている人材のすそ野を広げるのだ。

その新たなメンバー群に対して、「今度、うちの会社で新規プロジェクトが始まるのですが、○○のようなスキルや経験がある人、副業などで参画しませんか？」とか「うちの○○というポストが空いたんですが、興味ある人いませんか？」と呼び掛けて人材力をそのすそ野から高めていく。これが、筆者が提唱するハイパーメンバーシップ型組織である。

その会社が活かせる人材は別にその会社に毎日通っている社員に限らないのだ。

「自社で働いたことがありその会社での仕事に魅力を感じているけれど、いまはその会社の社員ではない」人材の力を活かすのだ。こうした人材のことを筆者は**「関係社員」**と呼んでいる（地方創生の文脈で使われる「関係人口」のもじりだ）。

もちろん、元々のその会社のメンバーとはコミットの度合いは異なるが、より大きなコミットを引き出せるかどうかの競争が始まっていると言っていい。そのうちの100％コミット人材が、従来の社員や転職による人材獲得というだけだ。はじめは週1日3〜4時間の10％コミットだった人が、「面白いじゃん」となったときには20％、30％……と増えていく。[2]

自社に縁もゆかりもない人をいきなり引っ張ってくるのは、スキルフルな人材になればなるほどこの構造的な人手不足下[3]で難しくなっていくが、これまで自社に関わったことのある「関係社員」であれば可能性は格段に高い。

また、「ゆるい職場」時代となり可処分時間が増え・仕事の質的負荷が下がったこともあり副業・兼業を希望する若手は多く（副業・兼業していない就業者の33・2％に達している。なお、現在副業・兼業をしている就業者は6・0％に過ぎず潜在層は現在の数倍程度存在する）[4]、大手企業もここ数年で一気に認め始めており（経団連の直近の調査ではすでに53・1％が社外での副業・兼業を認めている。[5] 2020年調査では38・2％であったから急速に広がっており筆者もそのスピードに驚いている）、「関係社員」への潜在的なり手

図表8-1　ハイパーメンバーシップ型組織が活用できる人材の広がり（模式図）

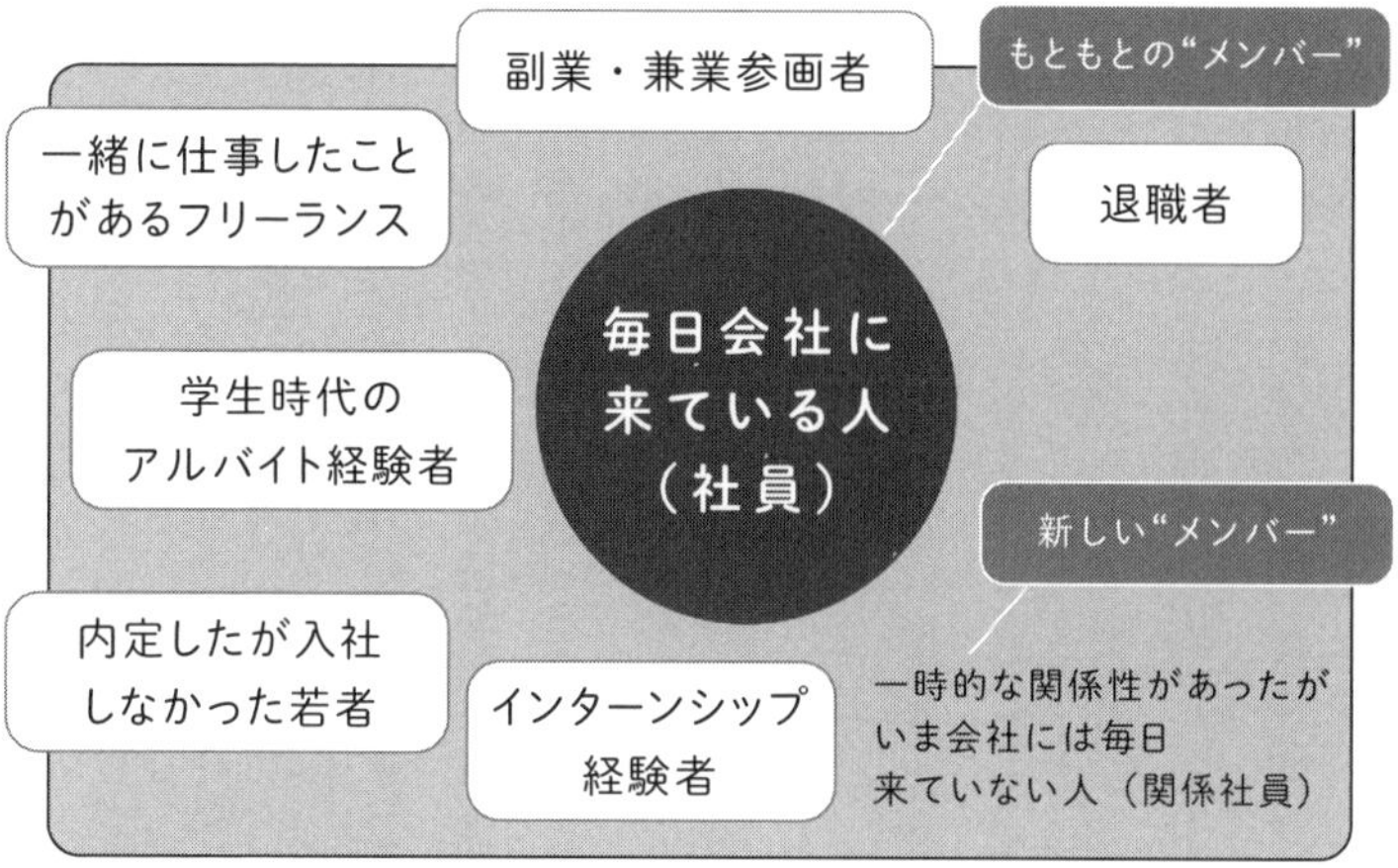

は今後飛躍的に増加していくことは間違いない。[6] そうした働き方やキャリア形成の多様さや柔軟性を活かせる組織がハイパーメンバーシップ型組織だ。

ハイパーメンバーシップ型組織は同時に、「優秀な若手ほど辞める」問題に対するブレークスルーを起こす。**辞めてもその会社に参画できる、育てたことが絶対にムダにならない組織**だからだ。

優秀な若手がその会社に100%フルコミットするためには、それに見合った待遇・労働環境・職場の心理的安全性・職場のキャリア安全性を提供する必要がある。

しかしそんな完璧な会社はない。だから辞めてしまうし、それを避けようと思えば〝しがみつき人材〟しか育たない。だったらハイパフォーマー層の若手には会社だけで育てる・会社の仕事だけにコミットさせるのは諦め、社内外を横断しながらメインの仕事として自社にコミットさせるのだ。中間層の若手には、関係社員がもたらす偶発的なきっかけを活かして「行動するための言い訳」を提供していくのだ。

退職したら「脱走兵」や「敵同士」、「今生の別れ」では現代の職場環境における若手育成は単純な離職と育成のトレードオフ関係のもと行き止まりに直面する。若手が自身のキャリアの状況に応じてコミットメントを変えながら、自社と付き合っていくことができる組織、ハイパーメンバーシップ型組織に、これまでなら考えられなかった新しい活路がある。

こういった事例がある。

大手通信会社に新卒入社したYさんは何年か勤め、社内を横断するような若手コミュニティを創設するなど精力的に取り組んだが、とある上司と合わず退社を決意する。しかし退社後Yさんが別の仕事で活躍しているのを聞きつけたその関連会社の役員が、Yさんを新規プロジェクトのリーダーとして招いた。Yさんとしても会社に思い入れもあり、ただもはや別の仕事で成功をおさめておりその仕事を辞めてしまうのはリスクが高いため、兼業という形なら、ということで引き受けたそうだ。

Yさんもすごいが、この条件で快諾したこの企業もすごい。社会ですでに大活躍するYさんという「関係社員」の何十％かのコミットを引き出したわけだ。若手とこういったコミュニケーションができるハイパーメンバーシップ型組織の芽は出つつある。

辞めて終わりではない、会社組織と若手との間に新しい関係が成立しようとしているのだ。

▪ハイパーメンバーシップ型組織へ変わるための3つのポイント

芽は確実に出ているが、乗り越えるべきポイントはいくつかある。筆者が考える3つのポイントを挙げる。

❶ KPIが変わる

若手育成のKPIが離職率や定着率では、本当に若手を育てられる組織かどうかはもはや判断できない。

何度も触れているとおり、単に離職率を下げようと思えば、社会的経験に乏しく自社にしがみつくことしかできない人材を採用し育成すればいいが、それが本意である企業は存在しないだろう。

では若手育成は何を目指すべきか。筆者は**「自社の仕事にいまどれだけコミットしたいと思っているか」**と**「自社の仕事に将来どれだけコミットしたいと思っているか」**の2点を新たな指標として提案する。

前者は現在のワーク・エンゲージメントを測ることで可視化できるだろう。多くの大手企業がすでに実施していることでもある。後者は、「期待コミットメント量」とでも呼べる尺度で、5年後・10年後の自身の人生設計とも組み合わせ、最大何%・最低何%くらい自社の仕事にコミットしたいと考えているかだ。100%か0%かの発想の組織では、離職率が高まるのを歯ぎしりしながら見守ることしかできない（もちろん人事や上司が普通に聞けば、建前で多くが「100%です！」と答えてしまうだろうし、そう答えた若手の何割かは転職活動をしており数年で辞めているのだ）。

「現在エンゲージメントが高く、能力が高いこの若手には、5年後・10年後に最低でも60%はコミットしてほしいし、その後コミットが増やせれば幹部候補にも」といった大局的な人材戦略を描き、若手の本音を引き出し共通の認識とするのだ。

またそれは、職場にいる時間が法改正等ルール変化の影響により短くなった若手のキャリアの全貌を、会社が把握できなくなったこととも関係している。もはや社内の誰にも若者の全体像を把握することは不可能なのだから、何か若手との間で共通認識をつくり合意したうえでコミュニケーションをすることが必要になる。その会社でのキャリア状況を示す「代理指標」としての新しいＫＰＩが必要なのだ。離職率・定着率では若手とコミュニケーションはできない。

「ゆるい職場」時代。そもそも若手を自社の職場だけで育てていては従来の七掛け・八掛けしか育たない。職場内外、社内外を横断させて育てるしかないのだ（副業・兼業のみならず、若手のうちからの外部出向や、スピンアウトベンチャー創設経験や幹部経験も出てきた。育てる場としての越境経験がひとつの潮流になってきていると感じる）。

そうなったときに若手育成は自社への１００％フルコミットを前提にするのではない、新しいＫＰＩが求められている。この新しいＫＰＩが成立するとき、本音でキャリアの展望を語り合える組織が生まれるだろう。

❷「ポジティブ退職」と「選択的在職」の発見

この①と同時に重要になってくるのが、若手における「ポジティブ退職」と「選択的在職」の発見である。

現状では退職者と一括りにされているが、質的に全く異なる集団が大きく2つある。[7]ひとつは**ポジティブ退職者**、もうひとつは**ネガティブ退職者**だ。名前のとおり退職した会社に対して高い評価をしている者が前者、低い評価をしている者が後者である。

分ける理由は明確で、ネガティブ退職者はハイパーメンバーシップ型組織のすそ野を担う「関係社員」とはなり得ないからだ。退職者が関係社員となるケースの前提として、その会社での仕事に何かしらの魅力を感じていなくてはならない。

魅力がある人は離職しないのではないか、という反論をしたい方もいるかもしれないが、それはあてはまらない。例えばタイミングの問題がある。その仕事が好きだが、自分のライフプランを考えたときに「ないな」と感じる場合だ。

筆者が行ったマネジャー研修のアンケートで書かれていた、こういう話もある。

「先日、自事業部の社員が転職しました。前向きにいろんなものに向かい合い、楽しそうにしていて、これからを期待される人材だったので不思議でした。特に離職直前に会話をした中で印象的だったのが、『うちの会社は大好きで、何ならもう一度戻ってきたいです』と言われたことでした。混乱しました。そんなに好きなら辞める必要ないのに、と」

これがポジティブ退職である。

また、筆者がこのポジティブ退職に注目するのは私的な理由があるかもしれないことをここで白状しておく。私自身が自分の前職に対してのポジティブ退職者だからだ。

前職にいた満6年間で出会った先輩方や同期、そして後輩は本当に尊敬できる人たちばかりだったし、社会を少しでも良くしたいという気持ちで昼夜なく、休みなくボロボロになるまで働けたことは（もっと何かできたかもという気持ちはもちろんあるが）私のいまを間違いなくつくっている。いまもその気持ちは全く変わっていないが、同時に、辞めたことに後悔は1ミリたりともないのも事実だ。現職は私にとって最高の環境であり続けている。

後悔は一切ないが、前職をポジティブに辞めた。結果として、現在私は、前職の人事当局に相談に乗ってくれと呼びだされたり、各部局にいるお世話になった先輩や同期たちの政策企画に付き合わされたりする。時間ばかり食われるわけだが、しかし、それは私の恩返しでもある。タイミングが合えば、どこかで戻る可能性もある。前職に感謝の気持ち、前職の仕事に魅力があるからこそ、そう思うのだ。ポジティブ退職にはこうした効果がある。

ただ、若手全員がポジティブ退職者ではない。人間関係が悪かったり仕事の魅力がなくて辞めた者を無理に「関係社員」にすることは不可能だ。ここにポジティブ退職とネガティブ退職を峻別する意味がある。全員をとりあえずアルムナイに登録すれば済む話ではない。

さらに、**若手のネガティブ在職**が問題となっていくだろう。

日本企業には、その会社の仕事に魅力は特にないが在職している者が相当数いる。転職には意思決定が必要だが、転職しない＝在職し続けることには意思決定は必要ない。意思決定の先送りがネガティブ在職を生む。見切りのタイミングが遅い、社会的経験が乏しい若手に見られる傾向で、ゆくゆくは〝しがみつき人材〟になってしまう。

ネガティブ在職が悪いと言いたいわけではなく、**意思決定がされていない在職が問題**だと言いたいのだ。入った会社に居続けることは、判断を先送りすれば可能だ。しかしそれは若手にとっても会社にとっても良い結果を生まないかもしれない。

ここで、在職を意思決定する、つまり**「選択的在職」**の重要性が浮上する。なぜその会社で仕事をし続けるのか、なぜあえて自分は辞めないのか、ということを考えて〝転職しないことを選ぶ〟ことだ。その在職こそがキャリア選択の先送りではなく、キャリア選択の結果である。若手に「辞めない理由」を問うのだ。

「辞める理由」を調べる企業は増えているが[9]、「辞めない理由」も多様性を増している。転職は意思決定を伴うが、転職しないことには意思決定は伴わない。「選択的在職率」も定着率に代わるKPIになるだろう。若手におけるこの構造を変えたとき、ハイパーメンバーシップ型組織の中心部分が出来上がるだろう。

❸ 自社の仕事自体の魅力を高める

ここがハイパーメンバーシップ型組織の肝である。

いわば仕事自体の魅力で関係が形成される組織なのだから、仕事の魅力が高くなければ「関係社員」になりたいという人も増えないのは当然のことだ。問題はその仕事の魅力をどう分解して考えるかである。労働環境、報酬水準、良質な人間関係から誰もが羨むような職務経歴書に輝く職業経験まで、いくつかの視点があるが、一言でまとめると「量的負荷や関係負荷なく、質的負荷を高める」ことだと考える。

もちろん待遇面は「関係社員」であっても重要だ。しっかりした報酬があってはじめて相互に恩恵のある関係になる。そのうえで、特に若手に対しては良質な質的負荷のかかる仕事が求められるということだ。

選択の回数が増える時代になり、質的負荷が高い、自分ができることが増えるようなストレッチな職務経験だけが、自身のキャリアを安定させる「新しい安定志向」に貢献する。第2章で述べたような横並びの成長志向、構造的なキャリア形成の変化のなかで、質的負荷が高い仕事（新しく覚えることが多いと感じるとか、難易度が高いと感じる仕事）の価値は高まっている。ただ、それを長時間労働（高い量的負荷）とか理不尽な指示・指導といった人間関係（高い関係負荷）のなかで与えるのは昭和の昔に戻るだけだ。深夜残業・土日出勤、高いノルマやきつい叱責で質的負荷が高められるのは当たり前。むしろそんなに量的・関係負荷をかけられても質的負荷が低い仕事をしていると感じる若手には、いますぐ転職せよとアドバイスしたい。

量的負荷や関係負荷と質的負荷には正の相関がある（第6章図表6－1の解説参照）が、若手に関係社員となってもらうための魅力づくりの中核がここにある。質的負荷が高いが量的負荷や関係負荷が低い仕事が魅力の核心と言ったのは、こうした理由だ。そして、「ゆるい職場」時代となり、若手が感じる質的負荷が過去の若手と比較して低下してしまっている。

質的負荷を量的負荷や関係負荷を高めずにどう高めるのか、いわば「コスパの良い質的負荷がうちの仕事にはあるよ」ということが、待遇面や会社に所属するブランド価値に加えた「関係社員」づくりへのポイントになる。

第3章で紹介したIさんの声を引用しよう。

「出向先は割と本気で詰められます。自社だとそこまでの詰められ方はしないです。たぶん外部人材だからこそ、人間関係や社内での序列などではなく、中身で勝負というこ とがあるのかもしれないですよね。上司と出向先には本当に感謝しかないです」

中身で勝負、まさにコスパの良い質的負荷を一言で表すような言葉ではないか。

第7章で紹介した若手の声も引用しよう。

「いまの仕事でも大きな新規プロジェクトのメンバーとしてアサインされていますが、1年半経ってもリリースすらされていません。でも副業先では3カ月で新たなサービスを開始でき、すでに自分の仕事の何がお客さんに刺さって何がイマイチだったのかわかってきてます」

〝3カ月でリリース〟し、すでに〝お客さんに何が刺さって何がイマイチだったのか〟がわかる。振り返り次なる努力につながる。これがコスパの良い質的負荷なのだ。

「デカい会社でデカいことをする」だけが職務経歴書で輝く経験ではない。若手にとってはどんな小さな会社であっても、自分の仕事で手ごたえを感じ専門性が高まる瞬間に質的負荷を感じられる。

何者かになれるかもしれない機会を提供することが新しい時代の人で勝つ組織、ハイパーメンバーシップ型組織の求心力となる。

若手の育成は現場のマネジャーや先輩、ＯＪＴトレーナー、ブラザー・シスター等々といった、直接担当する人だけでもはやなんとかできる問題ではない。若手の多様性が増し、ここ数年で職場環境が激変し、シンプルだが厄介な問題に直面するようになった。

現場の取り組みと合わせた組織戦略の変革がなされたとき、その企業こそが「働き方改革」に次ぐ人材活躍のためのもう片輪である「育て方改革」を成功させることになるだろう。

おわりに

以下の記事を読んでいただきたい。

就職を約一カ月後に控える内定者の多くは「理想」と「現実」のギャップに悩みながら、企業社会を冷めた目で見つめている。

とかく「残業しない」「人づき合いしない」といわれる最近の若者だが、実際には待遇や社会での評判よりも、「やりたい仕事ができる」ことを会社選びの最大の条件にし、そのうえで彼らなりに〝したたかな計算〟をしている。

「大きな組織のパーツ（部品）になるのは嫌だった。自分が会社をもりたてていると実感できる仕事がしたい」。鳥取大学農学部でバイオテクノロジーを専攻しているKさん（23）はこんな理由で空気清浄機など環境機器のファブレス（製造部門を持たない）企業に就職を決めた。

大手重工業会社に勤める父親は安定した大企業への就職を進める。同じ研究室の仲間もほとんどが大手食品メーカーに内定し、「そんなちっぽけな会社を選ばなくてもいいのに」というが、年五〇％近く成長し、従業員は六十人足らずの企業はＫさんの理想をかなえるのにぴったりに見えた。

今年初めて新卒者を採用するコンピューターシステムのコンサルタントに内定したＦさん（23、電気通信大計算機科学科）は「つぶれそうになったら辞めればいい」とドライにいう。同期のほとんどが大手コンピューター会社に入社するなか、「学閥や上司との〝つき合い〟ではなく、仕事の能力だけで評価してくれる」中小企業を選んだ。Ｆさんは会社で技術を身につけ、「ヘッドハンティングの話が舞い込んでくるような人間になりたい」という目標を立てている。

私立大大学院生のＣさん（24）は「給料は多少低いかもしれないが、一人っ子だから家を買う必要はない。むしろ安定しているし、銀行の大規模情報システムの開発などでは大きな仕事ができそうだから」と入社の動機を説明する。

（中略）

昨年、某大手証券会社に入社したＤさんは「みんな希望を持って入社したが、二十八歳までは社員寮を出られないという規定や休日出勤などの厳しい現実に直面してやめていく仲間が多かった」と打ち明ける。同期入社四百五十人のうち今、残っているのは三百人に満たないという。

残業をしない、人付き合いをしない、会社が嫌なら辞めればいいと思っている、でも安定したいと言う……。

「はじめに」でも記載したこうした「若者論」について触れられた記事。あなたはどう読んだだろうか。同感だという部分もあれば、違和感があった部分もあるかもしれない。

問題は、この記事が1992年の記事ということだ（1992年2月26日付日経産業新聞32面「良い会社とは何か　2001年の企業社会89」※社名・人名一部省略）。

実に30年以上前の「若者論」であり、つまりこの記事の「若者」たちは、2023年現在50代。企業の経営層や管理職層、専門人材として日本の企業社会のトップやベテランの人たちだ。

筆者は、Z世代と言われる若者たちと仕事やキャリアについて話していて、率直に世代間の違いを感じたことはない。それは個々人の違いがあるというだけで、「Z世代は○○である」とか「○○がZ世代のトレンド」といった意見に強い違和感を持っている（仕事やキャリアの領域においては、だが）。もちろん特別視するほどの違いがある個人もいるが、それはどの年齢層にもいる。

人は「いま」を特別視したがるものだ。だいたい昔にも同じようなことが起こっていたのだ。

しかし、明らかに変わったことがある。それは職場環境だ、企業社会のルールだ、というのが筆者の若手育成論の中核にある。

育て方改革の前提となるポイントは、「ゆるい若者」ではなく「ゆるい職場」にあるのだ。本文をお読みいただければ、データや事例から筆者がなぜそう考えるに至ったかがわかっていただけるだろう。

さて、「ゆるい職場」登場以降の日本の企業社会を考えなくてはならない。

今後の日本社会には労働供給制約(構造的な人手不足)という大きな問題がやってくる。そのなかで若手はすでに著しい採用難に直面しているが(例えば高校卒採用は2024年卒の求人倍率が3・52倍に達し、バブル期の過去最高倍率を超えてしまった)、こうした採用難はまだ序の口だと考えるべきだろう。

労働供給制約は今後、人口構造の変化(高齢人口増と生産年齢人口の急減)を背景に年々その厳しさを増し、2030年に約340万人規模、2040年には約1100万人規模の働き手不足となる推計だ。筆者がプロジェクトリーダーを務める研究チームが

2023年に発表したこうしたシミュレーションをふまえても、今後の日本の労働市場に構造的な人手不足が起こることはほぼ間違いがない。

そう考えると、「ゆるい職場」の登場はある意味、最高のタイミングだったとも言える。「ゆるい職場」では、本業の労働時間が短くなり、人生に占める本業の仕事のシェアは低下していく。その空いた時間に何をするのかは本質的に自由だ。ひとりの人間をひとつの組織が独占しない・することができないのが、そうしたゆるい職場以降の企業社会だ。

その一方で、ひとりの人間がいろいろな場面で活躍することが企業や社会から欲されるのが労働供給制約社会だ。「ひとりの人を独占できない」と「ひとりの人にいろいろな場面で活躍してほしい」。この2つの相性は最高で、期せずして2020年前後に相次いで登場したことはただの偶然だとは思えない。

つまり、「ゆるい職場」を活かして様々な人が活躍できる・活躍したいと思う社会をいかにつくるか考えることが、労働供給制約という大きな社会課題を突破するための第一歩となる可能性がある。

そして、「ゆるい職場」は職場運営法改革による構造的な変化の結果だから、元に戻ることはない不可逆な変化だ。その「ゆるい職場」後の人材活用の端緒となるのが、本書で整理した若者の育て方改革の分野だろう。

若手育成が難問となっている。その難問は「若者論」という観点では実は過去の問題と同じで、しかし決定的に異なる（職場環境の変化に起因する困難）。さらに異なるのは、この難問を解決することが、「ゆるい職場」後の企業社会で人をどう育て・活用しそして労働供給制約を解消していくか、という日本社会の未来を開く鍵になることだ。

各社・各地で試行錯誤が始まっており、筆者も引き続き加わっていきたいし、なにより、「ゆるい職場」を活かして縦横無尽に活躍し始めた若者たちを今後も目の当たりにできることが楽しみでならない。

各所の試行錯誤から、日本の企業社会が急速に変わりつつあるという心からワクワクする感覚を何度も得たことが、執筆の大きなモチベーションであったことを付記しておく。

本書を執筆するにあたり、たくさんの若手社会人や大学生・高校生、マネジャーからお話を伺った。もともとメモ魔であり、ただでさえ話しながらPCで同時にメモをとるスタイルの筆者だが、立ち話中にも突然、スマートフォンを取り出して何かを必死に入力する姿に戸惑われた方も多かったのではないかと思う。興味深い話は聞いた瞬間にメモをせねば、すぐに忘れてしまうためそうしたもので、メモした話が本書に至る研究の中核につながっている。この場を借りて御礼申し上げたい。

また、各所で素のデータを見ながらディスカッションを行ってきた。特に、若手を取り巻く職場について漠然とした状況から議論に付き合ってくださった豊田義博さん（ライフシフト・ジャパン）が「キャリア安全性」という名称の真の生みの親だし、目下協働で若手育成について実証的な調査を行っている三木祐史さん（旭化成）のお話から分析上のアイデアをたくさんいただいた。そして、筆者が所属するリクルートワークス研究所を筋肉質で刺激的な研究機関へと進化させつつある所長の奥本英宏さんがいなければ、本研究は存在しえなかったのも間違いがない。日経ＢＰの長澤香絵さんには２０２２年初夏にお話をいただきながらも辛抱強くお待ちいただき、また雑駁になりがちな筆者の論の本質を引き出しながらより良い形へと導いていただいた。結果として、本書に筆者の最新の研究結果を漏れなく盛り込むことができたことは、すべて長澤さんのお力によるものだ。感謝の言葉もない。

最後に、筆者にとって公私にわたる最高のパートナーである妻に謝意を述べて、本書の筆をおきたい。

２０２３年10月

古屋星斗

注釈

【はじめに】

1　HR総研「若手人材の離職防止」に関するアンケート結果報告」（2023年）

【第1章】

1　竹田ダニエル著『世界と私のA to Z』（講談社、2022年）

2　当該記事の書き出しを以下に引用する。「2023年度の新人が入社してはや1カ月がたとうとしている。彼らはデジタルネーティブであり、なおかつコロナ禍で学生生活を経験してきたZ世代の若者たちである。彼らがそれまでの世代と全く異なる価値観を持っていることは想像に難くない。そんな彼らが抱く『仕事の悩み』はどれほど他世代とかけ離れているのだろうか」

3　記事冒頭を引用する。「政府が柔軟な働き方の一例に示す『週休三日制』を取り入れる中小企業が中部地方でも徐々に出てきた。背景には人手不足による人材の獲得競争があり、先行した企業は『採用増につながった』と手応えを感じている。『ほどほどに働く』ことを望む若い世代の意向とも合致するようだ」

4　リクルートワークス研究所「大手企業における若手育成状況検証調査」（2022年）サンプルサイズ2985。調査実施時期は2022年3月、第一時点調査（主として学生時代の状況や現在の就労状況・職場環境などの説明変数となりうる項目を聴取。3月18日～22日実施）と第二時点調査（主としてキャリア認識やワーク・エンゲージメント、企業への評価などの被説明変数となりうる項目を聴取。3月25日～28日実施）に分けて実施している。対象は20代と30代。第一・第二時点調査の両方へ回答した者は2527であった。P25図表1－1のサンプルサイズは20代のみが対象のため2096。集計時に性別・年齢で割付を実施している。

5　リクルートワークス研究所「10代価値観調査」（2022年）

6　主対象については高校生が1149、大学生が410、社会人が56サンプルであった。

7　それぞれの世代で、性別（男・女）および居住地（東名阪・その他）が1：1となるよう回収。なお回収時点では完全に1：1となるよう回収したが、その後のデータクリーニングで回答ロジックが不適当なデータを除外した結果、掲示のサンプルサイズとなった。

8　関連書籍として、與那覇潤『過剰可視化社会――「見えすぎる」時代をどう生きるか』（PHP新書、2022年）がある。
9　関連書籍として、金間大介『先生、どうか皆の前でほめないで下さい――いい子症候群の若者たち』（東洋経済新報社、2022年）がある。
10　パーソナルキャピタル、2021年
11　キャリア選択におけるコスパ志向の影響については、以下参照。古屋星斗「『コスパ志向』が若者の仕事観にもたらした真逆の2つの結果を考える」https://www.works-i.com/column/works04/detail036.html
12　例えば以下を参照。溝上慎一「ポジショニングによって異なる私――自己の分権的力学の実証的検証」『心理学研究』（2013年）343－353頁、84（4）
13　実際に、本調査でもこれまでの経験項目数が増えるほど、将来展望が肯定的になる関係が見られた。

【第2章】
1　週労働時間34時間以下、および81時間以上の者を除外して集計。
2　例えば有給休暇は5日の義務取得が2019年4月より法定化されている。
3　より詳しくは、古屋星斗『ゆるい職場――若者の不安の知られざる理由』参照。
4　リンダ・グラットン、アンドリュー・スコット著、池村千秋訳、東洋経済新報社、2016年
5　リクルートワークス研究所「全国就業実態パネル調査2023」を筆者が分析。就業年数4年以上の25歳～29歳について分析した結果。
6　PwC, 2023 Global Workforce Hopes and Fears Survey
7　リクルート就職みらい研究所
8　パーソル総合研究所「働く10000人の就業・成長定点調査」（2022年）

【第3章】
1　リクルートマネジメントソリューションズ「マネジメントに対する人事担当者と管理職層の意識調査2022年」

2 例えば、日本の高校生の就職活動（および企業の高校卒採用）について体系的な研究をしている数少ない研究者のひとりであると自負している。
参考：経済産業省産業構造審議会教育イノベーション小委員会での筆者の発表「『就職後』から見た、高校生の就職活動の構造的課題」
https://www.meti.go.jp/shingikai/sankoshin/shomu_ryutsu/kyoiku_innovation/pdf/002_s04_00.pd

3 事前課題として課したために、すべての若手が丁寧にインタビューメモや気づきを書いていた。

4 なお、「会社で行く花見の場所取り」が実際に若手の頃の仕事だったのが筆者である。

【第4章】

1 エイミー・C・エドモンドソン氏による心理的安全性を計測する尺度を参考に、リッカート尺度・5件法（「あてはまる」～「あてはまらない」）で作成。α=.73

2 「日々の仕事に関する以下の質問について、最も近いものを選んでください」と掲出して、文中のとおり質問した。リッカート尺度・5件法（「強くそう思う」～「全くそう思わない」）で作成。α=.79

3 構造方程式モデリングによる分析。統制変数は性別（女性ダミー）、現職企業規模（1000人以上規模ダミー）、回答時年齢であり、女性ダミーのみ0・1％水準で被説明変数に対してマイナスの結果であった。図表で示した3つの概念はすべて潜在変数であり、それぞれ文中・文末脚注で解説した観測変数により構成される。被説明変数は第4章図表4－5のワークエネルギースコアと同じ観測変数を持つ潜在変数。
適合度指標は、χ^2（71）=183.70、CFI=.976、TLI=.970、SRMR=.038、RMSEA=.046（upper bound. 054）。適合度指標は慣例的な基準を上回っていることが確認できる（カイ二乗適合度検定は棄却されているが、中・大標本〈サンプルサイズ759〉のため他の適合度指標の値が良好であることによる）。

4 なお、③グループは狭義のゆるい職場と考えられる。「狭義の」とするのは、現代の日本企業では全体として若手の負荷の減少傾向があることから、広義のゆるい職場はより広範に生起している現象と解釈できるためである。

5 心理的安全性の高低分類については、「失敗が許される職場である」「他者の反応におびえたり恥ずかしさを感じることなく、安心して発言や行動ができる」「プライベートでの活動を職場でオープンにできる」の3項目への5件法（「あてはまる」〜「あてはまらない」）の回答について、「あてはまる」を5点とし、合計が10点以上となった回答者を「高い」と設定した。10点以上であれば、3項目のうち1項目以上に「どちらかと言えばあてはまる」と回答した者であるためである。

キャリア安全性の高低分類については、「このまま所属する会社の仕事をしていても成長できないと感じる」（時間視座）、「自分は別の会社や部署で通用しなくなるのではないかと感じる」（市場視座）、「学生時代の友人・知人と比べて、差をつけられているように感じる」（比較視座）の3項目への5件法（「強くそう思う」〜「全くそう思わない」）の回答について、「全くそう思わない」を5点とし、合計が10点以上となった回答者を「高い」と設定した。10点以上であれば、3項目のうち1項目以上に「そう思わない」と回答した者であるためである。

6 ○○な状態の職場/a XXX place to work として解釈できる若手の職場観の整理である。

7 調査において29歳以下を対象に分析。性別ウェイトを用いて集計している。

8 以降のスコアについてはすべて第二時点調査で用いた設問を用いて構成している。

9 いきいき働くスコアはリクルートワークス研究所（２０２０）の研究による「仕事は、私に活力を与えてくれる」「仕事内容に満足している」「私の仕事は、私自身をより理解するのに役立っている」などリッカート尺度・5件法で回答を得た5項目を因子分析（最尤法・プロマックス回転）した結果として得た1因子の因子得点。

キャリア進捗満足スコアはSpurk, D., Abele, A. E., & Volmer, J.(2011). The career satisfaction scale を参考に筆者が翻訳した5つの設問（「自分のキャリアにおいて、これまで成し遂げたこと」「将来の目標に向けた、これまでのキャリアの進み具合」「目標とする仕事や社会的な地位に向けた、これまでの進み具合」など）への満足度についてリッカート尺度・5件法で回答を得た5項目を因子分析（最尤法・プロマックス回転）した結果として得た1因子の因子得点。

10 ユトレヒト・ワーク・エンゲージメント尺度（9項目版）を用いて測定した結果を因子分析（最尤法・プロマックス回転）した結果として得られた2因子の因子得点。ワークエネルギースコアは「仕事をしていると、活力がみなぎるように感じる」「職場では、元気が出て精力的になるように感じる」など5項目の因子負荷量が高く、仕事夢中スコアは「自分の仕事に誇りを感じる」「仕事をしていると、つい夢中になってしまう」など4項目の因子負荷量が高い。

Shimazu, A., Schaufeli, W. B., Kosugi, S. et al.(2008). Work engagement in Japan: Validation of the Japanese Version of the

Utrecht Work Engagement Scale. Applied Psychology: An International Review, 57, 510-523.

11　「あなたは現在働いている会社・組織で今後、どれくらい働き続けたいですか。一番近いものを選んでください」という質問に対する回答。

12　リクルートワークス研究所「〝ありのまま〟と〝何者〟のはざまで。若者キャリア論２０２０」第1回　若者はなぜ焦るか https://www.works-i.com/project/youthcareer/column2020/detail001.html

13　図表4－1と同一データについて心理的安全性とキャリア安全性の単純な相関係数を調べたところ．１３８であった。両者はほぼ独立した関係にあると考えられる。

14　ここで検証する項目はすべて調査の第二時点で行ったものであり、第一時点調査の項目であるキャリア安全性に関する項目とは、少なくともコモンメソッドバイアスの問題は生じないと考えることができる。

15　前掲の尺度。

16　キャリア安全性の3つの視座を5件法（「強くそう思う」～「全くそう思わない」）で聞いた設問において「強くそう思う」を1点、「全くそう思わない」を5点とし、3項目の合計を15点とした場合に、上位は11～15点、中位は7～10点、下位は3～6点とした。上位は2項目以上が「そう思わない」と答えた回答者以上の水準であり、下位は全項目を「そう思う」と回答した場合を上限とした水準で設定した。

17　「この会社に多くの恩義を感じる」「この会社のメンバーであることを強く意識している」「この会社の一員であることを誇りに思う」など5項目をリッカート尺度・5件法で聞いた結果を因子分析（最尤法・プロマックス回転）した因子得点を表示した。スコアが正に高いほうが組織コミットメントが高い。

18　「差し支えなければ、昨年1年間（２０２１年）の収入（税込みの額）を教えてください。※副業・兼業からの収入を含め、賞与・ボーナスも含めてください」と質問した回答の平均。無回答を除く。分析にあたり年収２００万円未満と１２００万円より多く回答した者を除外した。

19　ここで検証する項目は労働時間を除きすべて調査の第一時点で行ったものであり、キャリア安全性も第一時点で調査していることから、現段階では相関関係と考えて紹介する。

20　「現在における平均的な1週間の労働時間はどれくらいですか。※残業時間（サービス残業も含む）はカウントし、通勤時間、食事時間、休憩時間は除きます。※回答例：毎日9時から17時まで、休憩1時間で週5日働くと、7×5＝35時間です。※複数の勤務先で仕事をしている場合は、合計の仕事時間でお答えください」と質問した回答の平均。分析にあたり、週30時間未満の回答者および週80時間よりも多く回答した者を除外した。

21 「あてはまる」「どちらかというとあてはまる」の合計の割合。

22 なお、有意検定の結果は、「入った会社で専門分野をつくりたい」が上位&下位と中位の差が5%水準で有意、「仕事をメインに生活したい」は5%水準で有意ではなく、「忙しくても……」は中位と下位で1%水準で有意な差であった。

【第5章】

1 改正法令の施行タイミングが大企業先行だったり、上場していることが多くコンプライアンス上の要請で情報公開を徹底していたりといった理由でいち早く影響を受ける状況があった。

2 つまり、「担当課長」など、部下のいない課長級管理職は除外されている。また、課長級を評価対象に持つ管理職（一般に「部長」など）は今回の調査対象ではない。

3 なお、厳密には帝国データバンク「女性登用に対する企業の意識調査（２０２２年）」（有効回答企業数1万１５０３社）では「大企業」の数値であり、これは従業員数３００人を超える等の要件となっている。本調査では従業員数１０００人以上のより大規模のいわば〝大手企業〟を対象としており、企業規模が小さい企業のほうが女性管理職割合が高いことを考えれば帝国データバンク調査よりも女性管理職割合がわずかに低いことは、より実態に近いと解することができると考える。
https://www.tdb.co.jp/report/watching/press/pdf/p220813.pdf

4 もし〝2名若手で若手割合が25%のチーム〟であればマネジメント対象は全員で8名と解される。ただ、もちろんこれは平均像にすぎず、今後の検証ではこのチーム構成の多様性にも焦点を当てて検証する。

5 調査時期の1年前の２０２２年3月は、1月から3月にまたがる第六波の終期であった。また同年には7月〜9月には第七波が起こった。

6 詳細は以下に掲載されている。リクルートワークス研究所「大手企業における若手育成状況調査報告書」（２０２２年）15頁
https://www.works-i.com/research/works-report/item/youthemploymentsurvey.pdf

7　当事者側結果は前掲資料の19頁参照。
8　ここではShimazu, A., Schaufeli, W. B., Kosugi, S. et al.(2008). のユトレヒト・ワーク・エンゲージメント尺度（日本語版、9項目版）を用いて測定。
9　正確には、「あなたが人事評価を実施する20代の若手社員のこの数カ月の変化について、一番近いものを選んでください（直近で自身が異動したなど、人事評価を実施する部下が変わった場合には、過去の部下についてお答えください）」と掲示して聞いている。リッカート尺度、5件法（あてはまる〜あてはまらない）。
10　出現率は、高位群15・2％、中位群64・5％、低位群20・2％であった。
11　専門的には、掲示した項目の因子負荷量が高かった。
12　管理職層のワーク・エンゲージメントを被説明変数とし、仕事に関わる説明変数を投入した重回帰分析。
13　具体的には、「1名程度」「2〜3名程度」「4〜6名程度」……「101名以上」と聞いている。分析では聴取数値の中央値をとった（2〜3名程度では2・5、4〜6名程度では5など）。
14　具体的には「100％」「75％」……「25％未満」と聞いた。分析では、1、0・75……0・125として投入した。
15　「現在における平均的な1週間の労働時間はどれくらいですか。※残業時間（サービス残業も含む）はカウントし、通勤時間、食事時間、休憩時間は除きます。※回答例：毎日9時から17時まで、休憩1時間で週5日働くと、7×5＝35時間です。※複数の勤務先で仕事をしている場合。は、合計の仕事時間でお答えください。※「1」時間単位でお答えください」と聞いた
16　若手側については、古屋星斗著『ゆるい職場──若者の不安の知られざる理由』98頁の図表に詳しい。
17　先に用いた「若手育成実感スコア」を合成したもので、育成実感に関する複数の設問に対して実感が高いと回答していた（概ね25点満点中21点以上の水準であり、上位16％水準）マネジャーを高い群とし、それ以外を低い群とした。
18　サンプルサイズの問題もあり、30〜39歳と他の年齢層の割合について差の有意検定（t検定）の結果は5％水準で有意ではない。
19　2015〜2022年で時間ベースで36％減少した。詳しくは第2章。
20　例えば、『越境する対話と学び──異質な人・組織・コミュニティをつなぐ』（新曜社、2015年）の香川秀太による論稿に詳しい。
21　かつての特徴は内製的、垂直的な育成メソッドであったと筆者は整理している。

22 なお、技術系総合職を多く抱える職場が育成難度が高いなど、業種による偏りが推察されたため、製造業・非製造業等で当該項目の回答傾向を確認したが、業種による有意な傾向はなかった。

23 若手育成成功実感が高い=1、高くない=0とする変数である。若手育成成功実感スコアの上位16%水準（概ね25点満点中21点以上の水準）のマネジャーである。

24 「あなたが人事評価を実施する20代の若手社員に対して指導・フィードバックをする際の姿勢に関する各質問について、一番近いものをお答えください」と質問し、「あてはまる」～「あてはまらない」のリッカート尺度・5件法にて回答を得た。変数としては「あてはまる」を5、「あてはまらない」を1として投入した。

25 リモートワーク頻度多ダミー：現在のリモートワークの頻度について、「毎日のように」「週に2・3回程度」「週1回程度」あると答えた回答者を1とするダミー変数

課長職10年以上ダミー：部下の人事評価を行う課長職経験が10年以上ある回答者を1とするダミー変数

転職なしダミー：転職経験がない回答者を1とするダミー変数

50歳以上ダミー：年齢が50歳以上の回答者を1とするダミー変数

※ダミー変数とは、該当者を1、非該当者を0とする変数

26 赤坂アカ（原作）・横槍メンゴ（作画）、集英社

27 詳細は割愛するが、漫画の舞台が芸能界のため、演技やパフォーマンスが変化することがポイントになっているシーンがあり、そういったシーンについては原作の鳥肌が立つような印象的なシーンが、見事な作画や声優さんの演技で表現されているとアニメ版を鑑賞して感じた（個人の感想である）。

28 YOASOBI、「アイドル」

29 厳密にはGlobal Excl. U.S.であるため米国を除く国際チャートでの1位である。

【第6章】

1 法政大学教授で人的資源管理論等を専門とする石山は、日本的人事管理の特徴のひとつとして「OJTによる能力開発」を挙げる。

石山恒貴『日本企業のタレントマネジメント』（中央経済社、２０２０年）65頁

2　厳密にはこの内容は若者雇用促進法によって施行された。

3　成長実感高群ダミーを被説明変数とする probit 分析。R^2=0.104

1：成長実感高群ダミーは「日々の仕事で自分が成長できていると感じる」という質問に対して、「いつも感じた（毎日のように）」「しばしば感じた（週に1～2回程度）」との回答者。また、頻度についての5件法によっており、以下「たまに感じた（月に1～2回程度）」「ほとんど感じなかった（1年に数回程度）」「全く感じなかった」となっている。

2：量的負荷、質的負荷、関係負荷、自立支援的な職場環境については因子スコア。

①量負荷：「労働時間が長いと感じる」「仕事の量が多いと感じる」

②質負荷：「自分が行う業務が難しいと感じる」「新しく覚えることが多いと感じる」

③関係負荷：「人間関係によるストレスを感じる」「上司・先輩の指導が厳しいと感じる」「理不尽なことが多いと感じる」

自律支援的な職場環境スコアについては、「副業や兼業をする人に肯定的な職場である」「失敗が許される職場である」「他者の反応におびえたり恥ずかしさを感じたりすることなく、安心して発言や行動ができる」「休みがとりやすい」「成長や昇進の見込みがある」の5項目について「あてはまる」～「あてはまらない」のリッカート尺度による5件法で回答を得た結果を最尤法、プロマックス回転によって1因子を抽出した結果を用いている。

3：入社前の社会的活動については、回答者の個数を投入している。全項目は、新入社員の多様化を象徴する「入社前の社会的活動」https://www.works-i.com/project/youth/environment/detail002.html に記載。ＢＩＧ5神経症傾向については、Ａ「心配性で、うろたえやすいと思う」、Ｂ「冷静で、気分が安定していると思う」を用い、(A+(8−B))/2 の算出式を用いて算定した（出典：小塩真司・阿部晋吾・カトローニピノ（２０１２）日本語版 Ten Item Personality Inventory (TIPI-J) 作成の試み、パーソナリティ研究、21、40－52）

4：ほか統制変数として、女性ダミー、院卒ダミー、５０００人以上規模企業入職ダミーを投入。両モデルにおいて、すべて5%水準で有意ではなかった。

4　産業能率大学総合研究所「上場企業の部長に関する実態調査」（２０１９年）

5　日本経済新聞２０２３年8月17日付「労働時間、若者ほど減少　働き方改革でにじむ「世代差」」

6 Planned Happenstance theory. 米国・スタンフォード大学教授であったジョン・D・クランボルツが提起した。

7 古屋星斗「若手へのＯｆｆ－ＪＴが38％減。はじまる大手企業の育成力低下」
https://www.works-i.com/column/hataraku-ronten/detail026.html

8 例えば、古屋星斗『ゆるい職場――若者の不安の知られざる理由』の第8章において、多面的な意味でキャリア形成を自由に行うことができる社会になりつつあることが指摘されている。

【第7章】

1 調査は、リクルートワークス研究所「大手企業新入社会人の就労状況定量調査」（２０２１年）。インターネット調査にて、２０２１年11月15日～22日実施。サンプルサイズ２６８０。対象：大学・大学院卒、就業年数3年未満、初職・現職が正規雇用者であり従業員数１０００人以上の就業者（サンプルサイズ９６７）。対照群として就業年数4～6年、8～12年、19～21年を同様の条件で聴取している（サンプルサイズ１７１３）。回収にあたっては、厚生労働省人口動態統計に基づき、居住地割付を行っており、加えて性別ウェイトを用い男女比が正規社員の人口動態と合致するよう集計した。

2 「現在のあなたの仕事やキャリアに対する満足感について、もっともあてはまるものを選んでください」という質問において、以下5項目をリッカート尺度5件法（満足している～不満である）によって聴取した結果を、因子分析（最尤法・プロマックス回転）によって分析した尺度のスコア。なお因子分析は全回答者によって実施している。項目は、「自分のキャリアにおいて、これまで成し遂げたこと」「将来の目標に向けた、これまでのキャリアの進み具合」「目標とする将来の収入に向けた、これまでの年収の増え具合」「目標とする仕事や社会的な地位に向けた、これまでの進み具合」「新しい技術・技能を獲得するための、これまでの進み具合」。Spurk, D., Abele, A. E., & Volmer, J. (2011) をリクルートワークス研究所で邦訳して使用した。

3 「以下の各質問に対するあなたの現在の考え方について、もっとも近いものを選んでください」という質問において、以下5項目をリッカート尺度5件法（よくあてはまる～全くあてはまらない）によって聴取した結果を、因子分析（最尤法・プロマックス回転）によって分析した尺度のスコア。なお因子分析は全回答者によって実施している。項目は、「仕事は、私に活力を与えてくれる」「仕事内容に満足している」「私の仕事は、私自身をより理解するのに役立っている」「上司、または職場の誰かが、私を個人として気にかけている」「いまの仕事では、自分の強みが活かせていると思う」。リクルートワークス研究所が作成した尺度である。

4 広告代理店、2019年卒、女性、マーケティング部署所属。

5 入社前の社会的経験がもたらす〝大人化〟について詳しくは以下を参照。入社前の社会的経験（越境学習）の効果が初職入職というキャリアトランジションを経ても成立しうることを指摘し、入社以後の職業生活に対して一種の助走としての効果を有していることを示している。

6 古屋星斗「学生時代の社会と接する経験は仕事生活の助走足りえるか」（2022年）WorksDiscussion Paper

7 リクルートワークス研究所「若手社会人のキャリア形成に関する実証調査」（2020年）

8 「プロボノ活動」は職業上の技能・知見等を活かしたボランティア、無報酬の副業・兼業。

9 「現職企業の評価点」については、NPS（家族や知人・友人にその会社で働くことを勧められるか）を使用。10点満点。

10 「社外活動スコア」は、社外の勉強会への参加、業務上の接点のない人々との交流、これまで参加したことのなかったコミュニティへの参加の実施頻度に関する回答を得点化した。

11 5％水準で有意な差ではない。

12 筆者がファシリテーターを務めた、『マネジャーの若手育成「本音」座談会』より抜粋。
https://www.works-i.com/project/youth/ikusei/detail003.html

13 クラムボルツの計画的偶発性理論でも指摘される。

14 第3章の0さんの話が参考になるだろう。「……でも、課長手前の人が、違うカンパニーにアサインされてそれまでの専門性が会社の都合で全部帳消しになる人事が普通にあったりする。『転職できなくなるかもしれない』という気持ちは、本当にそうだなと思います」

15 詳しくは、リクルートワークス研究所「若手社会人のキャリア形成に関する実証調査」（2020年）に記載。

16 古屋星斗「「3年未満で辞めた」大卒新入社員のその後を検証する」
https://www.works-i.com/column/works04/detail046.html

17 詳しくは、古屋星斗『ゆるい職場――若者の不安の知られざる理由』。

古屋星斗「若手社会人の越境実施への自社における活動の影響――ポジティブフレーミングを媒介として――」（2021年）

『経営行動科学』33巻1－2号

18 第1章で見た通り、「周りにどう見られるか」を気にしている傾向が強い若手は多いため有効性は高いと考えられる。

19 「それはもう○○がやったことがあるよ」と「まだ社内で誰もやったことがないから、気楽にやってみて」の組み合わせで、誰かがやったことがあることも誰もやったことがないものも、全てのものに言い訳を提供できる。筆者はこれを言い訳の基本2点セットと呼んでいる。

20 でなければ、ギャラップ社のエンゲージメント調査で日本で働く社会人のエンゲージメント高位層が5％（各国平均は20％程度）などという結果にはならないだろうし、他の調査でも管理職層のエンゲージメントやコミットメントは決して高くはない。

21 第3章のSさんの話参照。

22 同調査では、「上司や先輩等から指導を受けてはいないが、マニュアルを参考にして学んだ」の回答者は2015年4・8％から2022年7・4％へと増加した。

23 部長級であってもプレイング・マネジャーが9割以上であるという調査結果もある。産業能率大学総合研究所「上場企業の部長に関する実態調査」（2019年）

【第8章】

1 濱口桂一郎『ジョブ型雇用社会とは何か——正社員体制の矛盾と転機』（岩波新書、2021年）。大本の出典は濱口桂一郎『新しい労働社会——雇用システムの再構築へ』（岩波新書、2009年）。

2 筆者はここ数年で顕在化しつつある、こうした転職を介さないキャリアチェンジの在り方のことを、「コミットメントシフト」と呼んでいる。

3 筆者は労働供給制約と呼んでいる。2040年の日本の労働市場のシミュレーションを行い、その日本社会への影響を分析した。詳しくは　リクルートワークス研究所「未来予測2040　労働供給制約社会がやってくる」（2023年）を参照。

4 労働政策研究・研修機構「副業者の就労に関する調査」（2023年）

5 日本経済団体連合会「副業・兼業に関するアンケート調査結果」（2022年）

6 「転職者を応募しても説明会の参加者がゼロといったことがザラだが、副業・兼業の応募をすると大手企業の若手社員が殺到する」と東海地方の中小企業の経営者が驚いた表情で話していたことがある。現状の副業・兼業市場は買い手市場なのだ。

7 5・0点満点の総合評価で前職に4・0点以上をつけた者（前職に退職後非常に高い評価をつけた者）の割合を「ポジティブ退職率」とした際、2020年で7・1%という分析結果がある（OpenWork働きがい研究所、2021年）。

8 その場合でも100%フルコミットではなかったり、2年や3年の期間限定でいまの専門性を活かせる部局であれば検討の余地は広がるが、筆者が前職にそこまで必要とされているかは謎であるし、筆者に第一線の知見と経験を蓄える絶え間ない努力が必須なのは間違いない。

9 政府は厚生労働省「雇用動向調査」で離職理由を調査しているが、項目がかなり硬直的であり若手の離職の現状をほとんど捉えられていないと考える。

なお、項目（令和3年度）は、「個人的理由」として「仕事の内容に興味を持てなかった」「能力・個性・資格を生かせなかった」「職場の人間関係が好ましくなかった」「会社の将来が不安だった」「給料等収入が少なかった」「労働時間、休日等の労働条件が悪かった」「結婚」「出産・育児」「看護・介護」「その他の個人的理由」があり、「その他の個人的理由」が19・1%と最多となっている。既存の項目が〝ネガティブなもの〟ばかりであり、選択に困るためだろう。筆者が回答しても「その他の個人的理由」を選ぶし、理由が複合的過ぎて単一回答は難しいと感じる。筆者が調査設計者であれば少なくとも、自分のキャリアを考えた際により良い会社を見つけたから、とか、生活スタイルに合う会社を見つけたから、といった前職の悪い面を強調しない項目を追加するだろう。

［著者プロフィール］

古屋星斗（ふるや・しょうと）

リクルートワークス研究所主任研究員。2011年一橋大学大学院社会学研究科修了。同年、経済産業省に入省。産業人材政策、投資ファンド創設、福島の復興・避難者の生活支援、政府成長戦略策定に携わる。17年より現職。労働供給制約をテーマとする2040年の未来予測や、次世代社会のキャリア形成を研究する。一般社団法人スクール・トゥ・ワーク代表理事。法政大学キャリアデザイン学部兼任教員。著書に『ゆるい職場――若者の不安の知られざる理由』（中央公論新社）。

なぜ「若手を育てる」のは今、こんなに難しいのか

〝ゆるい職場〟時代の人材育成の科学

2023年11月24日　1版1刷
2024年 3月18日　　5刷

著者	古屋星斗 ©Shoto Furuya,2023
発行者	國分正哉
発行	株式会社日経BP 日本経済新聞出版
発売	株式会社日経BPマーケティング 〒105-8308 東京都港区虎ノ門4-3-12
ブックデザイン	沢田幸平（happeace）
イラスト	大嶋奈都子
DTP	マーリンクレイン
印刷・製本	シナノ印刷

ISBN　978-4-296-11503-7

Printed in Japan
本書の無断複写・複製（コピー等）は著作権法上の例外を除き、禁じられています。
購入者以外の第三者による電子データ化および電子書籍化は、私的使用を含め一切認められておりません。本書籍に関するお問い合わせ、ご連絡は下記にて承ります。
https://nkbp.jp/booksQA